Christina Müller / Ralph Petzold /
Sieghart Hofmann / Martina Volkmer

Sportunterricht gestalten

Lehrer-Bücherei: Grundschule

Herausgegeben von
Reinhold Christiani und Klaus Metzger

Christina Müller / Ralph Petzold
Sieghart Hofmann / Martina Volkmer

Sportunterricht gestalten

•

Erproben, Üben, Spielen

 http://www.cornelsen.de

Bibliografische Information: Die Deutsche Bibliothek verzeichnet diese Publikation in der Deutschen Nationalbibliografie; detaillierte bibliografische Informationen sind im Internet über http://dnb.ddb.de abrufbar.

Dieses Werk berücksichtigt die Regeln der reformierten Rechtschreibung und Zeichensetzung.

5.	4.	3.	2.	1.	Die letzten Ziffern bezeichnen
09	08	07	06	05	Zahl und Jahr der Auflage.

Redaktion: Anja Sokoll, Berlin
Herstellung: Brigitte Bredow, Berlin
Satz: FROMM MediaDesign GmbH, Selters/Ts.
Umschlagfoto: David Ausserhofer, Berlin
Druck und Bindung: Clausen & Bosse, Leck
Printed in Germany
ISBN 3-589-05096-9
Bestellnummer 50969

 Gedruckt auf säurefreiem Papier, umweltschonend hergestellt aus chlorfrei gebleichten Faserstoffen.

Inhalt

Vorwort

Grundschulkinder haben meist ein großes Bewegungsbedürfnis, viel Freude an der Bewegung, experimentieren gern mit Bewegungsmöglichkeiten, sind neugierig auf Unbekanntes und wollen ihre Kräfte messen. All dies sind gute Voraussetzungen für Bewegung, Spiel und Sport. In diesen Altersklassen werden wichtige Voraussetzungen für erfolgreiche motorische und sportliche Handlungsfähigkeit sowie zur Interessenbildung und Motivation gelegt. Daraus ergibt sich für alle, die Verantwortung für den Schulsport tragen, die große Verpflichtung, den Unterricht bewegungsintensiv und mit verstärktem pädagogischem Anspruch zu erteilen. Gleichzeitig sind die sehr differenzierten Lebensumstände, unter denen Kinder heute aufwachsen, immer wieder neu zu hinterfragen und entsprechende Schlussfolgerungen für den Schulsport, aber auch für Bewegungsmöglichkeiten im gesamten Schulalltag zu ziehen.

Seit vielen Jahren widmet sich eine Forschungsgruppe, der die Autoren angehören, an der TU Dresden und der Universität Leipzig dieser Problematik. Die Anregungen und Ergebnisse für eine alle Fächer umfassende Bewegungserziehung liegen mit dem Buch „Bewegte Grundschule" (MÜLLER 2003), mit den Karteikartensammlungen zum bewegten Lernen in den Fächern Mathematik, Deutsch, Sachunterricht sowie Ethik, Kunst und Englischanfangsunterricht (MÜLLER et al. 2003) und der „Längsschnittstudie bewegte Grundschule" (MÜLLER/PETZOLD 2002) vor. Theoretische Grundlagen für den Schulsport in der Grundschule, verbunden mit einer Reihe inhaltlicher Anregungen wurden im Buch „Schulsport in den Klassen 1 bis 4" (MÜLLER 2000) veröffentlicht, ergänzt durch Publikationen in Fachzeitschriften. Seitdem wird häufig die Anfrage gestellt, ob wir die inhaltliche Ebene nicht erweitern und konkretisieren könnten.

Dies soll mit diesem Band nun geschehen. In diesem Buch werden theoretische Grundlagen nur angerissen. Sie können im o. g. Buch zum Schulsport in den Klassen 1 bis 4 nachgelesen werden. Eine tiefere gedankliche Durchdringung und dadurch eine bewusstere Auswahl, Ergänzung oder Modifikation der Ideensammlung wäre somit durch jeden Leser möglich.

Wir betonen, dass unsere Gedanken nur als Vorschläge aufzufassen sind, die entsprechend den konkreten Zielen und Bedingungen eingesetzt und verändert werden müssen. Fertige Rezepte können wir nicht anbieten – unsere Ideen können und sollten nicht wie ein „Kochbuch" abgearbeitet werden. Man sollte eine sinnvolle Auswahl von Ideen treffen und mit bewährten Formen verbinden.

Wir bedanken uns an dieser Stelle bei den Kolleginnen, die ein Jahr lang eine Weiterbildungsmaßnahme an der Universität Leipzig besuchten: Ines Brauer, Elke Berger, Sabine Hesse, Annett Moritz, Ilka Stein, Simone Turnier, Simone Winkelmann, Ina Wolff, Heidrun Weitner. Sie begleiteten die Erarbeitung des Manuskriptes kritisch, aber auch sehr ideenreich und konstruktiv. Aus ihrem Blick auf die Machbarkeit im Schulalltag flossen eine Reihe von Veränderungen und Ergänzungen ein, die unserer Meinung nach eine wertvolle Bereicherung bilden.

Ebenso danken wir den Sportstudenten der Universität Leipzig sowie ehemaligen Studenten beider Universitäten und Kollegen aus Weiterbildungen, die mit ihren Belegarbeiten und eigens angefertigten Zeichnungen die Ausgestaltung des Buches unterstützten.

Die Autoren verbleiben in der Hoffnung, dass ihr Buch zum Nachdenken über Sportunterricht anregt und einen Beitrag zur Qualitätserhöhung im Schulsport der Grundschule leisten kann.

Leipzig/Dresden, Dezember 2004
Christina Müller, Ralph Petzold
Sieghart Hofmann, Martina Volkmer

Anmerkung:
Wegen der besseren Lesbarkeit werden die Begriffe Lehrer, Schüler u. a. geschlechtsneutral verwendet und schließen die weiblichen Formen ein.

Die Spielbeschreibungen der Praxisbeispiele enthalten nahezu ausschließlich eigene Formulierungen der Autoren. Die Kerngedanken der einzelnen Spiele lassen sich bei unterschiedlichsten Autoren unter den verschiedensten Namen wiederfinden und werden in der Praxis in sehr differenzierter Form gespielt. Eine eindeutige Zuordnung von Quellen erscheint somit schwer möglich. Im Literaturverzeichnis sind jedoch die verwendeten Spielsammlungen ausgewiesen.

1 Grundgedanken zum Sport- unterricht in den Klassen 1 bis 4

Ziele

Es gibt sehr unterschiedliche didaktische Konzepte für den Schulsport – auch in der Grundschule. Diese können mit unterschiedlicher Gewichtung eingeordnet werden in den Spannungsfeldern zwischen Sachvermittlung und Schülerorientierung, zwischen Sport- und Bewegungskultur, zwischen geschlossenen und offenen Lehrformen u. a. Wir beziehen eine vermittelnde Position. Unserer Meinung nach sollte Sportunterricht sowohl sach- als auch schülerorientiert gestaltet werden, d. h., die Sache Bewegung, Spiel und Sport ist für den Schüler und andererseits sind die Schüler für die Sache aufzuschließen (vgl. ZEUNER 1994, 1999). Diese Positionen bedeuten für die Grundschule, dass sich der Sportunterricht am Bezugspunkt Kind orientieren, dessen Interesse und Begeisterung für Bewegung, Spiel und Sport wecken und vertiefen muss. Der Unterricht sollte den Kindern Freiräume für Freude am Sichbewegen einräumen sowie erlebnisorientiert und erfahrungsoffen gestaltet werden. Mit einem altersgemäßen Könnenserwerb sollte man aber auch einen Grundstein für sportliche Freizeitaktivitäten legen und das Interesse an der eigenen Leistungsverbesserung und dem gezielten Üben anregen. Gleichzeitig lässt sich Grundlegendes des Kulturphänomens Sport exemplarisch an die Schüler herantragen.

Von den genannten Grundpositionen ausgehend leiten wir folgende allgemeine fachliche Ziele für den Sportunterricht in der Grundschule ab (vgl. MÜLLER 2000, 24 f.):

> Der Schulsport in der Grundschule soll vor allem durch vielfältige Erfahrungen und Erlebnisse bei Bewegung, Spiel und Sport Freude schaffen, dabei zunehmend grundlegendes sportliches Können sichern und dadurch Interesse und wichtige Voraussetzungen für Handlungsfähigkeit bei Spiel und Sport entwickeln.

In den skizzierten Spannungsfeldern ergeben sich folgende Konkretisierungen und Differenzierungen für facheigene Ziele des Schulsports in den Klassen 1 bis 4:

Klassen 1 und 2

Der Schulsport in den Klassen 1 und 2 ist auf eine vielseitige und offene Bewegungs- und Spielerziehung gerichtet, da ein hohes Bewegungsbedürfnis sowie eine große Spiel- und Entdeckungsfreude diese Altersgruppe kennzeichnet. Die Schüler sammeln und erweitern vielfältige Bewegungs- und Spielerfahrungen mit unterschiedlichen Objekten, Geräten und Materialien sowie mit Partner und Gruppe, erproben Bewegungsformen und erlangen zunehmend Bewegungskönnen und -sicherheit, wenn sie elementare motorische Fertigkeiten anwenden. Sie erleben die Bewegungsmöglichkeiten des eigenen Körpers sowie die Freude am gemeinsamen Handeln und den Reiz zunehmenden Bewegungskönnens.

Klassen 3 und 4

In den Klassen 3 und 4 tritt allmählich eine Akzentverschiebung ein. Ohne die o. g. Ziele einer vielseitigen Bewegungs- und Spielerziehung aufzugeben, liegt der Schwerpunkt ab Klasse 4 zunehmend auf einer altersangemessenen und schulgemäßen Einführung in Bewegung, Spiel und Sport. Die Schüler erlernen erste sportmotorische Fertigkeiten und erweitern damit ihr individuelles Bewegungskönnen. Grundlagen dafür bilden die hohe motorische Lernfähigkeit und -bereitschaft sowie das ansteigende Leistungsstreben. Dabei erleben die Schülerinnen und Schüler das Miteinander bei Bewegung, Spiel und Sport und erweitern ihre sozialen Kompetenzen. Sie empfinden Ausdrucksmöglichkeiten des Körpers, sammeln Grenzerfahrungen und erleben die eigene Leistungssteigerung.

Beitrag zur allgemeinen Bildung

Vielfältige individuell und gemeinsam zu bewältigende Situationen bieten handlungs- und erlebnisorientierte Möglichkeiten, um Sozialkompetenz als Gegenseitigkeit von Geben und Nehmen zu entfalten (vgl. PETILLON 1993, 83):

> Selbstständig und miteinander spielen und Sport treiben, sich helfen lassen und anderen helfen, positive Einstellung zur körperlich-sportlichen Betätigung und persönlichen Leistungssteigerung erlangen und erhalten sowie Schüler mit unterschiedlichen Leistungen akzeptieren.

Als Bewegungsfach bringt sich der Sportunterricht mit eigenständigen Anteilen fachübergreifend und fächerverbindend in die Gesundheits- und Freizeiterziehung ein. Die Schüler sollen lernen, bei Bewegungsaktivitäten Verantwortung für die eigene und die Gesundheit anderer zu empfinden und die Freizeit auch mit Bewegung, Spiel und Sport auszufüllen.

Inhalte und Themen

Elementare motorische Fertigkeiten

Hauptinhalte des Sportunterrichtes sind Körperübungen. Davon ausgehend, dass in der Grundschule Inhalte grundlegender Bildung vermittelt werden sollen, nehmen die elementaren motorischen Fertigkeiten (Gehen, Laufen, Springen, Werfen, Fangen, Balancieren, Kriechen, Klettern, Ziehen, Schieben, Schaukeln, Rollen u. a.) einen besonderen Stellenwert ein. Elementare motorische Fertigkeiten stehen in einem engen Zusammenhang mit der Ausprägung motorischer Fähigkeiten. Sie werden erweitert durch spezielle Übungen zur Schulung konditioneller und koordinativer Fähigkeiten.

Erste sportmotorische Fertigkeiten

Zunehmende Bedeutung in den Klassen 1 bis 4 (vor allem in Klasse 4) erlangen vorbereitende Übungen sowie erste sportmotorische Fertigkeiten bei schulgemäßer Modifizierung.

Kleine Spiele

Einen besonderen Stellenwert in den Klassen 1 bis 4 nehmen kleine Spiele ein, deren Auswahl nicht nur als Mittel für etwas (z. B. Fähigkeitsschulung), sondern vor allem unter dem Aspekt getroffen werden sollte, Kindern die Freude des Augenblicks erleben zu lassen.

Körperübungen mit Freizeitbezug

Bei der Entscheidung für bestimmte Inhalte des Sportunterrichtes sollten Körperübungen mit Freizeitbezug, die zum selbstständigen Üben in der Freizeit anregen, eine besondere Berücksichtigung finden.

Kenntnisse

Körperübungen als Hauptinhalte des Sportunterrichtes werden ergänzt durch Kenntnisse, die zur Ausbildung von Können, für ein unfallfreies Üben, zur Mitgestaltung des Unterrichtes und für selbstständiges Üben unbedingt notwendig sind.

Die Inhalte des Sportunterrichtes können unter verschiedenen pädagogischen Zielvorstellungen unterschiedlich thematisiert werden und lassen sich nach mehreren Sinnperspektiven ausrichten (Spannung, Leistung, Gesundheit, Miteinander, Eindruck, Ausdruck). So sollte beispielsweise das Laufen mit dem Bezug zum Naturerlebnis, in Verbindung mit der eigenen Leistung und Leistungssteigerung, gesundheitsorientiert durch ein angemessenes Tempo und/oder in Verbindung mit dem Gemeinschaftserlebnis („Sich auch ´mal austauschen beim Dauerlauf") zum Thema werden.

Methoden

Wie bereits eingangs dargestellt, vertreten wir einen vermittelnden kon-
zeptionellen Ansatz und favorisieren die didaktische Verknüpfung von
Sachvermittlung und Schülerorientierung. Dies trifft auf der Zielebene zu,
vor allem aber für die methodische Gestaltung. Im Sportunterricht sind also Methoden einzusetzen, durch die die Sache (Bewegung, Spiel, Sport) für
den Schüler aufgeschlossen wird. Wir greifen auf die Vollzugsformen der
sportlichen Tätigkeit (Erkunden, Üben, Spielen, Wetteifern) und entsprechende Methoden zurück und gliedern das Buch nach den Vollzugsformen.
Diese sind zu verbinden mit mehr pädagogisch-psychologischen methodischen Aspekten, die das Aufschließen des Schülers für Bewegung, Spiel
und Sport betonen. Das Arrangieren entsprechender Situationen vom Lehrer und das gemeinsame Ausgestalten durch Lehrer und Schüler rücken
dabei Handlungssituationen in den Blickpunkt, die wir nachfolgend näher
erläutern (in Anlehnung an ZEUNER 1997, 12). In den einzelnen Kapiteln
werden diese mit den Vollzugsformen verbunden, zu Beginn der jeweiligen
Abschnitte durch gesetzte Rahmen gekennzeichnet und fließen in die konkreten Beispiele ein.

Vielfalt von Körperübungen nutzen

Die Vielfalt an Körperübungen ist für Grundschulkinder eines der wesent-
lichen Mittel zur Realisierung der Ziele des Schulsports. Der damit verbun-
dene Reiz des Neuen regt zum Erproben der eigenen Kräfte an, der der Experimentierfreude und Neugier der Kinder dieser Altersgruppe entspricht.
Die Vielfalt an Körperübungen zu nutzen bedeutet auch, die Bewegungserfahrungen und die Bewegungssicherheit zu erweitern und vor allem die
Freude am Sichbewegen zu erhalten. Vielfalt kommt unterschiedlichen
Interessen und Leistungsvoraussetzungen entgegen und begünstigt das
Finden individueller Zugänge zu Bewegung, Spiel und Sport:

- Vielfalt an Bewegungsformen, besonders der elementaren motorischen
  Fertigkeiten und deren zeitlichen, räumlichen, dynamischen Variationen
- Mannigfaltigkeit an Materialien (Alltags- und Naturmaterialien) und Gerä-
  ten (Klein- und Großgeräte, Gerätekombinationen, Spielgeräte)
- überschaubare Vielfalt an kleinen Spielen und Variation von Spielhandlung
  und Regeln, Wertung sowie Bedingungen hinsichtlich der Spielerzahl, der
  Spielfeldgröße, der Spielgeräte (auch entsprechende Variationen für die
  Anwendung in Pause und Freizeit)
- Bewegungsformen in fantasievolle Bewegungsgeschichten eingekleidet
- mehrperspektivische Unterrichtsgestaltung

Offene Situationen schaffen, Probleme lösen lassen

Es besteht die Gefahr, dass die Schüler zu sehr in eine rezeptive Lernhaltung gedrängt werden und fertige Bewegungsmuster nur noch übernehmen. Dem können offene Unterrichtsformen entgegenwirken. Die Bedeutung offener Situationen für den Sportunterricht in der Grundschule ergibt sich auch dadurch, dass die für diese Altersgruppe typischen Vollzugsformen sportlicher Tätigkeiten – Erkunden und Spielen (s. Kapitel 2 und 4) – offene Situationen erfordern. Dies gilt auch für die Neugier und die Experimentierfreudigkeit von Grundschulkindern oder deren Drang nach Erfahrung durch Aktivität.

Sport treiben heißt auch Schwierigkeiten zu überwinden. Probleme nicht aus dem Weg zu räumen, sondern diese durch die Schüler selbst lösen zu lassen, kann die Faszination von Bewegung, Spiel und Sport noch erhöhen. Offene Situationen können gekennzeichnet werden durch:

- die inhaltliche Dimension – stärkere Öffnung für Erfahrungen und Inhalte aus der Bewegungs- und Sportumwelt der Kinder, für ihre Ideen, Interessen, Bedürfnisse
- die methodische Dimension – z. B. Freiarbeit
  Möglichkeiten der Freiarbeit sind:
  - Bewegungsmarkt: wie an „Ständen" werden Kleingeräte oder Materialien in der Halle verteilt, zur Aufgabenerfüllung von da geholt und wieder zurückgebracht.
  - Bewegungsstationen: Unterschiedliche Stationen werden aufgebaut und Übungsaufgaben mündlich oder schriftlich festgelegt.
  - Bewegungslandschaften: Gerätearrangements mit unterschiedlichen Bewegungs- oder Spielschwerpunkten kommen zum Einsatz.
- die organisatorische Dimension – flexible Unterrichtsabläufe (Wahl der zeitlichen Einteilung, der Reihenfolge, des Partners u. a.), Sportunterricht in Bewegungs- und Spielräumen außerhalb der Schule
- Probleme lösen – die kreative Auseinandersetzung mit Bewegungsformen, das Erfinden von Spielen und Spielvarianten, das Lösen von Konflikten beim Spiel

Differenzieren und Individualisieren, Wahlmöglichkeiten anbieten

Die motorische Leistungsfähigkeit der Grundschüler geht offensichtlich scherenförmig immer weiter auseinander. Dies erfordert im stärkeren Maße Differenzierungsmaßnahmen und individuelles Eingehen, gleichzeitig aber auch das Bemühen um Integration. Differenzierungsangebote können vom Lehrer vorgegeben werden. Vor allem hinsichtlich der Motivation halten wir es aber für pädagogisch wertvoller, dass die Schüler unter verschiedenen Angeboten selbst wählen können. Wahlmöglichkeiten tragen auch dazu bei, dass individuelle Neigungen erkannt und entwickelt werden:

- Differenzierungen bei der Zielfestlegung
- Auswahl von Körperübungen und Geräten, Spielvarianten, Gerätekombinationen
- Umfang und Intensität entsprechend dem individuellen Leistungsvermögen, z. B. individuelles Lauftempo
- Beachtung individueller Erfahrungen und Bewegungsausführung
- Mitentscheidung über Partner- und Gruppenzusammensetzungen
- Rollenwahl
- differenzierte Bewegungskorrektur und Lernhilfen
- individuelle Anregungen für das Üben in der Freizeit, individuelle Perspektiven

Soziale Situationen anregen und fördern

Angesichts der häufig verengten sozialen Erfahrungsräume muss soziales Lernen eine wesentliche Aufgabe der Grundschule sein. Soziale Situationen im Sportunterricht sollten das Miteinander bei Bewegungshandlungen akzentuieren, aber auch das Gegeneinander bewusst thematisieren und die Wechselbeziehung beim Miteinander – Gegeneinander verdeutlichen:

- miteinander Sport treiben (turnen, tanzen …), sich miteinander verständigen, Spielregeln vereinbaren, gemeinsam nach Lösungen suchen
- Fairness, gegenseitige Achtung, verantwortungsbewusstes Handeln
- gegenseitiges Helfen, Sichern, Korrigieren sowie Anregen
- gemeinsamer Geräteaufbau und -abbau
- Partner- und Gruppenformen: Spiegel-, Schatten-, Synchronformen, Partner- und Gruppengestaltung (vgl. BRUCKMANN 1990)

Bewegungs- und Körpererfahrungen thematisieren

Die gesellschaftlichen Entwicklungen erschweren es den Kindern, unmittelbare Erfahrungen mit dem eigenen Körper und seinen Bewegungsmöglichkeiten zu sammeln. Deshalb sollten Wahrnehmungen, vor allem des inneren Regelkreises (Gleichgewichtsanalysator, kinästhetischer sowie teilweise taktiler Analysator), die normaler Weise unbewusst ablaufen, durch das Lenken der Aufmerksamkeit auf das Innere des Körpers „ins Bewusstsein" geholt werden. In der Grundschule eignen sich dafür vor allem elementare motorische Fertigkeiten, da schon gekonnte Bewegungsformen eher die Konzentration auf Wahrnehmungen und Empfindungen ermöglichen:

- Kontrastieren von Bewegungen in Bezug auf Raum, Zeit, Kraft sowie Differenzieren, Nuancieren, Variieren
- Situationen zum Erleben unterschiedlicher Körperlagen sowie des Rutschens, Schwingens u. a., Vermeidung und Reduzierung von Angst
- Impulsgebung zur Lenkung der Aufmerksamkeit und Reflexion der Erfahrungen
- bewusste Einbeziehung von Bewegungs- und Körpererfahrungen in den motorischen Lernprozess
- Erlebenlassen von Spannung und Entspannung, Belastung und Erholung sowie der Funktionsweise innerer Organe
- differenzierte Wahrnehmungen, zeitweises Ausschalten der Sinnesorgane („blind üben")
- Körperkontakte mit einem Partner, in einer Gruppe
- Verbindung von Bewegungs- mit Naturerlebnissen

Mit der sportlichen Leistung pädagogisch umgehen

Zweifelsfrei ist der Leistungsgedanke der sportlichen Handlungsfähigkeit immanent. Generell zählen Leistung und Leisten zu den wichtigsten anthropologischen Merkmalen des Menschen überhaupt. Für die Entwicklung von Kindern sind Leistung und Können, Anstrengung und Herausforderung unbedingt notwendig (vgl. GRUPE 1982, 185–198). Als Leistung wird sowohl der Prozess als auch das Ergebnis einer menschlichen Handlung bezeichnet (vgl. HECKER 1974, 28).

- Erlebenlassen der individuellen Leistung und Bewusstmachen des Leistungszuwachses durch kontinuierliches Üben
- Wahlversuchsanordnungen und Bekanntgabe der Erwartungshaltung zur Entwicklung eines realistischen Anspruchsniveaus
- Ursachenzuschreibung für Erfolg und Misserfolg, Selbstbewertung
- gemeinsames Gestalten und Präsentation der Ergebnisse, Üben im Gruppenrhythmus
- Thematisieren des Umgangs mit Sieg und Niederlage
- Zurücknahme des Leistungsdruckes in bestimmten Situationen

Ästhetische Akzente setzen

In einem weiten Begriffsverständnis wird Ästhetik als Theorie der sinnlichen Erkenntnis und Darstellung verstanden. Damit werden im Sportunterricht Akzentuierungen möglich, die die Schulung der sinnlichen Wahrnehmung einschließen. Sie gehen damit weit über die bisher oft enge Bindung an Gymnastik und Tanz hinaus:

- Sensibilisierung der einzelnen Analysatoren (optischer, akustischer, taktiler, kinästhetischer Analysator sowie Gleichgewichtsanalysator)
- Improvisieren und Gestalten mit Handgeräten und Materialien, nach Musik, von unterschiedlichen Themen, Erfassen und Umsetzen von Rhythmen
- Gestalten kleiner Übungsverbindungen und Tänze
- Bewusstmachen einer zweckmäßigen Körperhaltung
- Schaffen eines ästhetisch äußeren Rahmens

Wissen übungsbegleitend vermitteln

Die Wissensvermittlung hat in der Grundschule eine zunehmende Bedeutung. Sie ist eine Unterstützung nicht nur für einen effektiven Aneignungsprozess, sondern vor allem für ein „verstehendes" Üben, für bewusste Aktivität der Schüler sowie für die Herausbildung von Interessen und Neigungen für Bewegung, Spiel und Sport. Der Terminus „Wissen übungsbegleitend vermitteln" ist eine Kurzbezeichnung, die ausführlicher formuliert lauten müsste: „Wissen vermitteln und Situationen schaffen für das eigene Erfahren von Sachverhalten und der kritischen Auseinandersetzung mit der Bewegungsumwelt". Damit werden unterschiedliche Richtungen deutlich, auf die Wissensvermittlung zielt:

- Kenntnisse, die mehr auf die Sache (vor allem motorische Fähigkeiten, Fertigkeiten) und deren effektive Aneignung gerichtet sind und damit das Ziel haben Bewegung, Spiel und Sport sich bewusst anzueignen (Übungs- und Gerätbezeichnungen, wesentliche Merkmale der Bewegungsausführung, Spielregeln, Sicherheitsbestimmungen und Verhaltensnormen)
- Kenntnisse und Erkenntnisse, die aus Erfahrungen der Schüler selbst und deren kritischer Bewertung resultieren mit dem Ziel, Bewegung, Spiel und Sport zu verstehen und zu bewerten (Verwendungsmöglichkeiten von Geräten und Materialien, eigene Leistungssteigerung durch Üben, Übungswirkungen, persönliche Sinnzuschreibungen für das Sporttreiben u. a.)

Diese fachspezifischen Kenntnisse und Erkenntnisse lassen sich durch die Verbindung mit fachübergreifenden Zusammenhängen ergänzen. Die pädagogische Handlungssituation „Fachübergreifend und fächerverbindend unterrichten" wird wegen ihrer Bedeutung ausführlich im Kapitel 6 dargestellt.

Erkunden, Üben, Spielen, Wetteifern

Die Ziele des Sportunterrichts können die Schüler nur über das Handeln verwirklichen. Einen Versuch, die Vielzahl von Handlungsmöglichkeiten im Schulsport auszudifferenzieren, sich auf Wesentliches zu konzentrieren und sie zwischen Offenheit und Geschlossenheit einzuordnen, nimmt EHNI (1985, 42) vor. Er kennzeichnet sie anhand exemplarischer Handlungsformen. Daran schließen wir uns weitgehend an und unterscheiden die Vollzugsformen in Erkunden, Üben, Spielen und Wetteifern.

Das didaktische Arrangement verläuft dabei:

● vom Erkunden als das Kennenlernen von Neuem,

● über das Üben im Sinne des Könnenlernens von Bekanntem, aber noch nicht Gekonntem,

● zum Spielen als dem Variieren von Bekanntem und Gekonntem sowie dem Wetteifern im Sinne des Vergleichs von Gekonntem.

Die Grenze vom Können zum Nichtmehrkönnen und -kennen kann dabei sehr schnell überschritten werden. In einem spiralförmig gedachten Modell würde dann wieder das Erkunden von Neuem, allerdings auf einem höheren Niveau, einsetzen (vgl. EHNI 1982, 474).

Die nachfolgende Abbildung macht den Zusammenhang zwischen den benannten Vollzugsformen und den didaktischen Funktionen deutlich. *Erkunden* wird vorrangig in der Vorbereitung eingesetzt, das *Üben* dagegen in der Erarbeitungs- und Festigungsphase. Das *Spielen* entspricht der Anwendung, die durch das freie und selbstständige Operieren mit dem erworbenen Können gekennzeichnet ist. Wir zählen zur Anwendung aber auch das *Wetteifern,* bei dem das Bekannte und Gekonnte auf seine Qualität oder Quantität hin verglichen werden kann.

Die Differenzierung in unterschiedliche Tätigkeitsbereiche des Sporttreibens ist eher idealtypisch und soll die unterschiedlichen methodischen Vorgehen verdeutlichen. Durch ihre zahlreichen Verflechtungen gehen sie in der Unterrichtspraxis als Zwischenformen vielfach fließend ineinander über.

Vollzugsformen des Sports

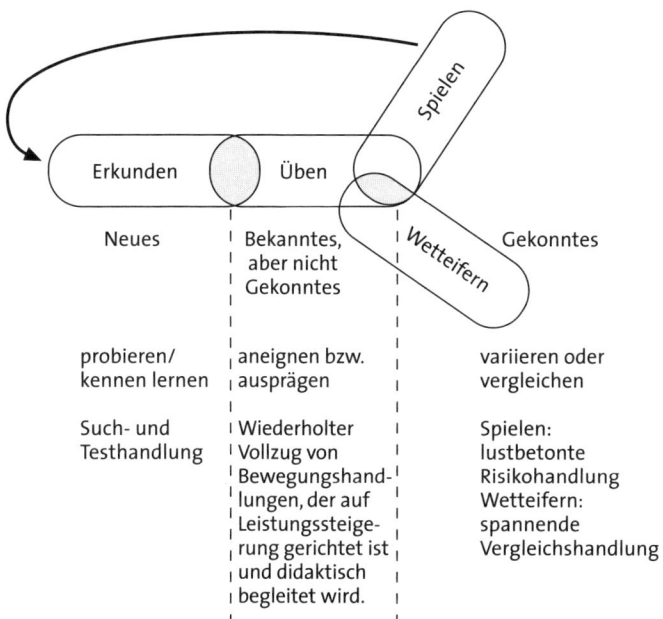

Neues	Bekanntes, aber nicht Gekonntes	Gekonntes
probieren/ kennen lernen	aneignen bzw. ausprägen	variieren oder vergleichen
Such- und Testhandlung	Wiederholter Vollzug von Bewegungshandlungen, der auf Leistungssteigerung gerichtet ist und didaktisch begleitet wird.	Spielen: lustbetonte Risikohandlung Wetteifern: spannende Vergleichshandlung

Didaktische Funktionen

Vorbereitung   Erarbeitung und Festigung   Anwendung

Zwischenformen

- erkundendes Üben
  wiederholter Vorgang, Ziel ist bekannt, Weg dorthin nicht
- spielerisches Üben
  wiederholter Vorgang, Zweck liegt auch im Spiel selbst
- wetteiferndes Üben
  wiederholter Vorgang, Aufmerksamkeit ist auf den messbaren Vergleich gerichtet

Vollzugsformen des Sports (in Anlehnung an EHNI 1982, 1985)

2 Erkunden

Erkunden ist das Ausprobieren von Unbekanntem und setzt demnach noch nicht Bekanntes voraus. Es führt durch die Auseinandersetzung mit dem Neuen zu gegenständlichen Erfahrungen, zu Kenntnissen und Wissen über Dinge. Bei Erkundungshandlungen sollten Kinder materiale und soziale Erfahrungen sowie Erfahrungen mit dem eigenen Körper sammeln.

Das Erkunden ist eine typische Vollzugsform der sportlichen Tätigkeit im Grundschulalter und strahlt auf andere Handlungsformen aus (z. B. erkundendes Üben). Begründungen liegen vor allem in dem hinreichenden Vorhandensein von „noch Unbekanntem" sowie in der Neugier und Experimentierfreude der Kinder. Besonders in den Anfangsklassen bieten die neue Umgebung (Sporthalle, Sportplatz, Schulgebäude, Schwimmhalle u. a.), unbekannte Geräte und sich erst entwickelnde soziale Bezugsformen vielfältige Erkundungsmöglichkeiten.

Nach dem Erkundungszweck unterscheidet KRETSCHMER (1993, 8) in Erkundungen, die Fragen nach dem Was, Wie und Warum beantworten sollen.

Was-Erkundungen bringen materiale Eigenschaften in Erfahrung, erproben Bewegungsmöglichkeiten und -formen mit den Dingen allein oder in der Gruppe („Probiert Bewegungsformen am Barren!") und erkunden neue Eigenschaften und Verwendungsmöglichkeiten von Geräten und Materialien. Das kann auch in einem nicht funktionalen Zusammenhang geschehen (Papprollen zum Balancieren, Bierdeckel zum Werfen und Fangen, Tücher zum Jonglieren u. a.).

Wie-Erkundungen entdecken Zusammenhänge und Wirkungsweisen bezogen auf die Bewegungsqualität oder Bewegungswirkungen (vgl. KRETSCHMER 1993, 9). Beispiel: „Wie kann ich auf einer Bank an einem Partner vorbeibalancieren?", „Wie muss ich einen Pappdeckel werfen, um möglichst weit zu kommen?" Wie-Erkundungen bilden teilweise einen fließenden Übergang zum erkundenden Üben, wenn das Ziel bekannt ist, der Weg dahin aber noch nicht.

Warum-Erkundungen erleben Ursachen und Wirkungen. In Verbindung mit Kenntnissen aus anderen Lernbereichen und Fächern lassen sich Zusammenhänge erkennen, z. B. „Warum können wir die Bankwippe im Gleichgewicht halten?"

Diese Reihenfolge entspricht auch einer Rangfolge der Bedeutung von Was-, Wie- und Warum-Erkundungen in den Klassen 1 bis 4.

Erkundungsergebnisse können nicht vermittelt werden, sondern erfordern selbstständig handelnde Schüler. Der Lehrer bereitet Erkundungshandlungen vor, indem er entsprechende Materialien und Geräte bereitstellt und Situationen mit Neuigkeitsgehalt arrangiert. Dabei sind die differenzierten Erfahrungen der Kinder zu beachten. Erkunden verlangt entsprechende Zeit zum Suchen, Ausprobieren, Verändern von Lösungen und setzt Akzeptanz der gefundenen Lösungswege voraus.

Der Lehrer trägt die Verantwortung für die Sicherheit der Schüler. Während der Erkundungshandlungen kann die Lehrkraft Unterstützung geben durch das Mitmachen (nicht Vormachen) und durch das Aufgreifen von Erkundungsergebnissen anderer Schüler oder Gruppen („Beobachtet, welche Bewegungsmöglichkeiten andere Gruppen gefunden haben!"). Wenn die Ideen der Kinder nachlassen, kann der Lehrer durch Aufgaben oder Impulse helfen (vgl. MÜLLER 2000, 35–37).

Nachfolgend stellen wir mögliche problemorientierte Bewegungsaufgaben zu bestimmten Erkundungssituationen als Anregung vor. Sie sind teilweise verbunden mit Bewegungsideen, auf die die Schüler möglichst selbst kommen sollten. Wichtig ist, dass diese Hinweise nur als Ergänzung zu verstehen sind. In erster Linie sollten die Schüler Bewegungsmöglichkeiten mit Materialien und Geräten selbstständig finden.

2.1 Spielgeräte erkunden

Im Sportunterricht der Grundschule sind die Bewegungshandlungen kaum an der Spezifik von Sportarten ausgerichtet. Für das Erkunden von Spiel- und Sportgeräten eröffnen sich damit fast allen Kindern Entfaltungsmöglichkeiten, sowohl durch deren Neuigkeitswert als auch durch die Vielzahl von Kombinationsmöglichkeiten. Unterschiedlichste Arten von Bällen (Soft-, Wasser-, Tennis-, Tischtennis-, Gymnastik-, Hand-, Basket- oder Volleyball), verschiedenste Schläger (Federball-, Tischtennis-, Hockey-, Unihockey- und Tennisschläger), alle möglichen Wurfgeräte (Feder-, Indiaca-, Schweif-, Koosh-, Catch- sowie Spaßball, Frisbeescheiben, Papprollen, Bierdeckel, Sockenball – eine zusammengerollte Socke wird in die andere gesteckt und Letztere dann zugeknotet) können einbezogen werden.

Im Zentrum der individuellen Auseinandersetzung der Kinder mit diesen Geräten stehen das Erkunden ihrer Eigenschaften und Verwendungsmöglichkeiten, das Erproben des Umgangs mit diesen sowie das Erkennen erster Zusammenhänge von Ursache und Wirkung. Die Grenzen zum Üben und Spielen sind dabei fließend, so dass sich über die folgenden Beispiele hinaus auch aus dem Abschnitt 3.3 und dem Kapitel 4 inhaltliche Anregungen ergeben.

Bei der methodischen Gestaltung von Erkundungshandlungen mit Spielgeräten ist zu beachten, dass sich hierzu problemorientierte Bewegungsaufgaben sehr gut eignen. Für das Finden eigener Lösungen muss den Kindern jedoch ausreichend Zeit zur Verfügung stehen. Die große Vielfalt bei der Unterrichtsgestaltung ergibt sich nicht nur aus der Vielzahl an Aufgabenstellungen mit Hand und Fuß, sondern auch aus den unterschiedlichen Bällen sowie dem Wechsel der Organisationsformen (Bewegungsstationen, Kreisaufstellung, Seitenwechsel). Durch die Partnerübungen lässt sich auch das soziale Lernen einbeziehen.

Bälle am Ort erkunden

Probiert alle bereitgelegten Bälle aus und ent-
scheidet, welcher:

- ist am größten – am kleinsten
- ist am schwersten – am leichtesten
- ist am härtesten – am weichsten
- springt am besten – springt am schwächsten
- lässt sich gut fangen – lässt sich schwer fangen

Wie hoch springen verschiedene Bälle nach dem Aufprellen? Mit welchem kommst du am höchsten?

Wie kannst du fest am Ort stehend den Ball am eigenen Körper in Bewegung halten, ohne dass er zu Boden fällt?

- Heben und Senken (ein- und beidhändig)
- sicheres Hochwerfen und Fangen (ein- und beidhändig)
- Kreisen am und um den Körper
- Rollen am Körper von oben nach unten und zurück
- Rollen vor dem Körper
- Rollen seitlich am Körper

Mit welchen Bällen gelingen dir kleine Kunststücke?

Im Stand:
- Ball mit ausgestreckten Armen ein- oder beidhändig halten; im Wechsel vorn, hinten und seitlich, oben und unten
- Ball halten vor dem Bauch, dann hinter dem Rücken, im Nacken, auf dem Kopf, zwischen Fuß und Hand, in der Achsel unter dem Arm, zwischen den Knien
- Ball kreist um die Füße, die Oberschenkel, die Hüfte, den Brustkorb, den Hals, den Kopf und den umgekehrten Weg zurück zu den Füßen
- Ball kreist als „8" um die gegrätschten Beine
- Ball vom Nacken über den Rücken rollen lassen und in Beckenhöhe fangen
- Ball zwischen Bauch und Oberschenkel einklemmen, sich dann hinsetzen und wieder aufstehen

In Rückenlage:
- Ballübergabe von den Händen zwischen die angewinkelten Knie und von dort wieder zurück an die Hände
- Ball mit Füßen hochwerfen, so dass ihn die Hände fangen können
- Rollbahn 1: Schienbeine bilden eine Rollbahn
- Rollbahn 2: Ball befindet sich im Strecksitz auf den Oberschenkeln – mit dem Anheben des Beckens in den Liegestütz rücklings rollt der Ball zu den Füßen – zurück in den Strecksitz – Anheben der Füße – Ball rollt zurück zu den Oberschenkeln

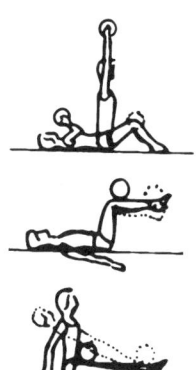

In welcher Art und Weise kannst du den Ball nach oben werfen?
- im Stand, sitzend, hockend, kniend, liegend
- beidhändig/einhändig
- nach Absprung
- durch die gegrätschten Beine nach hinten oben
- hinter dem Rücken
- von hinten durch die gegrätschten Beine nach vorn
- einhändig durch ein angehobenes Bein

Gelingt dir das Werfen so, dass der Ball bestimmte Höhen erreicht?
- Kopfhöhe, Reichhöhe, Höhe des Basketballkorbes
- Ball berührt die Decke, Deckenbalken u. Ä. nur ganz leicht

Welche Bewegungen kannst du in der Flugphase vor dem Fangen des Balles ausführen?
- Handklatschen und/oder Drehungen (wie oft?)
- Handflächen berühren den Boden – Aufrichten – Fangen
- Hocke – Aufrichten – Fangen
- Sitz – Aufstehen – Fangen

Wie kannst du den Ball auf unterschiedliche Weise fangen?
- direkt oder nach Aufprellen
- beid- und einhändig
- in unterschiedlichen Höhen (Kopfhöhe, Hüfthöhe, kurz vor dem Boden, im Sprung)
- im Stand, sitzend, hockend, kniend, liegend
- hinter dem Rücken
- im Strecksitz nach Aufprellen des Balles
- im Grätschsitz nach Aufprellen des Balles
- mit Oberschenkel und Brust (Krebsgang-Stellung) nach Aufprellen des Balles

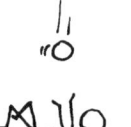

Gelingen all die Kunststücke auch mit einem größeren, kleineren, schwereren, leichteren Ball?

Versuche es gemeinsam mit einem Partner, vielleicht sogar beide mit einem Ball?

Rollende Bälle erkunden
Welchen der verschiedenen Bälle kannst du am schnellsten zur gegenüberliegenden Seite rollen?

Mit welchen Körperteilen kannst du
den Ball zum Rollen bringen?

- Hand, Finger, Fuß, Knie, Ferse,
  Fußsohle, Ellenbogen, Kopf

An welchen Stellen berührst du den Ball, um ihn zum Rollen zu bringen?
- hinter dem Ball
- auf dem Ball
- ständiger Ballkontakt („Streicheln" des Balles), auch mit dem Fuß

Welchen Ball kannst du durch Pusten zur anderen Seite befördern?

Kannst du einen rollenden Ball wie-
der einholen, bevor er die gegenüber-
liegende Seite, eine bestimmte Linie
oder Gasse überrollt? Wie schnell darf
er rollen, damit du es gerade noch
schaffst?

Gelingt es dir, den Ball einzuholen und von hinten durch die gegrätschten
Beine rollen zu lassen? Kannst du dies auf einer Bahn auch mehrere Male?

Wie schnell musst du den Ball rollen, damit du ihn einholen, um ihn herum-
laufen und wieder einholen kannst? Gelingt das auf einer Bahn mehrere
Male?

Suche dir einen Partner und versucht die Bewegungsaufgaben zu lösen,
wenn der jeweils andere den Ball rollt!

Fliegende Bälle erkunden
Werft unterschiedliche Bälle gegen die Wand! Welcher Ball springt am wei-
testen ins Feld zurück?

Wie weit springt der gleiche Ball,
wenn du ihn hoch, flach, scharf oder
nur leicht gegen die Wand wirfst?

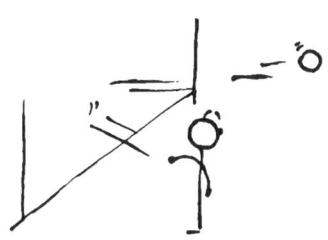

Wie weit musst du von der Wand ent-
fernt werfen, um den Ball direkt wie-
der zu fangen (oder Fangen des Balles
erst nach 1, 2, 3, ... Bodenkontakten)?

Wie müssen unterschiedliche Bälle gespielt werden, damit der springende
Ball nach mehreren Bodenkontakten in einem offenen Behältnis (Kas-
tenteil, Eimer, Pappkarton) liegen bleibt?

Welcher Ball fliegt nach einem Fußstoß am besten?

An welcher Stelle musst du den Ball mit dem Fuß treffen, damit er zur anderen Seite fliegt?

Bewegungsmöglichkeiten mit Schlägern erkunden

Versuche, deinen Schläger im Gleichgewicht zu halten! Balanciere ihn:

- an der Unterseite des Griffes oder des Schlägerkopfes
- auf der Handfläche, dem Handrücken, einem oder zwei Fingern
- auf dem ausgestreckten Zeigefinger in der Mitte des Schaftes

Kannst du deinen Schläger in der Hand zwirbeln, ohne ihn zu verlieren?

Fasse den Schläger am Griff und versuche durch Öffnen und Schließen der Hand den Schaft des Schlägers langsam nach unten gleiten zu lassen! Wie oft kannst du die Hand öffnen und schließen?

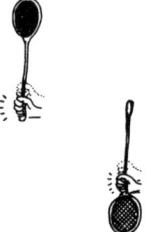

Probiere aus, welcher Schläger sich zum Schlagen der unterschiedlichen Bälle eignet! Kreuze an, was am besten zusammenpasst!

	Federball-schläger	Tischtennis-schläger	Tennis-schläger	Handfläche
Federball				
Tischtennis-ball				
Softball				
Tennisball				
Koosh-Ball				
Indiaca-Ball				
Unihockeyball				
Luftballon				

Wurfgeräte erkunden

Treffball (s. auch Abschnitt 3.3)

Die Schüler werfen verschiedene Wurfgeräte auf Ziele (Medizinbälle, Kegel, Pappkartons, Schaumstoffwürfel, Büchsen, Plastikbecher) die auf Bänken nahe einer Wand aufgestellt sind. Zum Einsatz kommen dabei unterschiedliche Bälle (Wasser-, Gymnastik-, Soft-, Tischtennisbälle) oder auch Wurfgeräte (Bierdeckel, verknotete Springseile, Säckchen, Tennisringe, Papprollen). Ebenso eignen sich Indiaca-Bälle, Schweifbälle, Koosh-Bälle, Catchbälle, Softfrisbeescheiben.

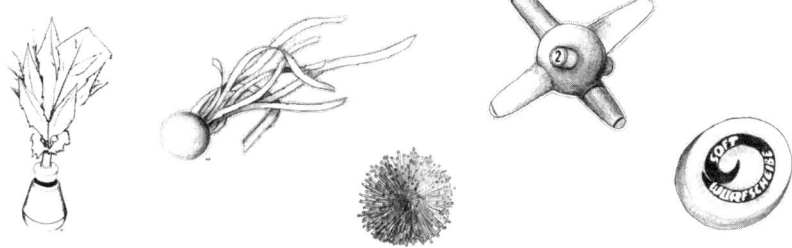

Im Sinne des Erkundens ergeben sich nun eine Vielzahl von Aufgaben:

Mit welchem Wurfgerät ist es für dich am schwierigsten, die Ziele zu treffen?

Wie musst du das Gerät werfen, damit es am besten zum Ziel fliegt?

Welche Wurfgeräte, Ziele und deren Kombination sind am interessantesten?

Wie lange benötigt ihr als Gruppe, bis alle Ziele abgeworfen sind? Dauerte der zweite Durchgang länger oder war er kürzer?

2.2 Alltags- und Naturmaterialien erkunden

Unbekannte Gegenstände sowie die Verwendung von durchaus bekannten Alltags- und Naturmaterialien in Verbindung mit Bewegungsaktivitäten, die nicht der eigentlichen Funktion entsprechen, wecken die Neugierde von Grundschulkindern.

Beim Erkunden von Bewegungsmöglichkeiten mit Alltags- und Naturmaterialien werden neue Bewegungserfahrungen gesammelt. Die handelnde Auseinandersetzung mit diesen Objekten kann dazu führen, deren Eigenschaften zu erkennen und Zusammenhänge besser zu verstehen. Es bestehen fließende Übergänge vom Erkunden (z. B. möglicher Bewegungsformen mit Luftballons) zum Üben dieser Fertigkeiten und der sich anschließenden spielerischen Anwendung (s. Abschnitt 4.3, Spielformen mit Luftballons).

Pädagogische Orientierungen ergeben sich aus folgenden Anregungen:

- angemessene Vielfalt an Materialien einsetzen (nicht Beliebigkeit)
- mit offenen Formen, wie Bewegungsmarkt oder Bewegungsstationen, arbeiten (s. Kapitel 1)
- Materialien und Bewegungsaufgaben differenzieren, da die Schüler unterschiedliche Vorerfahrungen mitbringen
- Bewegungsaufgaben stellen, die eine Lösung mit Partner oder Gruppe erfordern
- Bewegungs- und Körpererfahrungen, die beim Erkunden gesammelt werden, besprechen, gefundene Lösungen der Schüler akzeptieren
- unterschiedliche Analysatoren ansprechen
- besonders bei Warum-Erkundungen fachübergreifend arbeiten

Bewegungsformen mit Luftballons erkunden

Luftballons haben einen hohen Aufforderungscharakter. Organisatorisch ist es günstig, die Luftballons mit einem Kompressor selbst aufzublasen, in großen Plastikmüllsäcken zu lagern und zu transportieren. Luftballons in unterschiedlichen Farben ergeben zusätzliche Spielmöglichkeiten.

Probiert, was ihr mit dem Luftballon alles machen könnt!

Kannst du den Luftballon am Körper abwärts und wieder aufwärts bewegen?

Wie hört es sich an, wenn du mit der Hand oder feuchten Fingern über den Luftballon reibst?

Mit welchen Körperteilen kannst du einen Luftballon hoch spielen („tanzen lassen") oder gegen eine Wand spielen? Wie muss der Luftballon angestoßen werden, damit er sehr hoch fliegt bzw. nur auf der Hand tanzt?
- Hände, Fingerspitzen, Handballen, Unterarm, Ellenbogen, Kopf, Schulter, Oberschenkel, Knie, Füße u. a.

Kannst du einen Luftballon hochwerfen und mit geschlossenen Augen wieder fangen? Wobei gibt es Probleme?

Auf welchen Körperteilen kannst du den Luftballon balancieren? Mit welchem Körperteil ist es am günstigsten? Warum?
- Fingerspitzen, Handinnenfläche und -außenfläche, Faust, Unterarm, Ellenbogen, Schulter u. a.
- Kopf, Fuß, Rücken

Probiere, deinen Luftballon durch die Halle zu transportieren, ohne ihn festzuhalten! Gelingt das auch beim Gehen rückwärts?
- Ballon treiben, pusten

Versucht, den Luftballon möglichst schnell durch die Halle zu treiben!

Könnt ihr zu zweit (zu dritt, in einer Reihe) einen Ballon oder mehrere Ballons durch die Halle transportieren, ohne die Hände zu benutzen?
- mit den Füßen zuspielen
- zwischen Körperteile (Stirn, Oberkörper, Rücken) klemmen u. a.

Wie müsst ihr (zu dritt, zu viert) euch verhalten, wenn euer Ballon nicht auf den Boden fallen soll?

Aus welchen Positionen könnt ihr euch einen Luftballon zuspielen?
- im Stehen, Sitzen, in Bauchlage, durch die gegrätschten Beine
- im Vierfüßlerstand, Hockstand, Kniestand u. a.

Empfindest du Unterschiede beim Zuspielen bzw. beim Prellen verschieden stark aufgeblasener Luftballons?

Bewegungsformen mit Papprollen erkunden
Die Papprollen sollten langfristig durch die Kinder gesammelt werden, so dass sie in ausreichender Menge zur Verfügung stehen.

Probiert aus, wie man mit den Papprollen werfen kann!
- Hochwerfen bis zur Hallendecke
- Weitwerfen mit der rechten/linken Hand, mit beiden Händen
- Weitwerfen durch die gegrätschten Beine hindurch
- Werfen rücklings über den Kopf

Welche Formen lassen sich davon mit einem Partner umsetzen?

Auf welchen Körperteilen kannst du Papprollen durch die Halle balancieren?
- Fingerspitzen, Handinnenfläche bzw. -außenfläche, Unterarm, Kopf u. a.

Probiere, eine oder mehrere Papprollen mit verschiedenen Fortbewegungsarten durch die Halle zu transportieren, ohne sie festzuhalten!
- im Vierfüßlergang vorwärts/seitwärts/rückwärts
- im Krebsgang vorwärts/seitwärts/rückwärts

Überlegt, wie man mit den Papprollen eine Hindernisbahn bauen kann:
- „Straßenbau"

Wie könnt ihr die Hindernisbahn bewältigen?
- durchlaufen, Hüpfen ein-/beidbeinig,
  Vierfüßlergang, Krebsgang
- vorwärts, seitwärts, rückwärts
- in Kleingruppen mit Handfassung, dem Vordermann auf die Schultern fassen und Schlusssprünge ausführen, „Tausendfüßler" (eine Hand fasst durch die gegrätschten Beine, andere Hand an die Hand des Vordermannes fassen)

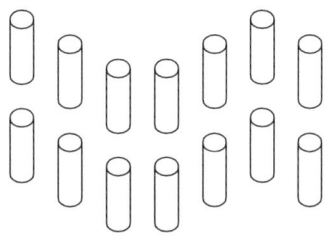

Probiere aus, mit welchen Körperteilen und wo du die Papprolle rollen kannst!
- mit Fingern, Hand, Fuß, Kopf, Nase
- auf dem Boden, der Bank, den Hallenmarkierungen

Bewegungsformen mit Säckchen erkunden
Die Säckchen sind am besten in den Farben Rot, Grün, Blau und Gelb vorhanden. Damit lassen sich auch verschiedene Spielformen umsetzen. Für die Füllung sind Erbsen, Reis oder Bohnen ideal. Sand ist hierfür weniger geeignet, da dieser im Laufe der Zeit immer feiner wird und durch den Stoff rieseln könnte.

Betastet die Säckchen und fühlt, womit sie gefüllt sind!
- mit Erbsen, Reis, Bohnen

Probiere, was du mit den Säckchen alles machen kannst!
- Hochwerfen und beidhändig oder einhändig fangen
- Weitwerfen, Zielwerfen
- auf verschiedenen Körperteilen balancieren (Kopf, Schulter, Fuß)
- zwischen die Füße/die Knie klemmen und Hüpfen vorwärts, rückwärts, seitwärts
- flach anwerfen und auf dem Oberschenkel landen lassen

Transportiere die Säckchen auf verschiedenen Körperteilen durch die Halle!
- auf Kopf, Schulter, Bauch, Rücken u. a.

Spielt mit den Säckchen auch zu dritt!
- im Dreieck zuspielen
- zu zweit zuspielen, während der dritte Spieler in der Mitte steht und das Säckchen ebenfalls fangen will

Was kann man paarweise mit 2 oder sogar 3 Säckchen tun?
- Jonglieren
- Partner fängt die 3 vom Werfer geworfenen Säckchen nacheinander

Welche Bewegungsformen findet ihr noch?

Bewegungsformen mit Teppichfliesen erkunden
Mit der flauschigen Seite am Boden eignen sich Teppichfliesen zu Gleit- und Rutschübungen auf fast allen Hallenböden. In den Abmessungen von 20 × 30 cm und 30 × 40 cm lassen sie sich als Werbe- und Probemuster von Auslegeware organisieren. Zum Gewöhnen als Gleitunterlage bietet sich eine stabile, bodennahe Position auf einer Fliese an.

Wie kannst du dich mit der Fliese fortbewegen, wenn du auf der Fliese sitzt? Probiere es vorwärts und rückwärts!
- nur mit den Händen, nur mit den Füßen oder mit Händen und Füßen vom Boden abstoßen

Kannst du dich mit der Fliese bewegen, wenn beide Hände auf der Fliese sind? Versuche es auch mit den Knien oder Füßen auf der Fliese!
- im Hockstütz oder Liegestütz (auch verkürzt) durch fortlaufende kleine Fußbewegungen

- im Knieliegestütz mit angehobenen Unterschenkeln durch Armzug vorwärts oder durch Armdruck rückwärts bewegen

Versuche, dich im Sitz oder in der Bauchlage auf einer Fliese wie ein Kreisel zu drehen. Probiere es nach beiden Seiten!

- im Hocksitz oder Schneidersitz auf der Fliese mit Abdruck der Hände vom Boden oder nur durch Arm- und Rumpfbewegungen
- in der Bauchlage auf der Fliese durch Abstoßen mit einer Hand oder beiden Händen vom Boden

Wie kannst du mit einem Fuß auf einer Fliese stehend eine Strecke zurücklegen? Probiere es vorwärts und rückwärts!

- beide Beine sind gestreckt und gespannt, mit vielen kleinen, fortlaufenden Abdrücken

Probiere, dich mit beiden Beinen auf einer Fliese stehend im Raum zu bewegen. Was gelingt besser?

- durch leichte beidbeinige Hüpfer (Rutschen)

- Twist vorwärts und rückwärts im Grätschstand auf der Fliese

- Nachstellschritt seitwärts, im Grätschstand beginnend

Kannst du durch die Halle gleiten, wenn jeder Fuß auf einer Fliese steht? Versuche die Bewegung auch rückwärts!

- Schlittschuhschritt durch wechselseitiges Vorwärtsschieben und Abstoßen eines Fußes
- durch fortlaufende Drehungen nach einer Seite bzw. stets nur halbe Drehungen links und rechts im Wechsel

Wie kommst du vorwärts, wenn Hände und Füße auf je einer Fliese sind? Probiere es auch rückwärts!

- Hockstütz oder Liegestütz, Beine unter den Körper ziehen, dann Arme nach vorn schieben
- im Knieliegestütz mit angehobenen Unterschenkeln, Rücken zum Katzenbuckel runden, dann Arme nach vorn schieben

Kannst du mit einem Partner im „Dreibeinlauf" auf einer Fliese durch die Halle gleiten?

- Stand nebeneinander, der dem Partner zugewandte Fuß wird auf die Fliese gestellt

Probiert, wie ihr einen Mitschüler auf einer Fliese allein oder zu zweit ziehen oder schieben könnt!

- hockend, sitzend, kniend, liegend, „Steifer Mann"

Bewegungsformen mit Bechern und Bällen erkunden
Bei den folgenden Formen hat jeder Schüler einen Becher mit Ball. Zum kleinen Becher (250 g) gehört ein Tischtennisball, zum großen Becher (500 g) ein Tennisball. Der Reiz einer erfolgreichen und schnell wiederholbaren Ausführung regt die Aktivität an, lässt die durchaus vorhandene und gewollte „Belastung" kaum auffällig werden, denn dem Ball muss oft nachgelaufen werden und es erfolgt ein häufiges Aufheben des Balles. Balancierübungen unterstützen eine aufrechte, gespannte Körperhaltung. Das notwendige Zusammenspiel von Becher und Ball fördert die Auge-Hand-Koordination. Durch das Üben mit einem Partner sind soziale Aspekte gegeben.

Probiert aus, wie man den Ball mit dem Becher auffangen kann!

● mit einer Hand den Ball anwerfen oder auf den Boden prellen und mit dem Becher auffangen

● Hochwerfen des Balles mit einer Hand und mit dem Becher auffangen (zuerst nur ganz wenig anwerfen)

● mit dem Becher den Ball hochwerfen, aufspringen des Balles auf den Boden und auffangen mit dem Becher

● mit dem Becher den Ball hochwerfen und gleich wieder mit dem Becher auffangen

Womit kommst du besser zurecht, mit dem Becher in der linken oder rechten Hand? Gelingt der Wechsel des Bechers von einer in die andere Hand nach dem Wurf?

Überlege, wie mit der Unterseite des Bechers der Ball zum Springen zu bringen ist!

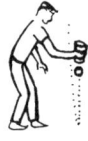

● durch Antippen des vom Boden springenden Balles mit der Unterseite des Bechers, auch im Wechsel links/rechts

Probiere, mit dem Becher eine „8" zu beschreiben, ohne dass der Ball aus dem Becher fällt!

Wie kannst du einen am Boden liegenden Ball mit überstülptem Becher zum „Gleiten" bringen bzw. durch die gegrätschten Beine eine „8" beschreiben?

- im Grätschstand mit vorgebeugtem Oberkörper den „gleitenden" Becher weit seitwärts links und rechts bewegen, den Becher zum Gleiten nur kurz führen oder anstoßen

Probiert, einen Becher mit Ball beim Hochwerfen ganz schnell zu drehen, so dass der Ball im Becher bleibt, und fangt ihn wieder auf!

- Die Fingerspitzen sollten den Boden des Bechers so umfassen, dass beim Hochwerfen eine Rotation um die waagerechte Achse erreicht wird. Für die Kinder ist es oft überraschend und interessant, dass bei schnell rotierender Bewegung der Ball nicht aus dem Becher fällt.

Probiert, mit dem Becher auf dem Kopf durch den Raum zu gehen! Gelingt es auch, wenn Linien nicht betreten werden dürfen oder Hindernisse zu übersteigen sind?

Wie kann der Ball auf dem Boden des umgedrehten Bechers transportiert werden? Kannst du dabei Partnern beim Begegnen die freie Hand geben?

Probiert aus, wie ein rollender Ball mit dem Becher aufgenommen werden kann! Versucht das auch auf einer vorher festgelegten Linie oder in einer Gasse!

- Ball am Boden aus dem Becher wegrollen, hinterherlaufen, überholen und den rollenden Ball mit dem Becher auffangen

- den rollenden Ball durch die gegrätschten Beine aufnehmen

Bewegungsformen mit Pappdeckel erkunden

Überlege dir Bewegungsmöglichkeiten mit Pappdeckeln (Bierdeckeln)!

- Hochwerfen und Fangen
- Rollen und Zwirbeln
- Weitwerfen mit der rechten/linken Hand
- Pyramiden bauen und mit den Deckeln auf diese Zielwerfen
- Balancieren auf unterschiedlichen Körperteilen

Probiert paarweise!

- gegenseitiges Zuspiel
- Zuspiel rücklings durch die gegrätschten Beine

Bewegungsformen mit Stöckchen erkunden

Große und kleine Stöcke sind im Freien problemlos zu finden und bieten ebenfalls Anregungen für viele Bewegungsanlässe.

Sucht euch alle einen Stock in der Länge eures Armes und nun überlegt, was man damit alles machen kann!

- den Stock von einer Hand in die andere werfen
- den Stock weit wegwerfen
  Achtung: keine Personen oder Gebäude in Wurfrichtung!
- den Stock auf verschiedenen Körperteilen balancieren: Finger, Handinnenfläche, Fuß u. a.
- den Stock mit den Füßen vorwärts rollen

Das Hochwerfen des Stockes aus Gefahrengründen weglassen!

Probiert innerhalb eurer Kleingruppe, was mit mehreren Stöcken möglich ist!

- Legen eines Hüpfkästchens
- Legen geometrischer Figuren
- Legen einer Hindernisbahn
- jeder Partner fasst den Stock an jeweils einem Ende und gemeinsam laufen, hüpfen einbeinig/beidbeinig
- sich den Stock gegenseitig zuwerfen, zurollen

Bewegungsformen mit Steinen erkunden

Steine können wir in der freien Natur in allen Größen und in verschiedenen Formen finden. Die kleineren handlichen Steine haben besonders für Kinder direkt Aufforderungscharakter. Bei der Sportstunde im Freien sollten sie deshalb unbedingt als Sportgerät Verwendung finden. Unfallgefahr berücksichtigen! Im Herbst können die gleichen Übungen mit Zapfen, Eicheln oder Kastanien ausgeführt werden.

Sucht euch alle einen Stein, der gut in eure geschlossene Hand passt! Nun überlegt, was man damit alles machen kann!
- den Stein von einer Hand in die andere werfen
- den Stein weit wegwerfen
  Achtung: keine Personen oder Gebäude in Wurfrichtung!
- gegen einen Baum werfen
- in eine Pfütze werfen
Das Hochwerfen des Steines aus Gefahrengründen weglassen!

Nehmt euren Stein in die Hand und schließt die Augen! Welche Eigenschaften hat euer Stein?
- Wie groß ist der Stein?
- Ist der Stein glatt, sehr rau oder hat er sogar Risse?
- Welche besondere Form hat er: Ist er eher rund oder eckig, hat er markante Spitzen oder Wölbungen?

Legt die Steine mehrerer Schüler auf einen Haufen! Ein Kind mischt den Haufen durcheinander. Nun versucht ihr mit geschlossenen Augen einen Stein aufzunehmen und erfühlt, welcher euch gehört.

Probiert, auf welchen Körperteilen ihr euren Stein eine gewisse Strecke transportieren könnt!
- auf einem Fuß, den Händen, den Schultern u. a.

2.3   Klein- und Großgeräte erkunden

Die Turngeräte in der Halle bieten vielfältige Möglichkeiten zum Erkunden von Neuem und Unbekanntem. Dies kommt der Neugier der Schüler sehr entgegen. Doch Vorsicht: Grundschulkinder überschätzen sich mitunter! Der Lehrer ist neben der Sicherung der Geräte dafür verantwortlich, allzu risikoreiche Experimente einzuschränken oder helfend zu unterstützen.

Durch die Erkundungshandlungen können Schüler Erfahrungen sammeln zur Beschaffenheit und zu den Eigenschaften der Klein- und Großgeräte sowie zu Bewegungsmöglichkeiten an diesen Geräten. Sie erleben Reaktionen ihres Körpers bei ungewohnten Bewegungen (auch in der Höhe) und sammeln soziale Erfahrungen bei dem gemeinsamen Suchen, Finden und Lösen von Bewegungsproblemen.

Bei der pädagogischen Gestaltung entsprechender Handlungssituationen sollte beachtet werden:

- Vielfalt durch unterschiedliche Geräte und -kombinationen anstreben (evtl. auch zu passenden Themen wie „Im Gebirge")
- problemorientierte Bewegungsaufgaben stellen, höchstens das Ziel vorgeben (Überwindet!), nicht den Weg
- Differenzierungen einsetzen, da individuelle Bewegungslösungen gefunden werden
- Aufgaben stellen, die gemeinsame Lösungen erfordern
- Bewegungs- und Körpererfahrungen beim Schaukeln, Balancieren, Rutschen u. a. thematisieren sowie Erfahrungen mit der Höhe und mit ungewöhnlichen Körperlagen sammeln
- eine realistische Selbsteinschätzung unterstützen (auf Leistungsüberschätzungen Einfluss nehmen, aber auch ängstlichen Schülern Mut machen)
- Wissen zu Gerätbezeichnungen und zu Bewegungsmöglichkeiten mit und an Geräten übungsbegleitend vermitteln

Bewegungsformen mit Reifen erkunden
Welche Übungen kannst du mit dem Reifen ausführen?
- den Reifen rollen und nebenher laufen
- den Reifen auf den Boden legen und diesen umlaufen, umhüpfen
- Hula-Hoop probieren
- mit dem Reifen „Seilspringen"
- den Reifen zwirbeln
- den Reifen hochwerfen und fangen

Probiert zu zweit, was mit einem Reifen möglich ist!
- Jeder Partner fasst den Reifen an einer Seite und gemeinsam wird gelaufen oder im Rhythmus gehüpft.
- Beide Partner befinden sich im Reifen, halten diesen auf Taillenhöhe und laufen oder hüpfen gemeinsam.
- Die Partner werfen oder rollen sich den Reifen gegenseitig zu.

Bewegungsformen mit Stäben erkunden
Wozu eignen sich die Stäbe? Probiere aus, was sich mit ihnen machen lässt!
- den Stab auf den Händen oder einzelnen Fingern balancieren und dann laufen oder gehen
- Tragen des Stabes auf der Schulter, dem Rücken und ohne Zuhilfenahme der Hände vorwärts, seitwärts und rückwärts gehen
- den Stab auf den Boden legen und ihn mit den Füßen vor sich herschieben
- im Stand oder Gehen den Stab einarmig und beidarmig hochwerfen und fangen
- aus der Vorhalte fallen lassen und über dem Boden schnell wieder greifen

Probiert zu zweit, was mit den Stäben möglich ist!
- den Stab an jeweils einem Ende fassen, gemeinsam laufen, einbeinig und beidbeinig hüpfen
- sich den Stab gegenseitig zuwerfen, zurollen
- gegenseitiges Zuwerfen mit 2 Stäben (Beide müssen darauf achten, dass sie gleichzeitig werfen und fangen!)

Springseile
Sucht nach Bewegungsmöglichkeiten mit den Seilen (am Ort und in der Bewegung)!
- das Seil zusammenknüllen und hochwerfen, es kreisen oder als Lasso schwingen
- das Seil auf den Boden legen und darauf balancieren, das Seil überspringen
- das Seil mit der Hand fassen und beim Laufen hinter sich herschlängeln
- mit dem Seil springen

Probiert zu zweit oder in Kleingruppen Bewegungsformen mit dem Seil aus!
- Ein Kind ist das Pferd und hat die Seilenden in den Händen, sein Partner fasst das Seil in der Mitte und los geht's im Galopp!
- Ein Paar schwingt 2 zusammengeknotete Seile und die anderen springen darüber hinweg.

Probiert als Gruppe, euch wie eine Raupe oder wie ein Pferdegespann an einem Seil zu bewegen!

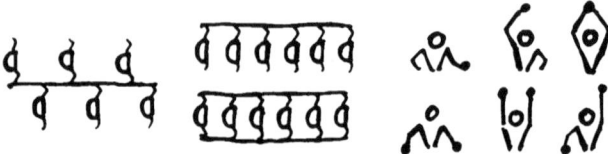

Wie musst du das Seil schwingen, um darüber springen zu können?

Bänke, Bankgasse

Wie könnt ihr euch auf einer oder mehreren Bänken fortbewegen?

- auf der Bank: Gehen, Laufen, Hüpfen, Ziehen in Bauch- und Rückenlage, Vierfüßlergang, Krebsgang, Stützeln
- auf der Bank wechselnd mit Bodenkontakt: Hockwende, Aufhocken – Abgrätschen, „Hinkelauf", Vierfüßlergang (Füße auf der Bank, Hände auf dem Boden bzw. andersherum)

Bei welchen Fortbewegungen fühlst du dich sicher oder unsicher? Warum?

Sucht nach Fortbewegungsmöglichkeiten, die ihr zu zweit ausführen könnt!

Bei welchen Bewegungsformen kannst du einen Ball tragen, hochwerfen und fangen, seitlich prellen, rollen?

Was bringst du noch auf der Bank mit einem Ball?

Bewege dich allein in der Bankgasse fort:

- Krebsgang, Vierfüßlergang, vorwärts/seitwärts/rückwärts

Wie könnt ihr euch zu zweit in der Bankgasse fortbewegen?

- „Hinkelauf" mit Handfassung, Vierfüßlergang mit Handfassung u. a.

Welche Übungen sind mit der gesamten Kleingruppe möglich?

Wie könnt ihr die Bänke unter der Sitzfläche durchqueren?

Sprossenwand mit schräg eingehängten Turnbänken in unterschiedlicher Höhe

Probiert aus, wie ihr auf den Bänken hinauf- und hinuntergelangen könnt!

● Gehen, Vierfüßlergang, Ziehen in Bauchlage, Schieben in der Rückenlage, Laufen, Rutschen, Rutschen in Bauchlage u. a.

Auf welcher Bank kommst du sicher nach oben?

Geht das Gehen oder Laufen auf der Bank mit Schuhen oder barfuß am besten?

Auf welcher Bank kannst du am besten hinunterrutschen? Warum? Wie fühlst du dich dabei?

Wie fühlst du dich, wenn du nach dem Hochklettern die Halle von oben siehst?

Welche Unterschiede empfindest du beim Klettern nach oben und beim Rutschen nach unten?

Sprungkasten

Versucht, die Kastenteile zu überwinden oder zu unterwinden!
Situationsarrangements und Bewegungsmöglichkeiten:

● auf der Längsseite stehende Kastenteile (zur Sicherung Matte unterlegen)
Durchkriechen, Durchwälzen, Überspringen, Dreh-Sprunghocke, Balancieren auf Längsseite

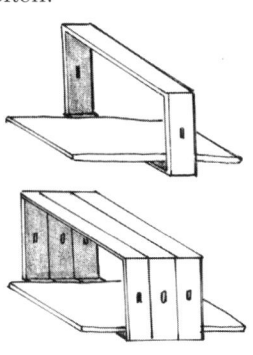

● Kastentunnel (mehrere Kastenteile auf Längsseite hintereinander)
Durchkriechen, Durchwälzen, Krebsgang, Überwinden

● Kastenbrücke (offener Kasten mit eingehängten Bänken)
Überlaufen, Vierfüßlergang

● Kasten seit oder längs mit Deckel
Überwälzen, Überwinden, Ziehen in Bauchlage, Rutschen im Grätschsitz

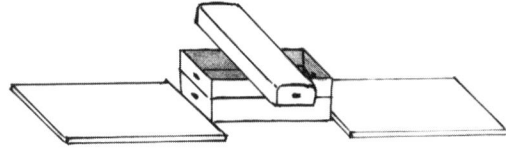

- Kastentreppe
  Vierfüßlergang, Überlaufen, seitlich überwinden
- offener Kasten
  Hinein- und Hinaussteigen, Vierfüßlergang auf dem Kastenrand
- Kastendeckel am Ende als „Rutsche" – aber nur, wenn er fest sitzt, Kasten überwinden und Rutschen
- Kastendeckel liegt seitlich in der Mitte
  Überwinden des Kastendeckels
- 2 offene Kästen, 1 Kastendeckel liegt als „Brücke" dazwischen
  Hinein- und Hinaussteigen, Durchkriechen, „Brücke" überwinden, Vierfüßlergang

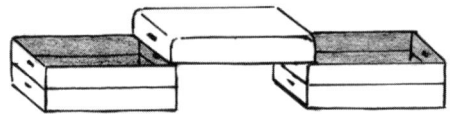

Barren

Versucht, den Barren zu überwinden oder zu unterwinden!
Unterschiedliche Situationsarrangements (s. unten) treffen, Unterstützung geben durch Impulse und das Aufgreifen von Lösungswegen einzelner Schüler. Sind 2 Barren vorhanden, so können diese auch mit unterschiedlichen Höhen eingestellt werden (vgl. MÜLLER 2000, 39).
  Beachte: Mattensicherung, Einrasten und Verriegelung prüfen!

Situationsarrangements und Bewegungsmöglichkeiten:
- lang gestellte Barren
  Durchlaufen, Hangeln im Knieliegehang (Seitverhalten), Hangeln im „Faultierhang", Vierfüßlergang/Krebsgang auf den Holmen, Balancieren auf den Holmen (mit Hilfe)

- quer gestellte Barren
  Durchkriechen, Überwinden, Sprung in den Stütz und Hüft-Abzug

- Barren mit schrägen Holmen
  Auf- und Abwärtsrutschen, Vierfüßlergang, Krebsgang, Hangeln

- Kreuzbarren
  Vierfüßlergang, Hangeln, Überwinden, Durchkriechen

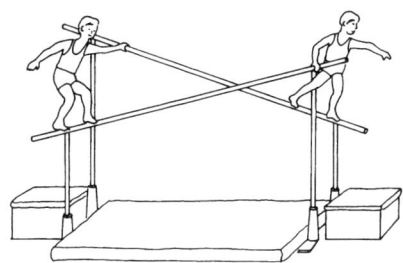

- Barren mit unterschiedlicher Höhe der Holme (Stufenbarren)
  Balancieren mit Griff am oberen Holm, auch zu zweit im „Gegenverkehr", Hangeln seitwärts im Knieliegehang

Wie viele Kinder können gleichzeitig an einem Holm hängen, ohne den Boden zu berühren?

Unterschiedliche Geräte
Welche Geräte eignen sich zum Schwingen und Schaukeln?

Wie kommst du zum Schaukeln?

Auf welchen Geräten kannst du balancieren?

Über welche und an welchen Geräten kannst du steigen oder klettern?
(s. Abschnitt 3.1)

Gerätekombinationen
Der Aufbau von Gerätekombinationen erfordert einen hohen Aufwand.
Deshalb ist es sinnvoll, diese auch in Absprache mit den anderen Kollegen
für mehrere Stunden zu nutzen.

Hinweise zur Sicherheit:
Sicherheitsabstände der Geräte, kreuzungsfreie Raumwege, genügend
Mattensicherung, Sichern und Helfen, zweckgemäße Verwendung der Geräte (Vorsicht bei alternativer Nutzung von Klettertau- und Schaukelring-
anlagen!). Die Sicherheit muss beim Turnen an Gerätekombinationen besonders beachtet werden (vgl. BAGUV 1996).

Wie können gleiche und ungleiche Geräte miteinander kombiniert werden?

Wie können die Gerätekombinationen erweitert und verändert werden?

Sucht nach Möglichkeiten, den Geräteaufbau entsprechend einem Thema zu
gestalten (z. B. „ Im Gebirge", „Durch das Hochmoor", „Klettergarten").

Erkundet Bewegungsmöglichkeiten an den Gerätekombinationen.

Versucht, die Gerätekombinationen zu überwinden und zu unterwinden!

Sucht nach unterschiedlichen Fortbewegungsmöglichkeiten an den Gerä-
tekombinationen. Klappen Sie auch, wenn ihr durch ein Seil mit einem
Partner verbunden seid?

Versucht, durch den Barren und die Bankgasse zu kriechen, ohne die dar-
über liegenden Springseile zu berühren.

Wie kannst du durch den Reifen, der in der Reckstange hängt, steigen, ohne
diesen zu berühren?

Sucht unterschiedliche Raumwege durch die Geräteparcours.

Wie ist dir zumute, wenn du weit vom Boden weg bist?

Ideensplitter für Gerätekombinationen
Kombination von Kleingeräten und Großgeräten:
- Reifen über Reckstange
- Seile über Barren, Bankgasse, Kästen
- Medizinbälle auf Turnbänken, Kästen u. a.
- Kletterseile in der Sprossenwand verknotet (Knotentechnik beachten,
  vgl. BAGUV 1996, 25–26)

Kombination gleicher Geräte:
- Bankgasse, Bankviereck u. a.
- Kastentreppe
- Barrenbrücke (2 Barren)
- Sprungbrettreihe
- mehrere Kletterstangen, Klettertaue
- 2 bis 4 Reckanlagen (auch als Doppelreck)

Kombination ungleicher Geräte:
- Turnbänke schräg eingehängt in Sprossenwand, Barren, Kasten, Reck, Gitterleiter u. a.
- Turnbänke waagerecht eingehängt zwischen Sprossenwand und Barren bzw. Kasten, Barren und Reck, Reck und Kasten u. a.
- Turnbänke auf Sprunghockern
- Mattenstapel oder Mattenwagen vor Reck, Barren, Kasten, Bock, Kletterstangen
- Bock oder Kasten vor Kletterstange, Sprossenwand u. a.
- Kasten sprunghoch vor Reck
- Minitramp vor Mattenstapel

Kombination mehrerer Geräte zu einem Parcours:
- Reck – Turnbank – Sprunghocker – Matte – Kasten

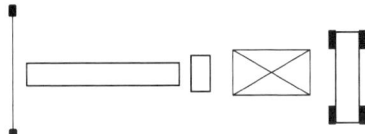

- Barren – Matte – Sprunghocker – Turnbank – Matte – Schwebebalken

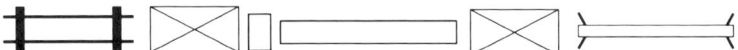

- eingehängte Turnbank/Reck/eingehängte Turnbank – Matte – Barren

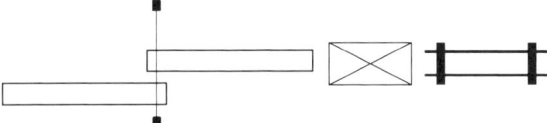

● Schwebebalken – Matte – Kasten – Sprossenwand/eingehängte Turnbank

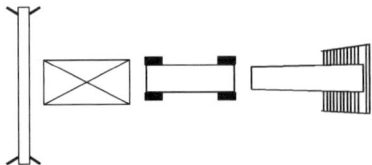

Geräteanordnung und Organisation:
● 2 bis 4 parallel angeordnete Bahnen
● ein Rundkurs oder mehrere Kurse als Kreis, Dreieck, Viereck
● freie Anordnung

Die Raumwege können in Längsrichtung, in Gegenrichtung, quer zur eigentlichen Bewegungsrichtung, als Slalom oder als freie Raumwege verlaufen.

3 Üben

Das Erkunden von Neuem ist auf eine konkrete Handlung bezogen eine zeitlich begrenzte Phase. Wenn der Reiz des Unbekannten nicht mehr gegeben ist, wird der Schüler bemüht sein, das dann Bekannte mittels Üben motorisch zu beherrschen. Üben von Unterricht bedeutet einen wiederholten Vollzug von Bewegungshandlungen, der auf Leistungssteigerung gerichtet ist und didaktisch begleitet wird (vgl. KÖCK/OTT 1997, 734). Ziel des Übungsprozesses ist die Ausbildung motorischer Handlungskompetenz.

Hauptinhalte, die im Sportunterricht geübt und geschult werden, sind motorische Fertigkeiten und Fähigkeiten. Dementsprechend gliedern wir das Kapitel in das Üben elementarer und sportmotorischer Fertigkeiten sowie in das Üben bezogen auf motorische Fähigkeiten wie folgt:

Inhalt	Abschnitt
● elementare motorische Fertigkeiten – Kriechen, Rollen, Balancieren, Hangeln, Schwingen/Schaukeln, Steigen/Klettern	3.1 Elementare turnerische Fertigkeiten variiert üben
– Laufen, Springen, Werfen	3.2 Vielfältige Formen des Laufens, Springens, Werfens üben
– Werfen, Fangen, Prellen	3.3 Mit dem Ball spielerisch üben
– Gehen, Laufen, Hüpfen, Springen, Rollen	3.4 Gehen, Laufen, Hüpfen, Springen, Rollen rhythmisch üben
● sportmotorische Fertigkeiten	3.5 Sportmotorische Fertigkeiten üben
● motorische Fähigkeiten – koordinative Fähigkeiten	3.6 Koordinative Fähigkeiten variiert schulen
– koordinativ-konditionelle Fähigkeiten (Schnelligkeit, Beweglichkeit) – konditionelle Fähigkeiten (Kraft, Ausdauer)	3.7 Konditionelle Fähigkeiten vielseitig schulen
– Wahrnehmungsfähigkeiten	3.8 Bewegen und Wahrnehmen

Der Schwerpunkt im Fertigkeitsbereich liegt auf dem Üben elementarer motorischer Fertigkeiten wie Kriechen, Gehen, Laufen, Springen, Werfen, Fangen, Balancieren u. a., die wesentliche Inhalte des Sportunterrichtes in der Grundschule darstellen. Die Untergliederung im Fertigkeitsbereich ermöglicht eine Zuordnung zu den Lernbereichen des Lehrplanes (betrifft u. a. Sachsen) oder zu Bewegungsfeldern und Sportbereichen (Nordrhein-Westfalen).

Da diese elementaren motorischen Fertigkeiten aus der Vorschulzeit (hoffentlich) bekannt sein dürften, müssen sie im Sportunterricht nicht mehr eingeführt, sondern können gleich gefestigt werden. Dies geschieht durch variiertes Üben, d. h. durch Veränderungen nach mehreren Übungsdurchgängen in folgender Form:

a) Veränderung der *Bewegungsausführung* (Bewegungsrichtung und -umfang, Tempo oder Krafteinsatz, Ausgangs- und Endstellung, Üben nach vorgegebenen Rhythmen oder beidseitig, Kombination von Übungen u. a.)

b) Veränderung der *Übungsbedingungen* (Variation der Geräte sowie von Entfernungen und Abständen, Veränderung der Unterstützungsfläche, Üben mit geschlossenen Augen oder nach vorangegangener Störung des Gleichgewichtes durch schnelle Drehungen bzw. Rollen, Verwendung von Handgeräten, Ausführung zusätzlicher Bewegungsaufgaben während des Übens u. a.).

3.1 Elementare turnerische Fertigkeiten variiert üben

In diesem Abschnitt wollen wir das variierte Üben anhand der elementaren motorischen Fertigkeiten konkretisieren. Sie finden besonders an Turngeräten ihre Anwendung: Kriechen, Rollen/Walzen, Balancieren, Hangeln, Schwingen/Schaukeln, Steigen/Klettern. Zu Beginn werden Variationsmöglichkeiten vorgestellt, die sich, wie oben beschrieben, nach Veränderung der Bewegungsausführung a) sowie der Bedingungen b) unterteilen lassen.

Damit kann man die Vielzahl an Bewegungsformen verdeutlichen und gleichzeitig Möglichkeiten zur Differenzierung aufzeigen.

● Das Turnen an Bewegungsstationen oder auf Spielplätzen strebt eine Öffnung des Unterrichts an (s. Abschnitt 3.5). Beim Abenteuerturnen werden

---

Emotionen sowie die gegenseitige Hilfe bei der Bewältigung schwieriger Situationen angesprochen. Übungsbegleitend sollte Wissen zum Geräteaufbau und -abbau vermittelt werden.

● Das Sammeln von Bewegungs- und Körpererfahrungen kann unterstützt werden, indem durch Impulse die Aufmerksamkeit auf Kontrasterfahrungen und Differenzierungen gelenkt wird.

Variationsmöglichkeiten beim Üben elementarer turnerischer Fertigkeiten

Kriechen

a) ● auf Knien und Händen, auf Füßen und Händen
   ● vor-, rück-, seitwärts, bäuchlings oder rücklings
   ● schnell oder langsam

b) ● auf und über Turnbänke, Schwebebalken, Bankgasse, Kastenteil, Barren (auch schräg eingestellt), umgelegten Bock, unterschiedliche Matten
   ● durch Turnbank, Reifen, Kastenteil, Kastentunnel, Bock, Barren, gegrätschte Beine des Partners, Schwungtuch, Mattentunnel
   ● um Sprunghocker, Kletterstangen, Keulen, Markierungskegel
   ● mit Handgeräten (Ball, Keule u. a.)

Rollen/Wälzen

a) ● vorwärts, seitwärts (Wälzen)
   ● gehockt oder gestreckt (nach links und rechts)
   ● bergauf und bergab
   ● mehrere Rollen hintereinander (langsam und schnell)
   ● Verbindung Kriechen – Rollen
   ● aus Hock-, Knie-, Grätschstand in Schneidersitz, Grätschsitz, Hockstand

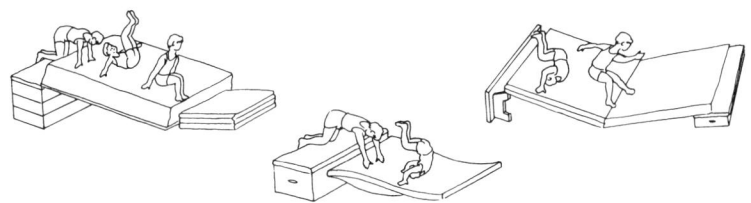

b) ● auf unterschiedlichen Matten, dem Kastendeckel, der Turnbank
   ● durch den Reifen, in einem Turn-Spielfass
   ● mit geschlossenen Augen
   ● bei Mitnahme eines Schaumstoffteiles oder weicher Kleingeräte

Balancieren

a) ● vor-, rück-, seitwärts
 ● schnell und langsam
 ● mit großen oder kleinen Schritten
 ● bei Handfassung mit einem Partner bzw. in Gegenrichtung an einem Mitschüler vorbei
 ● Verbindung Kriechen – Rollen – Balancieren
b) ● auf Linien, Seil, Tau, Turnbank, umgedrehter Langbank, Schwebebalken (auch schräg)

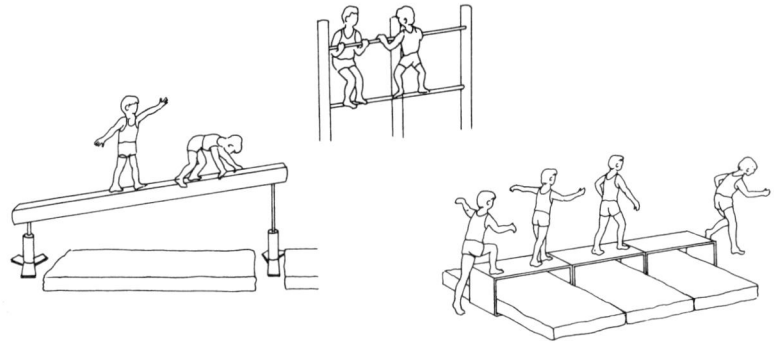

 ● auf dem längsseits stehenden Kastenteil (Matten!), Barrenholmen oder Reckstangen (Hilfe!), Doppelreck
 ● bei Veränderung der Höhe der Geräte
 ● bei Mitnahme von Handgeräten, z. B. Tennisring auf Kopf
 ● mit zusätzlichen Bewegungsaufgaben (einen Gegenstand übersteigen oder aufheben, einen Ball hochwerfen und wieder fangen u. a.)
 ● nach vorangegangener Störung des Gleichgewichtes (Drehung, Rollen)

Hangeln

a) ● vor-, rück-, seitwärts
 ● im Streckhang, im „Faultierhang"
 ● von Klettertau zu Tau
b) ● an Reck, Barren, Gitterleiter, Sprossenwand, Kletterstange (schräg)
 ● an Gerätekombinationen, z. B. Turnbank (zwischen Sprossenwand und Barren eingehängt)
 ● bei Veränderung der Höhe
 ● mit einem Gegenstand zwischen den Füßen
 ● bei zusätzlichen halben Drehungen

Schwingen/Schaukeln

a) ● mit großer oder kleiner Schwungweite
   ● mit Auftippen
   ● im Knieliegehang, Hocksturzhang
   ● Verbindung Hangeln und Stützeln
   ● synchron

b) ● an Ringen, Klettertau, Reck,
   Barren, Leiter (schräg), Trapez
   ● auf Geräte (Mattenstapel)
   ● von einem Gerät (Sprunghocker,
   Kasten) zum anderen
   ● in unterschiedlichen Höhen
   ● mit geschlossenen Augen

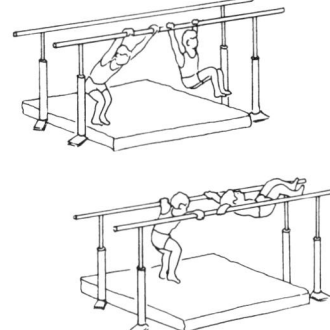

Steigen/Klettern

a) ● vor-, rück-, seitwärts
   ● mit Drehungen
   ● mit großen Schritten oder von Sprosse zu Sprosse
   ● Verbindung Steigen/Klettern – Rutschen, Steigen/Klettern – Fallen
   bzw. Springen
   ● mit und ohne Gebrauch der Hände

b) ● auf und von der Sprossenwand, Gitterleiter, Leiter
   ● Querklettern von einem Feld der Sprossenwand zum nächsten, von einer Kletterstange zur nächsten (Wanderklettern)
   ● über Turnbank, Sprunghocker, Barren, Bock, Kasten, Mattenstapel,
   Weichbodenmatte
   ● an Gerätekombinationen (s. Abschnitt 2.3)
   ● unter Mitnahme von Handgeräten (Bälle, Schaumstoffteile u. a.)

Die vorgestellten Variationsmöglichkeiten für die Festigung elementarer
motorischer Fertigkeiten können u. a. durch die Situationsarrangements
„Turnen an Bewegungsstationen" sowie „Abenteuerturnen" pädagogisch
angereichert werden.

Turnen an Bewegungsstationen

In das Balancieren, Rollen, Steigen/Klettern kann man die aufgeführten Varianten in Freiarbeitsphasen einbinden. Das kann in Form von Bewegungsstationen geschehen. Dabei werden unterschiedliche Stationen aufgebaut und Übungsaufgaben mündlich oder schriftlich als Abbildungen
festgelegt. Es können Pflicht- und Wahlaufgaben (W) ausgewiesen werden

►►► S. 52

Arbeitsblatt I: Turnen an Bewegungsstationen

Kriechen

Überwinde die Langbank im:

- Vierfüßlergang vorwärts und rückwärts
- Krebsgang vorwärts und rückwärts

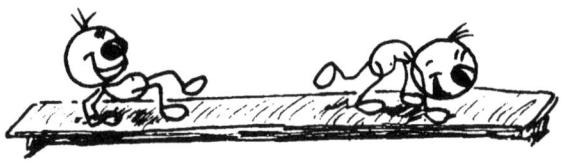

(W) Kannst du die Turnbank auch im Vierfüßlergang überwinden,
wenn ein kleiner Medizinball als Hindernis auf ihr liegt?

Balancieren

Übe das Balancieren auf der Turnbank und auf dem Schwebebalken
bis du dich sicher fühlst:

- mit langsamen und schnellen Schritten
- vorwärts, rückwärts und seitwärts
- an einem Partner vorbei

(W) Du kannst beim Balancieren auch einen Ball mitnehmen!

Arbeitsblatt II: Turnen an Bewegungsstationen

Hangeln

Hangle an der Sprossenwand
von einem Feld zum nächsten!

Wähle dafür unterschiedliche
Höhen!

(W) Wenn du es dir zutraust, kannst du beim Hangeln auch ein Schaumstoffteil zwischen die Füße klemmen.

Steigen/Klettern

Steige die Sprossenwand auf und ab!
Wanderklettern: Klettere von einem Feld
zum nächsten.
Steige vorwärts nach oben,
drehe dich und steige rückwärts
wieder nach unten. Du kannst auch
eine ganze Drehung ausführen
und wieder nach unten steigen.
Benutze jede Sprosse. Steige mit
möglichst wenigen Schritten nach
oben, bis deine Füße auf der letzten
Sprosse vor der Lücke stehen.

(W) Du kannst beim Steigen/Klettern auch ein Stück Schaumstoff
transportieren!

(s. Arbeitsblätter S. 50 f.). Einen größeren Handlungsspielraum hätten die Schüler, wenn entsprechende Gerätearrangements in eine Bewegungslandschaft integriert werden. Wenn man die Anzahl der Lernstationen erweitert, können die Schüler sie auch innerhalb eines Wochenplans realisieren.

Erlebnis- und Abenteuerturnen

Elementare turnerische Fertigkeiten lassen sich innerhalb von fantasievollen Bewegungsgeschichten festigen. Verbindet man sie mit Abenteuersituationen, führt dies zu neuen, überraschenden Erlebnissen im Sportunterricht. Im Sinne erkundenden Übens ist die Fantasie der Schüler gefragt, Emotionen werden angesprochen, gegenseitige Hilfe bei der Bewältigung von Abenteueraufgaben ist notwendig. Die Ausführung sollte freiwillig sein. Differenzierungen und Wahlmöglichkeiten sollten die freiwillige Ausführung unterstützen.

Schritte für die Vorbereitung:
● Mindestens eine Woche zuvor sollte gemeinsam die Auswahl einer Erlebniswelt getroffen und ein Gespräch über die dort herrschenden Bedingungen geführt werden, z. B. „Wie sieht es dort aus? Welche Gefahren warten auf uns? Wobei müssen wir besonders mutig sein?"
● Vorbereitend bilden die Kinder Gruppen. Es wird die Geräteauswahl und Raumverteilung besprochen und sich auf Regeln geeinigt.
● Es sollten möglichst viele Sinne angesprochen werden, z. B. bewegungsanregende Bildkarten an den Stationen, passende Musik u. Ä.
● In der Sportstunde zuvor können individuelle Absprachen mit den Gruppen getroffen und teilweise Gerätekombinationen ausprobiert werden.

Schritte für die Durchführung:
● Motivation zum zügigen Geräteaufbau
● Einstimmung: Erzählen einer kleinen spannenden Geschichte passend zur Gerätelandschaft (s. S. 53)
● Kleingruppen (max. 5 Schüler) absolvieren von verschiedenen Ausgangspunkten aus den Abenteuerparcours. Der Sportlehrer regt zu Veränderungen an und wendet mögliche Gefahrensituationen ab.
● Es werden mehrere Durchgänge auf dem gesamten Parcours ausgeführt.

Schritte für die Nachbereitung:
● kurzes auswertendes Gespräch mit den Kindern über die gefundenen Bewegungsmöglichkeiten und das kooperative Verhalten in der Gruppe
● Anregen zum Finden neuer Bewegungsgeschichten, z. B. „Im Dschungel", „Hexenabenteuer", „Im Gebirge", „Ritterabenteuer"

Abenteuer der Piraten

Schön ist es, wenn Sie beim Vorlesen
der Geschichte ein Tuch als Kopf-
bedeckung tragen.

Einstimmung:
Vor sehr langer Zeit wurden die Ozeane von Seeräubern beherrsch. Eines Ta-
ges enterten Piraten ein Schiff. Statt Reichtümer fanden sie nur eine Landkarte
von der vor ihnen liegenden Insel. Auf dieser war eine Höhle eingezeichnet. Sollte sich dort ein Schatz befinden? Begeben wir uns doch als Piraten auf die aben-
teuerliche Schatzsuche!

Durchführung:	*Material:*
sich auf ein anderes Schiff schwingen	– Kästen, Ringe/Klettertaue (Abstände verändern)
über einen Steg an Land balancieren	– eingehängte Turnbank
die Klippen erklettern	– herausgeklappte Sprossenwand
über eine Schlucht hangeln	– schräge Leitern, eingehängte Turnbänke
durch den Sumpf balancieren, springen	– Teppichfliesen
eine Schlangengrube überspringen	– Sprunghocker mit unterschiedlichen Abständen
in die Höhle kriechen und einen Schatz finden	– Weichboden auf 2 Turnbänken kleine Medizinbälle, Pappkarton o. Ä.
mit dem Schatz durch das Gestrüpp kriechen	– Bankgasse mit darüber gelegten Stäben
über eine Brücke balancieren	– Bankwippe
usw.	

Auswertung:
Bewegungsmöglichkeiten abschließend durch die Gruppen kurz zeigen und
evtl. für die nächste Woche eine neue Abenteuergeschichte überlegen

3.2 Vielfältige Formen des Laufens, Springens, Werfens üben

Die Schüler beherrschen Laufen, Springen und Werfen bereits in grundlegender Form. Im Sinne leichtathletischer Bewegungen sind das schnelle und ausdauernde Laufen, das weite und hohe Springen sowie das weite Werfen zu verstehen. Die Spannung und der Reiz des Laufens, Springens und Werfens wird umso größer, wenn für die Schüler attraktive Aufgaben in abwechslungsreichen Situationen gestellt werden, die sie von sich aus lösen wollen und deren Ergebnis nicht schon von vornherein feststeht. Das Laufen als einfache und bewegungsintensive Leistungsform ist in allen Übungsstunden zu fordern. Im Freien bieten sich vielfältige Formen mit größeren Bewegungsräumen und neuen, anderen Sinneserfahrungen an. Um eine ausreichende Intensität zu sichern, sollten möglichst alle Schüler bzw. Gruppen gleichzeitig aktiv sein.

Eine schülerorientierte methodische Gestaltung, die sehr gut in Spielformen eingebunden werden kann, lässt sich durch folgendes Vorgehen erreichen:

- Eine Vielfalt von Lauf-, Sprung- und Wurfübungen kommt den unterschiedlichen Leistungsmöglichkeiten der Schüler entgegen, besonders wenn sich damit auch individuelle Lösungsmöglichkeiten eröffnen.
- Zur Öffnung des Unterrichts trägt bei, dass Laufen, Springen und Werfen auch in Bewegungsräumen außerhalb des Schulgeländes geübt werden kann. Dabei lassen sich die Erfahrungen der Kinder einbeziehen.
- Wahlmöglichkeiten werden besonders dort abverlangt, wo die Schüler z. B. Abstände und Ziele festlegen und sie für das Lösen der Bewegungsaufgabe eine individuelle Entscheidung treffen müssen.
- Soziale Lernsituationen eröffnen sich besonders durch das Üben mit Partnern, einschließlich gegenseitiger Vereinbarungen und des Helfens.
- Bewegungs- und Körpererfahrungen lassen sich durch das Erleben unterschiedlicher Laufstrecken, bei unterschiedlichen Geschwindigkeiten oder bei unterschiedlichen Formen des Springens und Werfens anregen und können durch Kontraste noch bewusster erfahren werden.
- Der Leistungsgedanke wird für jeden Schüler durch vielfältige Wahlmöglichkeiten und Differenzierungen erlebbar. In besonderer Weise kann das Sichanstrengen, Sich-körperlich-Belasten als etwas Grundlegendes des Sports verdeutlicht werden. Vor allem ab der 3. Klasse entspricht es dem kindlichen Leistenwollen und Leistenkönnen, wenn auch stärker persönliche Bestleistungen oder der Leistungsfortschritt zur Leistungsmotivation genutzt werden.

Vielfältig schnell laufen

Die meisten Kinder im Grundschulalter bewegen sich gern schnell und mit voller Kraft. Diesem Bewegungsbedürfnis entsprechen die folgenden Laufspiele und Laufstaffeln. Soll in erster Linie die Schnelligkeit ausgebildet werden, finden sich im Abschnitt 3.7 spezifische Inhalte.

Laufspiele mit Lösen einer Aufgabe

„Schatz holen", „Puzzle legen", „Baumeister", „Keulen drehen", „Kartenspiel" sind Laufspiele, bei denen die Spannung und der Reiz des Laufens bzw. der Aufgabenlösung besonders groß ist, weil das Ergebnis offen scheint, Zufall und Glück etwas Unvorhersehbares sind. Es sind kleine Gruppen zu bilden, damit jeder Schüler häufig zum Laufen kommt. Die Schüler einer Mannschaft laufen nacheinander in einer Umkehrstaffel.

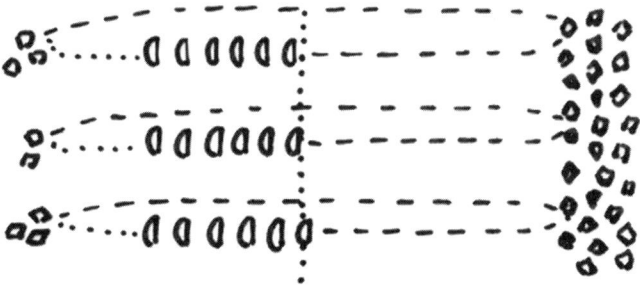

- Beim „Schatz holen" werden Zettel mit der neutraler Seite nach oben ausgelegt. Auf der Rückseite befinden sich Zahlen (0, 1, 2), Plus-Minus-Symbole (++, +, –), Piktogramme (☺☹☺) oder Farben. Jeder Läufer darf bei jedem Lauf nur einen Schatz holen. Nachdem alle ausgelegten Schätze geholt worden sind, werden Anzahl und „Wert" der Schätze ermittelt.
- Beim „Puzzle legen" endet das Spiel mit dem richtigen Legen des Puzzles. Kindgerechte Kalenderbilder, die auf Pappe aufgeklebt und dann in ca. 20 Teile zerschnitten werden, eignen sich besonders. Auch bekannte Gebäude, Sehenswürdigkeiten aus dem Umfeld der Schüler oder der Schule bieten sich an.
- Beim „Baumeister" werden z. B. Kartons, Schaumstoffteile oder Kleingeräte transportiert und zu einem Haus oder Turm aufgebaut.
- Beim „Keulen drehen" wird eine liegende Gymnastikkeule in Umdrehung versetzt. Jeder Läufer muss die Keule erreichen, solange sie sich noch dreht, und ihr einen neuen Impuls geben. Jeder Stillstand der Keule ergibt ein Minuspunkt.

● Beim „Kartenspiel" werden die Spielkarten (Skatblatt) mit der neutralen Seite nach oben auf einer Turnbank oder auf Sprunghockern ausgelegt. Den 4 Mannschaften wird jeweils ein Spielblatt (Symbol, Farbe) zugeordnet. Jede Mannschaft versucht so schnell wie möglich ihr Spielblatt (8 Karten) einzusammeln. Bei jedem Lauf darf nur eine Karte aufgedeckt werden. Ist es nicht das Spielblatt der eigenen Mannschaft, wird die Karte mit der neutralen Seite nach oben wieder abgelegt. Anstatt eines Skatspiels können auch Kinderspielkarten oder Zettel mit Zahlen, Symbolen oder Farben genutzt werden. Zur genauen Beobachtung zurückgelegter Karten sollte aufgefordert werden.

Laufstaffeln (Umkehr-, Pendel-, Rundlaufstaffeln)
Abwechslungsreiche Situationen lassen sich auch erreichen, indem die Schüler Geräte (Kartons, Tennisringe, Schaumstoffteile) transportieren und übergeben oder sie die Laufstrecke im Slalom zurücklegen.

● Für einen fortlaufenden Umkehrlauf bieten sich die Linien eines Volleyballfeldes an. Die Schüler sollen stets zur Startlinie (Grundlinie) zurücklaufen, bevor die nächste Linie angelaufen werden darf. Von der Grundlinie aus werden nacheinander die 6-m-Linie, die 9-m-Mittellinie, die 12-m-Linie und am Ende die 18-m-Linie angelaufen und jeweils mit einem Fuß oder einer Hand berührt. Es laufen 3 bis 4 Schüler gleichzeitig.

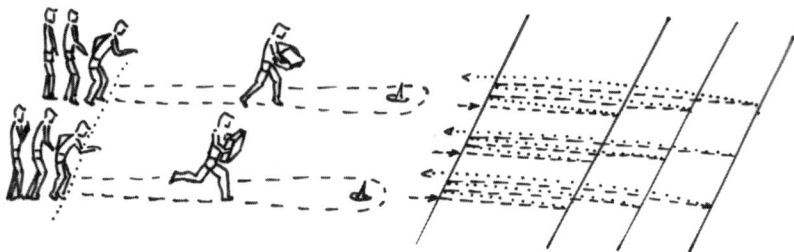

Zahl gleich Laufstrecke (Umkehrlauf)
Vor jeder Gruppe sind in Abständen von 5, 6, 7, 8, 9 und 10 m Male ausgelegt. Günstig sind Markierungskegel mit den Zahlen 1 bis 6. Der Lehrer ruft eine Zahl, die das zu umlaufende Mal bestimmt, z. B. 4. Wird die Zahl mit dem Schaumstoffwürfel ermittelt, kann der Reiz noch größer sein.

● Beim Gruppenlauf laufen alle Schüler gemeinsam.
● Beim Einzellauf bzw. Paarlauf läuft jeweils der erste Schüler der Gruppe bzw. das erste Paar und stellt sich in der Gruppe hinten an. Nach jedem Lauf wird neu gewürfelt.

Vielfältig ausdauernd laufen

Der Dauerlauf als die dominierende Methode zur Schulung von Ausdauer wird im Abschnitt 3.7 beschrieben. Die nachfolgenden Beispiele beziehen sich besonders auf Laufspiele mit stetem Wechsel der Belastungsanforderungen. Diese Inhalte können den Dauerlauf nicht ersetzen, die Ausdauerfähigkeit aber wirksam beeinflussen, weil im Spielhaften das Anstrengen weniger deutlich wahrgenommen wird. Wichtig sind abwechslungsreiche Übungsformen und Umgebungen, die immer wieder neu zum Laufen anregen. Hasche-/Fangspiele sind in der Regel ohne Ausscheiden zu spielen, damit auch laufschwächere Schüler ausreichend gefordert und gefördert werden.

Brückemann

Seitenwechsel als Rundlauf in 2 Feldern mit Abschlag durch die deutlich gekennzeichneten Brückenwächter (auf jeder Seite/Brücke ein Wächter). Jeder Wechsel zur anderen Seite zählt, wenn man nicht abgeschlagen wurde.

- Auf einer Brücke kann ein Mädchen und auf der anderen Brücke ein Junge als Wächter eingesetzt werden. Jeder Wächter schlägt nur die Schüler seines oder die des anderen Geschlechtes ab.
- Auf jeder Brücke kann auch ein Brückenwächterpaar tätig sein, das durch Handfassen verbunden ist.

Fangen in wechselnden Feldern

Das Spielfeld wird in 2 Teile geteilt, nur ein Teil ist das jeweils aktuelle Fangfeld mit einem deutlich gekennzeichneten Fänger (Tuch).

    Auf Zeichen des Spielleiters (Handklatsch/Pfiff) wechseln alle Schüler in das andere Feld. Der Schüler, der zuletzt dieses Feld betritt, ist der neue Fänger. Wird in 3 Feldern gespielt, sind nur die beiden äußeren Zonen Fangfelder, die mittlere Zone ist ein zusätzlicher Laufbereich.

Dieses Fangspiel ist pädagogisch besonders geeignet, weil durch den Aufruf zum Wechsel des Fangfeldes situationsbezogen und unaufdringlich in den Spielablauf eingegriffen werden kann.

Hundehütte

Ausgangsstellung ist ein doppelter Innenstirnkreis. Die Schüler des inneren Kreises stehen im weiten Seitgrätschstand und bilden eine „Hundehütte". Die Schüler des Außenkreises (Läufer) bewegen sich in einer Richtung um den Innenkreis. Auf ein Zeichen versucht jeder Läufer eine „Hütte" von außen nach innen zu besetzen. Die Anzahl der Läufer kann größer sein als die Anzahl der Schüler des Innenkreises, so dass einige keine Hütte finden. Beim nächsten Durchgang laufen wieder alle Schüler mit. Nach ca. 5 Durchgängen werden die Rollen getauscht.

Varianten:

● Innen- und Außenkreis bewegen sich in entgegengesetzter Laufrichtung. Auf ein Zeichen bilden die Schüler des Innenkreises die „Hütten" und die Schüler des Außenkreises belegen diese.

● Innen- und Außenkreis bewegen sich in entgegengesetzter Laufrichtung. Auf ein Zeichen setzen sich die Schüler des Außenkreises schnell auf den Boden, bevor die Schüler des Innenkreises sie abschlagen können, oder sie laufen zu einem festgelegten Bereich (überschreiten Linien).

Rundumlauf mit Ausreißer

Auf einem Rundkurs von ca. 50 m Gesamtlänge befinden sich Laufgruppen von 3 bis 5 Schülern. Es muss sich immer ein Schüler von der nur leicht trabenden Gruppe lösen und diese wieder einholen. Das ist das Signal für den Rundenlauf des nächsten Schülers. Es kann nach Zeit, nach Runden oder nach der Anzahl von Wechseln gelaufen werden.

Läufertreff

Die Schüler laufen im Kreis oder frei im Raum. Der Lehrer würfelt mit einem Schaumstoffwürfel und ruft laut die oben sichtbare Punktezahl. Diese Zahl gibt die Anzahl der Schüler vor, die sich in Gruppen finden sollen, bei der Würfelzahl 4 bilden jeweils 4 Schüler eine Gruppe. Der Reiz liegt im schnellen Bilden entsprechender Gruppen. Nach kurzer Begrüßung wird wieder gelaufen und neu gewürfelt.

Varianten:

● Die Anzahl der als Gruppe laufenden Schüler wird durch die gewürfelte Zahl bestimmt; d. h. 1 = allein, 2 = zu zweit, 3 = zu dritt, 4 = zu viert. Bei den Zahlen 5 und 6 werden Laufpausen eingehalten. Die Schüler gehen.

Wird die gleiche Zahl (2, 3 oder 4) unmittelbar in Folge gewürfelt, lösen sich die Gruppen auf und bilden sich in einer anderen Zusammensetzung neu.

● Die Zahlen 1 bis 6 werden für die Kinder sichtbar angebracht. Günstig sind Zahlenschilder, die immer wieder zu benutzen sind. Die Kinder bewegen sich frei im Raum. Der Lehrer würfelt und ruft laut die Zahl. Alle Kinder laufen zu der entsprechenden Zahl. Das erste Kind am Treffpunkt darf jeweils neu würfeln.

Zahl gleich Läufer (Umkehrlauf)
Gruppen von 6 bis 8 Schülern stehen hintereinander in Reihe. Vor jeder Gruppe in ca. 10 m Abstand befinden sich Markierungskegel als Umkehrmale. Auf seitlichen Abstand zwischen den Gruppen ist zu achten. Der Lehrer ruft eine Zahl von 1 bis 6. Dadurch wird die Anzahl der Schüler bestimmt, die je Gruppe das Mal schnell umlaufen. Nahezu ständiges Laufen ist möglich, wenn die Zahlen zügig genannt werden. Wird die Zahl durch einen Schaumstoffwürfel ermittelt, ist der Reiz noch größer.

Lauf in wechselnden Gruppen
Die Schüler laufen frei im Raum. Jeder vierte oder fünfte Schüler ist durch ein Tuch oder einen Staffelstab gekennzeichnet. Auf ein Zeichen, z. B. Musikwechsel, reihen sich die Schüler hinter diesen „Führungsläufern" in vorher festgelegter Gruppenstärke ein, ohne dass das Laufen unterbrochen wird. Es müssten gleich große Gruppen entstehen. Auf ein Zeichen lösen sich die Gruppen zum freien Traben wieder auf, dabei wechseln auch die „Führungsläufer".

Dreierfangen (A-B-C-Fangen)
Je 3 Schüler spielen zusammen. Einer beginnt als Läufer und der Zweite als Fänger. Der Dritte schaut zu. Nach dem Fangen wird der abgeschlagene Läufer zum Zuschauer und der bisherige Zuschauer zum Fänger. Nach ca. 30 s erfolgt ein Aufgabenwechsel, auch wenn der Fänger nicht erfolgreich war. Nach Möglichkeit ist in Gruppen verteilt auf mehreren Feldern zu spielen, um ein Zusammenstoßen zu vermeiden.

Eine Zahl 3-mal (Umkehrlauf)
Jede Gruppe hat einen Schaumstoffwürfel und würfelt für sich allein. Die gewürfelte Zahl gibt die Anzahl der Schüler vor, die um das ca. 10 m entfernte Mal laufen und sich dann in ihrer Gruppe hinten einordnen. Bei *jeder* gewürfelten Zahl muss die entsprechende Anzahl an Schülern laufen. Ziel ist es, so schnell wie möglich eine festgelegte Zahl 3-mal zu würfeln. Einführend sollte der Lehrer eine Zahl vorgeben, die für alle Gruppen gilt.

Später legt jede Gruppe ihre Zahl fest, die 3-mal gewürfelt und erlaufen werden soll. Es kann je Gruppe ein Schüler eingesetzt werden, der in einem Durchgang ständig würfelt.

Begrüßung

Während des Rundenlaufes verlässt der erste Läufer seine Position und trabt außen oder innen an das Ende der Reihe. Dem so entgegenkommenden Läufer (◄) strecken alle anderen ihre Hand zum „Abklatschen" entgegen.

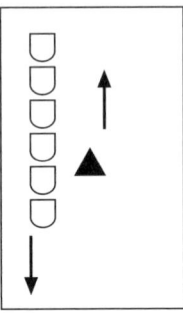

Hat er das Ende der Reihe erreicht, so begrüßt immer der erste Läufer auf die gleiche Art die gesamte Schülergruppe.

Variante:
Die Begrüßung kann mit rechts oder links, in Hüfthöhe, Kniehöhe oder in Überkopfposition erfolgen.

Eisenbahn

Auf einer Laufrunde sind durch Kegel die jeweiligen Bahnhöfe für zwei S-Bahnen (8 Haltestellen – x), zwei Regionalzüge (4 Haltestellen – o), einen Intercity-Express (2 Haltestellen – ☐) und eine Magnetschwebebahn (1 Haltestelle – ▲) markiert.

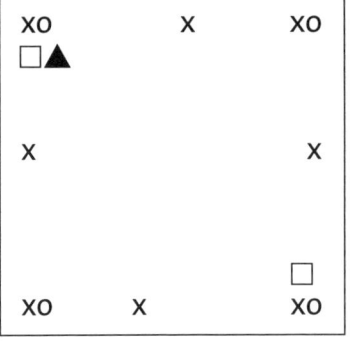

Für jeden dieser Züge wird ein Lokführer bestimmt, der nur an „seinen" Bahnhöfen halten darf. Alle anderen Spieler sind Passagiere, die sich mittels Springseil an einer Lok ankoppeln und so auf einem Rundkurs durch Deutschland fahren können. Das Umsteigen in einen anderen Zug kann aber nur auf einem Bahnhof erfolgen.

Ziel der Passagiere ist es, innerhalb der Spielzeit (5 bis 10 min) mit jedem Zug gefahren zu sein und mindestens einmal auf jedem Bahnhof umzusteigen.

Variante:
Je nach Leistungsvermögen laufen die Schüler solange wie möglich mit „ihrem" Lokführer und steigen nur zur Erholung um.

Umkehr bei Begegnung

Schülergruppen (je 3 bis 4 Kinder) begeben sich von ihrer Markierung aus in Uhrzeigerrichtung auf eine Laufrunde. Die Abstände zwischen den Gruppen sollten nicht weniger als 10 m betragen. Lediglich eine Gruppe läuft in entgegengesetzter Richtung. Begegnet sie den ersten Läufern, heißt dies für beide Gruppen umzukehren und in die jeweils andere Richtung weiterzulaufen. Dies geschieht so lange, bis alle zum zweiten Mal am Ausgangspunkt angelangt sind.

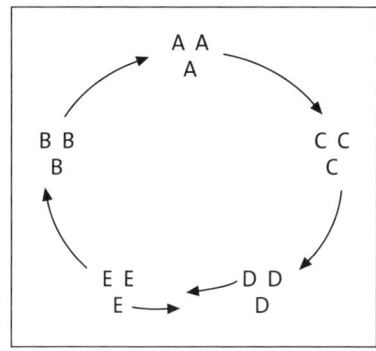

Vertrauenslauf

Die eine Hälfte der Kinder läuft einzeln oder paarweise frei auf einem kleinen Spielfeld umher. Alle anderen Schüler stehen am Ort und beobachten die Laufwege. Bereits nach einer geringen Zeitspanne werden sie aufgefordert, ihre Augen zu schließen. Auf der nächsten Stufe des Vertrauens setzen sie sich mit noch immer geschlossenen Augen auf den Boden. Besonders mutige Kinder legen sich dann sogar auf den Rücken. Und mit der Gewissheit, dass niemand sie tritt, spreizen die Mutigsten dabei Arme und Beine vom Körper weg. Nach einigen Minuten erfolgt ein Rollentausch zwischen Läufern und „Vertrauenden".

Variante:
Die Läufer bewegen sich im Vierfüßlergang um und über die liegenden Körper.

Freunde suchen

Die Spieler laufen frei im Raum, ohne einen anderen zu behindern. Nach einem Signal (Pfiff, Musikstopp) nennt der Lehrer eine Zahl. Dann finden sich so schnell wie möglich Paare oder Gruppen zu je 3, 4 usw. „Freunden" zusammen. Kinder, die ohne „Freunde" bleiben, retten sich beim Spielleiter.

Varianten:
- Die Bekanntgabe der Gruppengröße erfolgt mit dem Signal des Lehrers: Zahlentafeln zeigen, Zahl rufen, x-mal pfeifen o. Ä.
- Im Spielfeld befindliche Kleingeräte (Sprunghocker, Reifen, Bierdeckel, Teppichfliesen, Markierungskegel usw.) dienen als Laufmarkierung und als zusätzliche Ortsangaben, an denen sich die „Freunde" treffen sollen.

- Die verschiedenen Farben und Formen der Kleingeräte lassen sich in die Festlegung des Treffpunktes und der Anzahl der „Freunde" einbeziehen.
- Die Endposition des Zusammenfindens (Fuß auf Fuß, Hand auf Kopf u. Ä.) kann festgeschrieben werden.
- Kombination aller o. g. Varianten
- Während des Laufens dribbelt/prellt jeder Spieler einen Ball. Am Treffpunkt sind die Bälle dann der Größe nach zu sortieren (nebeneinander oder übereinander).

Vielfältig weit und hoch springen

Im Alltagsleben springen Kinder oft vor Freude. Diese emotionale Seite lässt sich nutzen, indem vielfältige Sprungparcours und Sprungaufgaben gestellt werden und Schüler die Verbesserung ihrer Sprungleistung erleben.

Der einbeinige Absprung aus dem Anlauf soll zum Bewegungsrepertoire der Schüler gehören. Das zielgerichtete Springen mit dem rechten und linken Bein, verbunden mit dem Erspüren eines rhythmischen Laufens und Springens, sollte geschult werden.

Sprungparcours

Ein rhythmisches Laufen und Springen um und über Schaumstoffteile, Teppichfliesen, Bananen- oder Schuhkartons kann man durch die Anordnung der Hindernisse erreichen. Sprungparcours mit unterschiedlichen Abständen zwischen den Hindernissen und unterschiedliche Höhen und Tiefen der Hindernisse sollen die Freude am Springen anregen und die Bewogungserfahrung fördern.

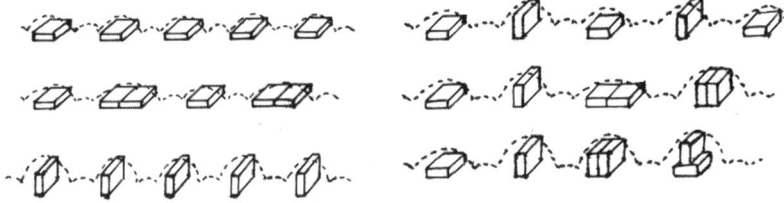

Fangen im Sprungparcours

Die zu umlaufenden oder zu überspringenden Hindernisse stellen bei bekannten Fang- und Haschespielen oftmals einen zusätzlichen Reiz dar.

Varianten:

- Ein übersprungenes Hindernis gilt als Freimal. Der Fänger muss einen anderen Schüler fangen.
- Bilden die Schüler Paare mit Handfassen, kann das Fangen noch interessanter werden, weil jedes Paar sich abstimmen muss.

Laufsprünge über Springseile oder von Matte zu Matte

Ausgelegte Springseile oder quer gelegte Matten lassen sich so überspringen, dass zwischen den Seilen bzw. Matten jeweils nur ein Schritt erfolgt. Mindestens 2 Bahnen mit verschiedenen Abständen sollten den Schülern zum Erproben angeboten werden. Zwei Schüler können nebeneinander üben.

Variante:

Einzelne Abstände zwischen den Seilen oder Matten können auch so gewählt werden, dass 2 Schritte notwendig sind.

Vor- und Nachspringen
In ungeordneter Form werden Fliesen ausgelegt. Die Abstände sind so zu wählen, dass die Fliesen relativ leicht zu erreichen sind. Der Lehrer bzw. ein Schüler zeigt eine Sprungfolge mit 4 bis 6 Fliesen. Die anderen Schüler sollen diese Sprungvorgabe nachvollziehen. In größeren Klassen bietet es sich an, möglichst an 2 Stationen spielen.

Wellenspringen
Ein Ende eines Langseils (ca. 10 m) wird an der untersten Sprosse der Sprossenwand festgebunden. Das andere Seilende hält der Lehrer in der Hand.

Die Schüler versuchen nun, aus dem kurzen Anlauf einbeinig über das am Boden liegende Seil zu springen. Die Anforderungen an die Anlauf-Absprung-Koordination wachsen, wenn das Seil:

- leicht vom Boden angehoben wird
- dabei in wellenförmige horizontale Schwingung versetzt wird
- die „Wellen" sich in der vertikalen Richtung ausbreiten
- die Bewegungsamplituden des Schwingens vergrößert werden
- die „Wellen" sich in dichterer Folge ausbreiten

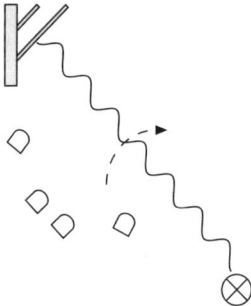

Weitspringen
Beim Weitspringen kommt es darauf an, aus einem Steigerungslauf heraus mit einem Bein abzuspringen und nach einem Hocksprung weich und raumgreifend zu landen. Der Absprung sollte aus einer Sprungzone von ca. 40 cm erfolgen. Erst durch wiederholtes Springen mit dem rechten und linken Bein finden einige Schüler ihr Sprungbein. Ihr Sprungverhalten nach dem Motto „wie springe ich weiter, besser" sollten die Schüler u. a. durch kontrastreiches Üben (Springen mit kurzem, mittlerem und langem sowie mit langsamem und schnellem Anlauf) selbst ermitteln und verbessern.

Das Springen im Freien in die Sprunggrube und in der Halle auf Weichmatten sollte genutzt werden. Gummileinen, Springseile, Kartons, Schaumstoffteile sind dabei als Orientierungshilfen sinnvoll und unterschiedliche Sprunganordnungen motivieren die Schüler.

Sprungzone

Weitspringen über flache Hindernisse

Schaumstoffteile, Schuhkartons oder eine in angemessener Höhe gespannte Gummileine bieten sich als „Hindernisse" an. Schräg zum Absprung verteilte Hindernisse oder gezogene Gummileinen können einen „Bach" darstellen, der übersprungen werden soll.

Hindernisse   *Bach*

Weitspringen in Weitenzonen

Nach einer Mindestweite bestimmen Linien im Abstand von 40 cm die Zonen. Werden Weitenpunkte entsprechend den Zonen vergeben, kann auch der schwächere Springer durch häufigeres Springen einen hohen Wert erreichen.

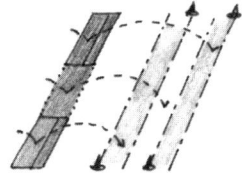

Weitenzonen

Weitspringen von einer Erhöhung

Der Absprung von einem Sprungbrett oder das Springen an der Kastentreppe unterstützt das „Fliegen" und eine raumgreifende Landung.

Hochspringen

In der Halle bietet sich ein Springen von vorn (Hocksprung) und schräg von der Seite (Scher-/Spreizsprung) auf Weichmatten an. Das Herausfinden des besseren Sprungbeines durch vielfältige Sprünge und durch den Wechsel der Anlaufrichtung ist eine wichtige Aufgabe in diesem Altersbereich.

Springen von vorn

Wird über eine Gummileine gesprungen, sollte diese schräg angebracht sein, damit die Schüler entsprechend ihrem Leistungsvermögen die Leine an unterschiedlichen Höhen überqueren können.

Ein zielgerichtetes Absprungverhalten nach vorn oben kann erreicht werden, indem „Ziele" so angebracht werden, dass diese mit der Hand oder der Stirn zu berühren sind, z.B. an einer Leine befestigte Stoffstreifen in unterschiedlicher Länge oder Bälle in Ballnetzen. Damit ist eine Differenzierung gegeben, die eine Selbsteinschätzung erforderlich macht.

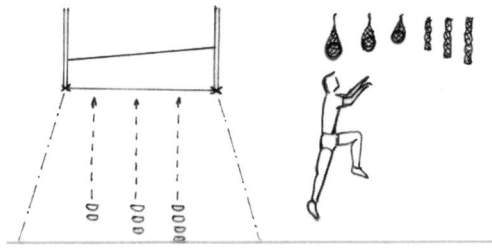

Sprünge von der Seite

Springseile, Taue oder eine in angemessener Höhe angebrachte lange Gummileine sind mit fortgesetzten Schersprüngen links und rechts zu überspringen. Bei entsprechenden Voraussetzungen der Schüler können auch Turnbänke genutzt werden.

links
rechts

Schersprünge auf einen Mattenberg (Weichmatte) und über eine Gummileine

Nach Möglichkeit sind 2 Sprunganlagen mit verschieden hoch gespannten Gummileinen zu nutzen. Dazu bieten sich die Längsseiten von Sprunggruben oder Mattenbahnen an. Der Absprung von einer Erhöhung (Sprungbrett) kann die Schüler zusätzlich stimulieren. Damit wird ein höherer Sprung ermöglicht, gleichzeitig auch ein genauerer Absprung gefordert.

Vielfältiges Werfen

Viele Schüler beherrschen das Werfen nur begrenzt. Deshalb sollte ein vielseitiges Werfen besonders angeregt werden. Im Sinne der Leichtathletik geht es besonders um das *weite* Werfen. Das (scharfe) Werfen auf Ziele stellt dabei eine kindgerechte Übungsform dar. Auf eine richtige Wurfhaltung, auf einen langen Wurfarm und auf das Stemmen des entgegengesetzten Beines ist immer wieder zu achten. Ein relativ geordnetes und häufiges Werfen ist für den Lernerfolg wichtig. Dies kann in der Halle erreicht werden, indem man die Wände nutzt. Die zurückspringenden Wurfbälle (möglichst Tennisbälle) können schnell aufgenommen werden. Im Freien bieten Schweifbälle (in Tennisbällen angebrachte Stoffstreifen) und Indiacas eine gute Möglichkeit, das Werfen zu üben. Sie sind leicht zu finden und das Fliegen der Schweifbälle ist für die Schüler attraktiv.

Zielwerfen

Das Werfen auf Ziele ist für die Schüler auch deshalb reizvoll, weil Erfolg oder Misserfolg sofort ersichtlich sind. Damit die zurückspringenden Tennisbälle sofort wieder genutzt werden können, sind die Ziele möglichst an bzw. nahe der Wand anzubringen. Unterschiedliche Ziele (Kreise, Vier- und Dreiecke) und deren unterschiedliche Anordnung fördern das differenzierte Wahrnehmen. Beim Abpraller von der Wand soll der Ball in einem offenen Kasten landen, der ca. 1 m vor der Wand steht.

Zielball

Die Ziele sollten zur Schulung des Schlagwurfes möglichst in oder über reichhoher Lage angebracht sein und nahe an der Wand stehen. Werden Tennisbälle eingesetzt, sind Ziele zu wählen, die durch das Treffen mit Tennisbällen herunterfallen oder ihre Lage verändern.

Wäsche abnehmen

Aus Zeitungspapier angefertigte Bekleidungsstücke sind von einer Leine, die nahe der Wand in Reichhöhe angebracht wird, durch Treffer „abzuwerfen". Die Schüler können die Wäsche aus Zeitungspapier selbst anfertigen. Diese wird entweder über die Leine gelegt oder mit Klammern befestigt.

Sektorenwurf

Bei dieser Aufgabe sind Selbstständigkeit und Selbstkontrolle der Schüler besonders gefordert. Die Sektoren als Zielbereiche sind deutlich zu kennzeichnen.

- Eine Wand ist zu treffen, ohne dass der Ball vorher auf den Boden aufkommt. Jeder Schüler versucht selbstständig die Linie zu bestimmen, von der er relativ sicher die Wand trifft. Entsprechend dem Leistungsvermögen der Schüler kann man eine Mindestwurflinie und im Abstand von je 2 m weitere Linien anbieten.

- Alle Schüler werfen von einer Wurflinie. Die Aufgabe besteht im Überwerfen von Sektoren, die in unterschiedlicher Höhe an der Zielwand erkennbar sind.

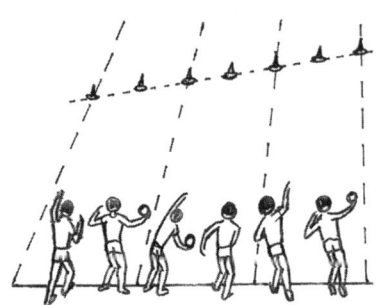

- Alle Schüler werfen von einer Abwurflinie. Die Ziellinie verläuft schräg zur Wurflinie und ist u. a. durch farbige Markierungskegel gut sichtbar. Zum Überwerfen der Ziellinie sind z. B. von links nach rechts stets größere Weiten notwendig.

Treibball im Freien

Paare oder Kleingruppen stehen sich in einer weiten Gasse in der Mitte eines Spielfeldes (Sportplatz) gegenüber. Jeweils von der Stelle, wo der Tennisball (Schweifball) aufkommt, wird zur anderen Mannschaft geworfen. Ziel ist es, mit dem eigenen Wurf die Grundlinie hinter der anderen Mannschaft zu erreichen.

3.3 Mit dem Ball spielerisch üben

Die im nachfolgenden Abschnitt empfohlenen Inhalte zielen auf das Üben grundlegender Fähigkeiten und Fertigkeiten, die als sportspielübergreifende Voraussetzungen für die Teilnahme am Spiel angesehen werden. Dabei geht es insbesondere um das sichere Beherrschen des Balles (s. auch Abschnitt 2.1), die Ballannahme und Ballabgabe, das Dribbling bzw. die Ballführung, das Treffen eines Ziels, das Freilaufen und Decken sowie das gemeinsame Lösen von Spielsituationen gegen eine Gegenpartei.

> Die Formulierung „spielerisch üben" meint, dass die einzelnen Spiele im Lernprozess zielgerichtet eingesetzt werden. Über die Auswahl mehrerer Spiele für eine Zielstellung ist die Vielfalt an Körperübungen zu sichern. Im Spielgeschehen selbst ergeben sich für den Spieler immer wieder neue, offene Situationen und soziale Lerngelegenheiten. Es sind Probleme zu lösen, die nur durch gemeinsame Verständigung den Fortgang des Spiels sichern. Um eine allgemeine Spielfähigkeit zu entwickeln, muss der Lehrer solche Situationen initiieren bzw. erkennen und nutzen. Ob und in welchem Ausmaß dennoch ein Spielen im Sinne eines zweckfreien, selbstbestimmten Handelns im Rahmen einer Spielidee möglich wird (s. Kapitel 4), darüber entscheiden das methodische Geschick des Lehrers und in erster Linie natürlich die Spieler selbst. Insofern wird der konkrete Handlungsvollzug immer geprägt sein vom Spannungsfeld zwischen Üben und Spielen.

Für die folgende Spielauswahl ist zu beachten, dass lediglich die jeweiligen Kerngedanken und erste Anregungen für die Variation des Spiels formuliert sind. Insbesondere die Abstimmung von Spielfeldgrößen, Spielerzahl, Spielzeit, Gerätebedarf usw. muss der Spielleiter entsprechend seinen konkreten Bedingungen vornehmen.

Ballprobe

Jeder Schüler steht mit seinem Ball in selbstgewählter Entfernung von einer Wand (ca. 2 bis 5 m). Von dieser Position aus versucht er, den Ball in unterschiedlichster Weise gegen die Wand zu werfen bzw. zu stoßen und wieder zu fangen.

Varianten des Werfens und Fangens:
- beidhändig, einhändig, direkt, indirekt, in Stand, Sitz, Hocke
- Veränderung der Zuspielhöhe, Entfernung und Schärfe

- Rückenlage, kopf- und fußseitig zur Wand
- Auffangen direkt, nach Bodenkontakt, nach Drehungen, nach Handklatsch
- Fußstoß mit der Spitze, Innenseite, Hacke und Stoppen mit Hand/Fuß
- Trickwürfe (von hinten): über den Kopf durch die gegrätschten Beine durch gehobenes Bein über die Schulter

Varianten als Partnerübung mit einem Ball:
Das Paar stellt sich in selbstgewählter Entfernung zur Wand auf. Der jeweils ballbesitzende Spieler ist der Werfer, der andere der Fänger.

- Aufgabenstellungen wie oben

Varianten als Partnerübung mit mehreren Bällen:
- A und B werfen gleichzeitig rechts/links, hoch/flach, direkt/indirekt, im Sitzen/im Liegen
- A spielt mit dem Fuß und B mit der Hand

Bälle einsammeln (besonders für Klasse 1 bis 2)
Aus einer geöffneten Ballkiste oder aus einem offenen Kastenteil werfen 2 Spieler Bälle heraus. Alle restlichen Spieler sammeln die Bälle schnellstmöglich wieder ein, so dass die Kiste zu keinem Zeitpunkt leer ist. Schaffen es 2 Spieler, die Kiste zu leeren, oder werden mehr benötigt? Wie lange dauert es, bis sich kein Ball mehr in der Kiste befindet? Ein Vergleich mit anderen Gruppen bietet sich an.

Varianten:
- unterschiedlichste Wurfgeräte werden eingesetzt (Feder-, Indiaca-, Schweif-, Koosh-, Spaßball, Frisbeescheiben, Papprollen, Bierdeckel)
- mehrere Werfer spielen gegen die Ballholer

Werfen und Fangen

Viereck mit Zentrum
Die Schüler bilden Fünfergruppen, nehmen Aufstellung im Viereck und bestimmen für jede Gruppe einen Mittelmann (M). Jede Gruppe erhält 2 Bälle. Jedes Zuspiel erfolgt über den Mittelspieler, der sich zunächst dem Ballbesitzer 1 zuwendet. Dessen geworfenen Ball spielt M weiter zu Spieler 2, um sich sofort dem Ballbesitzer 3 zuzuwenden, usw.

Nach einer vorgegebenen Zeit oder Anzahl von Zuspielen erfolgt der Wechsel des Mittelspielers.

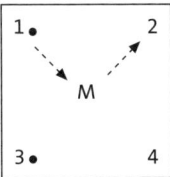 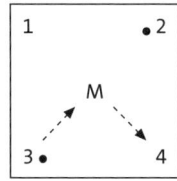 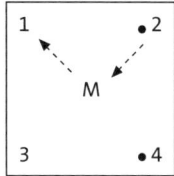

Varianten:
- unterschiedliche Bälle
- Zuspiele mit Hand oder Fuß
- direktes oder indirektes Zuspiel

Suche den freien Platz
Die 4 Ecken eines Spielfeldes markieren jeweils die ersten Zuspielpositionen von 4 Spielern. Hinzu kommt ein in der Mitte liegender Reifen (Teppichfliese o. Ä.) als fünfte Position. Vom Ballbesitzer wird der Ball zu einer beliebigen besetzten Position gespielt. Dann läuft er zu der jeweils freien Position in Erwartung eines erneuten Anspiels durch einen Mitspieler.

Varianten:
- unterschiedliche Bälle
- Zuspiele mit Hand oder Fuß
- direktes oder indirektes Zuspiel

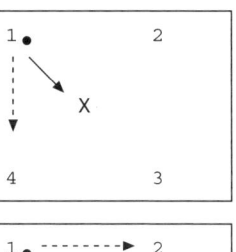

Viereck ergänzen
Die 3 Spieler einer Gruppe stellen sich ca. 3 m voneinander entfernt im Dreieck auf. Spieler 1 wirft den Ball zur 2 und läuft sofort zur freien Ecke des gedachten Vierecks (X). In der Zwischenzeit hat 2 zu 3 geworfen und ist zur freien Ecke (ehemals 1) gelaufen. Im Fortgang des Zuspielens und Laufens ergibt sich immer wieder eine freie Ecke des Vierecks.

Varianten:
- jede Gruppe mit eigenem Spielfeld, wobei Ball- und Laufweg sich ändern
- ineinander liegen 3 Vierecke, wobei die Seitenlängen immer größer werden und so weitere/kürzere Zuspielwege verlangen

Zickzackball

Die Spieler mehrerer Mannschaften nehmen jeweils eine versetzte Gassenaufstellung ein. Der erste Schüler hat einen Ball, der im Zickzack bis zum
Ende der Gasse und wieder zurück zugespielt wird.

Varianten:

● Zuspiele mit Hand oder Fuß, direkte oder indirekte Zuspiele
● Jede Gruppe erhält 2 Ballbehälter (z. B. Kastenteile). Am Gassenanfang
  liegen darin 6 bis 8 Bälle, die durch Werfen und Fangen möglichst schnell
  an das Ende der Gasse und von dort wieder zurückgelangen sollen.

● „Endlosspiel": Die Ballbehälter
  zweier Mannschaften sind so aufgestellt, dass sie für die einen als
  Entnahmestelle, für die anderen als
  Ablageort dienen.

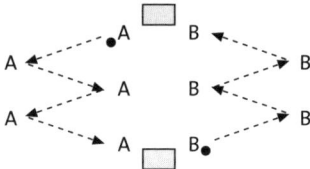

● „Ziehharmonika": Dem zugespielten Ball wird hinterhergelaufen. Der
  letzte Spieler dribbelt oder trägt dann den Ball zur ersten Position und
  beginnt erneut mit dem Zuspiel.

Werfer und Läufer

Alle Spieler der Mannschaft A spielen sich in versetzter Gassenaufstellung
einen Ball zu, während die Spieler der Mannschaft B um diese Gasse he-
rumlaufen. Welche Mannschaft erreicht bei vorgegebener Rundenzahl die
meisten Zuspiele?

Varianten:

● Zuspiele in der Gasse mit Hand und Fuß, direkt und indirekt, mit rechts
  und links, stehend und sitzend
● Ballannahme und Ballabgabe mit unterschiedlichen Bällen und weiteren
  Wurfgeräten (Tennisring, Softfrisbee, Schaumstoffwürfel u. Ä.)
● „Werfer" spielen sich mit Schlägern (Federball-, Tischtennis-, Tennis-
  oder Unihockeyschläger) Federbälle, Tischtennisbälle oder Softbälle zu
● Läufer laufen einzeln oder als Mannschaft

Zahlensalat

Die Schüler bilden Fünfergruppen und spielen sich in festgelegter Reihenfolge einen Ball zu: 1 spielt zu 2, 2 zu 3, 3 zu 4, 4 zu 5, 5 wieder zu 1 usw.
Unterschiedlich farbige Spielerwesten für die einzelnen Gruppen und ein
möglichst gleichfarbiger Ball erleichtern die Orientierung.

1. Zunächst stehen die Spieler im Innenstirnkreis und werfen sich den Ball in der festgelegten Reihenfolge zu (s. Skizze).
2. Ein Positionstausch zwischen den Spielern führt zum „Zahlensalat", da jeder seine Nummer „mitnimmt" und sich nur die Zuspielrichtung verändert.
3. Der „Zahlensalat" wird größer, sobald nacheinander die 1, später die 2, 3, usw. beginnen, sich frei auf ihrem Spielfeld zu bewegen (gehen, später laufen), um im rechten Moment wieder anspielbereit zu sein (s. Skizze).
4. Alle Spieler laufen frei im Raum, ohne die Zuspielreihenfolge zu verändern (s. Skizze).
5. Die Spielfeldgrenzen verschwinden und alle Gruppen laufen frei in der Halle umher, ohne die Zuspielreihenfolge zu verändern (s. Skizze).
6. Auf ihrem Spielfeld spielt sich jede Mannschaft in freier Folge den Ball zu.
7. Ohne Spielfeldgrenzen spielt sich jede Mannschaft in freier Folge den Ball zu.

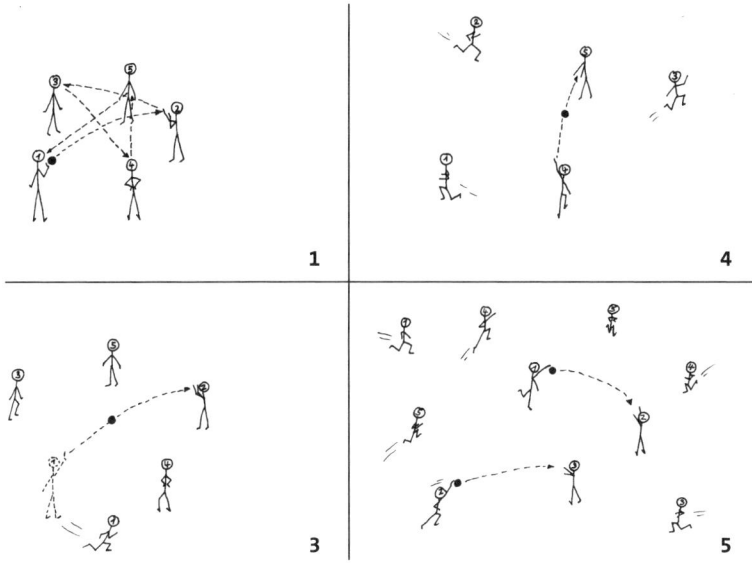

Varianten:
- unterschiedliche Bälle
- Zuspiele mit Hand oder Fuß
- direktes oder indirektes Zuspiel
- zur Ballannahme läuft der betreffende Spieler dem Werfer entgegen

Dribbling

Dribbelkönig (besonders für Klasse 3 bis 4)
Ein Schüler der Klasse ist der „Dribbelkönig", der die Dribbelübungen bestimmt. Alle anderen Schüler machen die vorgegebenen Übungen nach. Mögliche Bewegungsformen könnten sein:

Dribbling am Ort: im Stand, in der Hocke, im Sitzen, im Liegen
- Variation von Dribbelhöhe, Dribbelrhythmus, Dribbelposition (vor, neben, hinter dem Körper)
- Variation rechte, linke Hand, Handwechsel, beide Hände
- je ein Finger absolviert einen Dribbelschlag
- Dribbling im Gruppenrhythmus
- Dribbling um den Körper
- Dribbling unter dem gehobenen Bein
- Achter-Dribbling um die gegrätschten Beine
- Dribbelschlag durch die Schrittstellung hindurch

Ballführung mit dem Fuß
- Fußsohle führt den Ball vor, zurück, links, rechts
- leichte Fußstöße links und rechts
- „Spielbein" führt den Ball um das Standbein
- „Schnipsen" mit der Fußspitze

Alle Übungsformen können auch in der Bewegung ausgeführt werden.
Als weitere Variationsmöglichkeiten bieten sich dabei an:
- Dribbling vorwärts, rückwärts, seitwärts, im Slalom laufend
- als Spielform im Rahmen von „Seitenwechsel", „Begrüßung", …

Begrüßung
(besonders für Klasse 3 bis 4)
Alle Spieler dribbeln bzw. führen den Ball mit dem Fuß frei im Raum, ohne andere Mitspieler zu behindern. Sie „begrüßen" sich im Vorbeilaufen mit Handschlag, möglichst ohne das Dribbling zu unterbrechen und den Ball zu verlieren.

Variante:
Klaps auf die Schulter, Fuß an Fuß

Hindernisdribbling (besonders für Klasse 3 bis 4)
An mehreren Stationen versucht jeder Schüler mit seinem Ball in, um, durch, auf oder über etwas zu dribbeln. Den Schwierigkeitsgrad wählt der Spieler selbst und korrigiert gegebenenfalls sein Anspruchsniveau bis hin zur Wahl zu dribbeln, zu tippen bzw. zu prellen.

Slalomdribbling
- um Malstangen vorwärts oder rückwärts laufend
- mit rechts, links oder Handwechsel dribbeln

Bankdribbling
- auf der Bank laufend auf dem Hallenboden dribbeln
- neben der Bank laufend auf ihr dribbeln
- auf der Bank laufend auf ihr dribbeln
- die Bank im Grätschgang überwindend auf bzw. neben ihr dribbeln

Kastenteil
- durch ein senkrecht stehendes Kastenteil laufen und dribbeln
- in liegende Kastenteile einsteigen und daneben dribbeln
- neben liegenden Kastenteilen laufen und in ihnen dribbeln

wechselnder Untergrund
- auf Teppichfliesen, Frisbeescheiben, Matten, Sprungbrett, Minitramp, Bierdeckel, Reifen, Linienmarkierungen dribbeln

Slalomdribbling im Kreis (besonders für Klasse 3 bis 4)
Ein Schüler beginnt im Slalom um die im Stand dribbelnden Schüler herumzudribbeln. Ist er am zweiten vorbei, setzt der nächste Spieler zum Slalomdribbling an.
Jeder dribbelt, bis er seine Position wieder erreicht hat.

Varianten:
- Aufstellung im Innenstirnkreis, Flankenkreis oder Viereck
- freies Dribbling mit links, rechts oder Handwechsel
- Variation der Aufgaben für die im Stand dribbelnden Schüler

Zielschuss und Zielwurf

Jahrmarkt

Geräte oder Wandmarkierungen dienen als Ziele und sollen durch Schuss oder Wurf von einer bestimmten Entfernung getroffen werden. Die Schüler arbeiten nach einer festgelegten Zeit oder Anzahl von Zielschüssen in Gruppen zu je 3 bis 4 Spielern an 8 bis 10 Stationen gleichzeitig.

Mögliche Stationen könnten sein:
- Wurf durch das Klimmzuggerät an der Sprossenwand
- Wurf an Mattenmarkierungen (Trefferfelder)
- Wurf an den umgekippten Sprunghocker
- Wurf durch einen hängenden Reifen
- Wurf in ein offenes Kastenteil
- Wurf in den Basketballkorb
- Wurf in den offenen hohen Kasten
- Wurf zwischen Kletternstangen hindurch gegen die Wand

Ähnliche Aufgabenstellungen kann man als Zielschuss mit dem Fuß auswählen.

Beachte: Die Richtung der Zielschussaktion sollte nach Möglichkeit immer zur Wand erfolgen, damit die Bälle wieder in Richtung der Werfer rollen!

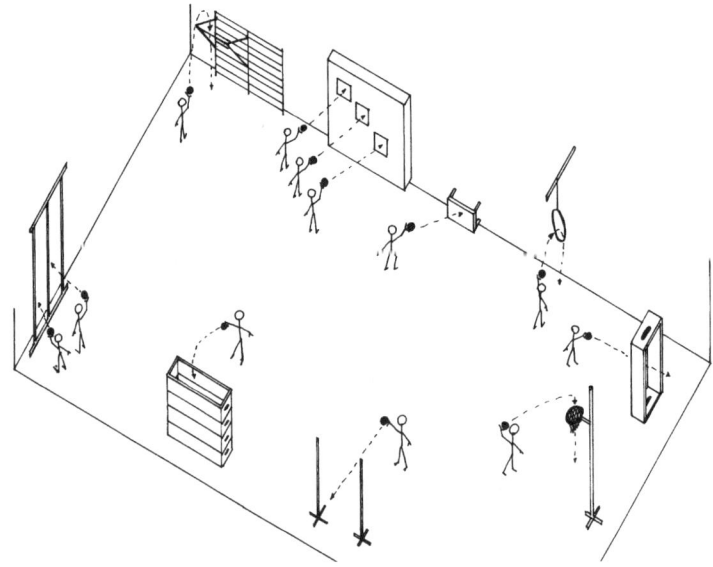

Aufsetzerball

Zwei Mannschaften mit 4 bis 5 Spielern versuchen, aus ihrer Spielfeldhälfte heraus einen Ball mittels Aufsetzer (indirekter Wurf) über die gegnerische Grundlinie zu werfen. Die Abwurflinie (Mittellinie) darf beim Wurf nicht übertreten werden. Die gesamte Grundlinie ist das „Tor".

Wertungen:
- Welche Mannschaft erreicht in der Spielzeit die meisten Tore?
- Welcher Spieler wirft die meisten Tore?
- Welcher Spieler verhindert die meisten Tore?

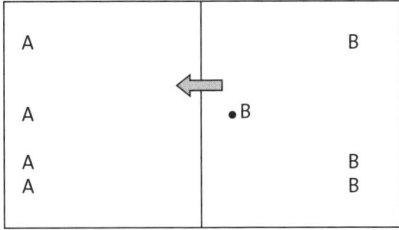

Varianten:
- Der Ball darf nicht zur Abwurflinie getragen werden, d. h., der Werfer läuft ohne Ball und erhält dann das Zuspiel.
- Jede Mannschaft legt einen Spieler fest, der den Zielwurf ausführt.
- Im jeweils gegnerischen Spielfeld versucht ein „Spion" das Zuspiel zum festen Werfer zu stören (ab Klasse 3 bis 4).
- „Aufsetzerball" mit zwei Spionen bei kleineren Toren (ab Klasse 3 bis 4)

Kastenball

Jeder Spieler einer Mannschaft versucht, die Bälle von einer Abwurflinie durch 2 zusammengeschobene, auf der Längsseite stehenden Kastenteile zu werfen:

- Welche Mannschaft erreicht in einer bestimmten Zeit die meisten Treffer?
- Welcher Spieler erreicht in einer bestimmten Zeit die meisten Treffer?

Varianten:
- Zielschuss mit Hand oder Fuß vorgegeben
- Schüler wirft oder schießt je nach Art des Balles

Treffball

Die Spieler zweier Mannschaften nehmen so gegenüber Aufstellung, dass sich in gleicher Entfernung zwischen ihnen Bänke befinden. Nach dem Signal des Spielleiters versuchen sie, die auf den Bänken stehenden Ziele (Schaumstoffwürfel, Markierungskegel, Keulen, Büchsen, Schuhkartons) mit Softbällen abzuwerfen. Sieger ist die Mannschaft, die die meisten Ziele abgeworfen hat.

Variante:
Veränderung der Wurfgeräte: Bierdeckel, Frisbeescheiben, Tischtennisbälle, Schweifbälle, Sockenbälle, Indiacabälle, Federbälle u. Ä.

Ballvertreiben

Die Spieler zweier Mannschaften werfen gleichzeitig mit ihren Softbällen auf ein in der Mitte liegendes Ziel (Basketball, Pappkarton, Pezziball, Schaumstoffwürfel).

Welche Mannschaft schafft es, den Ball bis zur gegnerischen Linie zu treiben?

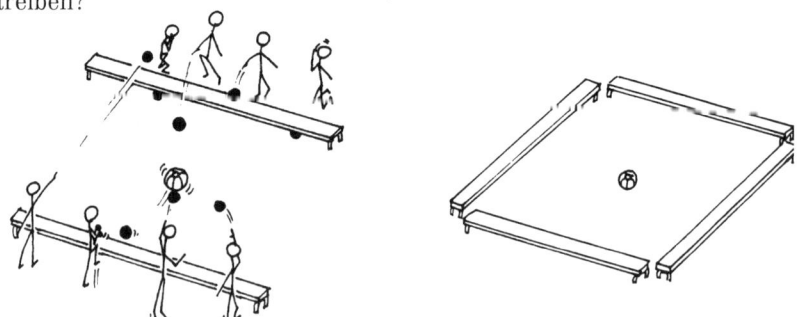

Variante:
Aufstellung im Dreieck oder Viereck, so dass mehrere Mannschaften gegeneinander spielen

Freilaufen und Decken

Dreieckfangen

Schülergruppen zu je 4 Spielern stellen sich so auf, dass 3 Spieler durch Handfassung ein Dreieck bilden. Der Rücken eines Spielers wird als Ziel festgelegt. Ein vierter Mitspieler steht außerhalb des Kreises und versucht, als Fänger mit der Hand den Rücken des Benannten zu treffen. Die Dreieck-Spieler wollen dies durch entsprechende Ausweichmanöver verhindern. Der Abgeschlagene ist der nächste Fänger. Gelingt nach einer Minute kein Abschlag, erfolgt automatisch ein Aufgabenwechsel.

Das geteilte Paar

In den gegenüberliegenden Ecken des Spielfeldes stehen 2 Spieler. Alle anderen verteilen sich frei im Raum. Auf Kommando laufen die beiden Eckspieler in das Spielfeld und versuchen, durch Handfassung zueinander zu kommen. Die anderen verhindern nur durch Sperren mit dem Körper, dass das Paar zusammenfindet. Welches Paar findet sich am schnellsten?

Variante:
Die Feldspieler laufen erst zu Spielbeginn auf das Feld.

A gegen B und C verhindert

Spieler A versucht B zu fangen. Spieler C verhindert dies, indem er seinen Körper zwischen A und B stellt. Ein Rollentausch erfolgt nach festgelegter Zeit.

Tigerball
Der Ball wird von 3 Spielern einander so zugespielt, dass es dem „Tiger"
nicht gelingt, in Ballbesitz zu kommen. Die Außenspieler des Dreieckes stehen dabei auf festen Positionen. Wer durch einen Fehler den Ballbesitz verliert, wird selbst „Tiger".

Varianten:
● verschiedene Zuspielarten: indirekt, rollen, mit Hand und Fuß
● kleiner Bewegungsraum zwischen 2 Markierungen für die Eckspieler
● vergrößerte Spielerzahl bei Überzahl der Eckspieler (4 gegen 2, 5 gegen 3)

Burgball (ab Klasse 3 bis 4)
Die 5 bis 6 Spieler in einem Innenstirnkreis spielen sich einen Ball so zu,
dass sich eine günstige Gelegenheit ergibt, die in der Kreismitte aufgebau-
te „Burg" (Markierungskegel, Pappkartons, o. Ä.) umzuwerfen. Ein „Burg-
wächter" versucht, dies zu verhindern. Trifft ein Spieler, so tauscht er mit
dem Kreisspieler die Position.

Parteiball (ab Klasse 3 bis 4)
Die Spieler der einen Mannschaft versuchen, in einem Spielfeld sich den
Ball möglichst oft zuzuspielen, ohne dass die gegnerische Mannschaft in
Ballbesitz gelangt. Jedes Zuspiel in den eigenen Reihen wird laut gezählt.
    Berührt ein Spieler der Gegenmannschaft den Ball, so gelangt sie in Ball-
besitz und versucht ihrerseits, sich den Ball möglichst lange zuzuspielen.
    Welche Mannschaft erreicht die meisten Zuspiele?

Varianten:
● „Fünfer-Ball": nach 5 erfolgreichen Zuspielen erhält die Mannschaft ei-
  nen Punkt und der Gegner setzt das Spiel fort.
● Veränderung der Spielerzahlen (3 gegen 3, 4 gegen 4, 5 gegen 5)

- Veränderung der Spielfeldgröße
- zunächst ohne Schritt- und Dribbelfehler spielen
- nur direkt gefangene Bälle zählen
- mit unterschiedlichen Bällen und Wurfgeräten werfen (Tennisringe, Schaumstoffwürfel, Säckchen)
- „Nichtangriffspakt": Der ballbesitzende Spieler wird nicht angegriffen.
- „Überzahlspiel" durch Einsatz von „Neutralen": 1 oder 2 Schüler spielen für die jeweils ballbesitzende Mannschaft.

Parteiball mit Zielhandlung (ab Klasse 3 bis 4)
Zwei Mannschaften versuchen sich einen Ball so zuzuspielen, dass sich die Gelegenheit ergibt, eine bestimmte Zielhandlung auszuführen. Die andere Mannschaft versucht, das zu verhindern. Gewertet werden nur die erfolgreichen Zielhandlungen, z. B.:

- Zielzone
  Ziel ist ein erfolgreiches Anspiel eines eigenen Spielers in der gegnerischen Zielzone.
- Ablegeball
  Der Ball muss auf einer der beiden gegnerischen Zielmatten (in Eimer, Pappkartons o. Ä.) abgelegt werden.
- Eimer-Basketball
  Je ein Schüler jeder Mannschaft mit Eimer, Karton o. Ä. bewegt sich auf der Grundlinie und fängt den Ball im Eimer auf.
- Rollball
  Der Ball wird durch ein offenes Tor hindurchgerollt und muss danach von einem Mitspieler gestoppt werden.
- Turmball
  Ziel ist ein erfolgreiches Anspiel eines auf dem Sprunghocker stehenden Mitspielers.

3.4 Gehen, Laufen, Hüpfen, Springen, Rollen rhythmisch üben

Gehen, Laufen, Hüpfen, Springen und Rollen gehören zu den elementaren motorischen Fertigkeiten, die bereits im Vorschulalter erlernt werden. Aufgabe (besonders in den Anfangsklassen) ist es, diese Fertigkeiten in vielfältigen Formen zu üben. Dabei kann die Vielfalt auch durch verschiedene Ziele angestrebt werden. Während im Abschnitt 3.2 unter eher leichtathletischen Gesichtspunkten das schnelle und ausdauernde Laufen sowie das Springen in die Weite und Höhe im Zentrum standen, betrachten wir nun vor allem die rhythmische Ausführung sowie Formen, die auf das Erlernen erster gymnastischer und tänzerischer Fertigkeiten in den Klassen 3 bis 4 zielen (s. Abschnitt 3.5). Zielstellung ist, das Gehen, Laufen, Hüpfen, Springen und Rollen an einen vorgegebenen Rhythmus anzupassen. Dies kann durch folgende Maßnahmen unterstützt werden:

● Bewegungen rhythmisch an Klanginstrumente anpassen
  – Stimme (rhythmische Zählweise, rhythmisch gesprochene Wörter)
  – Hände (klatschen, patschen, schnipsen, trommeln, reiben)
  – Füße (stampfen, trippeln, tippen, schleifen, wippen)
  – Rhythmusinstrumente, z. B. Tamburin, Schellentrommel, Triangel, Rasseln, Schellenstab oder Schellenkranz

Schellenstab   *Schellenkranz*

  – selbstgebastelte Instrumente (Schlaghölzer aus Kochlöffel, Rasseln aus gefüllten Dosen, Klappern und Kastagnetten aus Nüssen, Kochlöffel u. a.)
  – Spielzeuginstrumente (Melodika, Kindertrommel)
  – Gegenstände (Büchsen, Töpfe u. a.)
● Bewegungen anpassen an Partner oder Gruppe (Gruppenrhythmus)
● Bewegungen anpassen an rhythmische Gerätebahnen

- Wiedergabe von Rhythmen (Grundrhythmen im $^2/_4$-, $^3/_4$- oder $^4/_4$-Takt), wechselnde Rhythmen, Akzentuierungen) in akustischer (Vor- und Nachschlagen, Mitschlagen, Hören und Nachschlagen), motorischer oder kombinierter Form (gehen, laufen usw. und gleichzeitig klatschen)

Neben dem sich ergebenden breiten Spektrum an Variationsmöglichkeiten wird Vielfalt und gleichzeitig Offenheit durch kreatives Improvisieren mit elementaren motorischen Fertigkeiten erreicht, bei sehr differenzierten Lösungsmöglichkeiten.

- Das Kontrastieren von Bewegungen in Bezug auf Raum (vor- und rückwärts gehen), Zeit (schnell oder langsam laufen), Kraft (hoch und flach hüpfen) ebenso wie das Differenzieren (z. B. Bewegen nach unterschiedlichen Rhythmen) ermöglichen verschiedenartige Bewegungs- und Körpererfahrungen.

- Gehen, Laufen, Hüpfen, Springen in Gruppen, die mit einem Handgerät (Seil, Tau, Zauberschnur, Stab) verbunden sind, stellen fördernde Situationen für soziales Lernen dar, denn sie verlangen gegenseitiges Einfühlen und das Anpassen an einen Gruppenrhythmus. Der rhythmische Schwerpunkt bei elementaren motorischen Fertigkeiten trägt fachübergreifend zur ästhetischen Erziehung bei.

- Die Möglichkeiten des fächerverbindenden Unterrichtens, besonders mit dem Fach Musik, sollten unbedingt genutzt werden. So können im Musikunterricht gelernte Lieder oder gehörte Musikstücke (z. B. „Peter und der Wolf") im Sportunterricht durch weiträumige Bewegungen gestaltet werden. Im Musikunterricht kann man übliche Klanginstrumente übertragend einsetzen.

In diesem Abschnitt stellen wir für das rhythmische Gehen, Laufen, Hüpfen, Springen und Rollen (der Handgeräte) Variationen für die Bewegungsausführung a) und die Bedingungen b) vor (s. Einleitung zu Kapitel 3). Daran schließen wir das Miteinanderüben mit Kleingeräten sowie das Improvisieren an.

Variationsmöglichkeiten für das rhythmische Gehen, Laufen, Hüpfen, Springen, Rollen (der Handgeräte)

Gehen

a) ● nach gesungenen Liedern, mit unterschiedlicher Betonung
  ● kombiniert mit Wiedergabe durch Körperinstrumente (klatschen) oder selbstgebastelten Instrumenten
  ● vorwärts, rückwärts, seitwärts (auch über Kreuz)
  ● auf geraden oder gebogenen Raumwegen
  ● schnell oder langsam
  ● wie eine „Maus" trippeln, wie ein „Elefant" stampfen, laut und leise
  ● mit pendelnder Armbewegung, mit verschiedenen Armführungen
b) ● bei geschlossenen Augen mit Partnerunterstützung
  ● mit Drehungen
  ● bei Mitnahme von Handgeräten, z. B. einen Ball auf musikalische Akzente hochwerfen und fangen bzw. aufprellen
  ● auf Linien, einem Tau o. Ä.

Laufen

a) ● nach verschiedenen Rhythmen mit motorischer und akustischer Wiedergabe (Klanginstrumente)
  ● rhythmisch um oder über kleine Hindernisse
  ● vorwärts, rückwärts
  ● auf unterschiedlichen Raumwegen (Kurven, Kreise, Schlangen, Achten)
  ● schnell frei im Raum, ohne andere zu behindern
  ● leise laufen, raumgreifend laufen
  ● Arme im Seitstütz oder in Seithalte
  ● Wechsel Gehen – Laufen (bei unterschiedlichen Tempi)
b) ● mit Partner/Gruppe (Hand- oder Schulterfassung) im Gruppenrhythmus
  ● nach 3 Drehungen auf einer Linie laufen
  ● beim Laufen ein Seil überspringen, einen Reifen rollen
  ● durch das fremdgeschwungene Seil laufen

Hüpfen/Springen

a) ● bei veränderten Rhythmen, nach unterschiedlichen Klanginstrumenten oder Musik, mit Akzentuierung
  ● vorwärts, rückwärts, seitwärts
  ● auf unterschiedlichen Raumwegen, mit Richtungswechsel
  ● leicht – kraftvoll, hoch – tief, kontinuierlich – explosiv
  ● in Verbindung mit Gehen und Laufen

b) ● mit einem Partner in unterschiedlichen Fassungen (Schulter-, Hüftfassung, Kreuzfassung, eingehakte Fassung u. a.)

● über niedrige Geräte
● mit Drehungen
● mit unterschiedlicher Schwungbeinführung

Rollen

a) ● Rollen nach rhythmischen Vorgaben, bei Anpassung an einen Partner
● vorwärts, nach links bzw. rechts seitwärts, im Kreis oder in Achten um den Körper (Ball)
● mit der rechten und der linken Hand
● Verbindung Rollen – Laufen (Gerät rollen – nachlaufen – überholen – aufnehmen), den rollenden Ball umlaufen oder überspringen, mit dem rollenden Gerät mitlaufen
● durch den rollenden Reifen hindurchschlüpfen

b) ● paarweise (bei veränderten Abständen)
● mit Ball, Reifen
● um kleine Hindernisse

Miteinander an Kleingeräten üben

Seilstern

Für die Herstellung eines Seilsternes können Springseile durch einen Tennisring durchgezogen oder an diesem festgebunden werden (größerer Durchmesser). An einem Stern sollten nicht mehr als 8 bis 10 Kinder üben und die Seile immer gespannt bleiben.

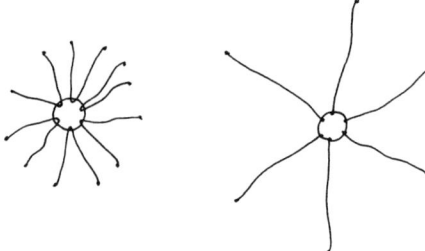

● Die Schüler fassen die Seilenden und laufen oder hüpfen nach Musik im Kreis.
● Jedes zweite Kind befindet sich im Schneidersitz und hält 2 Seile. Die anderen überspringen die flach gehaltenen Seile. Möglichst gleichmäßige Seilabstände erfordern eine Rhythmusanpassung.
● Wie oben, aber jeder sitzende Schüler hält mit der linken Hand das eine Seil flach, mit der rechten das zweite hoch, so dass jeweils ein Seil übersprungen und das zweite unterwunden werden muss.

Ziehtau

Das Tau befindet sich am Boden (muss nicht gerade liegen):

● um das Tau laufen, hüpfen, springen; dabei im Rhythmus klatschen oder schnipsen
● wie oben paarweise oder gruppenweise mit Hand- oder Schulterfassung
● andere Fortbewegungsarten anwenden, z. B. Vierfüßlergang (vor-, rück-, seitwärts neben, über dem Tau), „Froschhüpfen"
● auf dem Tau nach unterschiedlichen Rhythmen gehen
● über das Tau springen (vorwärts, rückwärts, seitwärts, mit und ohne Zwischensprung, auch mit halber Drehung, mit Einbeinsprüngen oder Schlusssprüngen, mit Kreuzen der Füße, mit Anhocken und Grätschen der Beine), dazu klatscht oder schnipst die eine Hälfte der Klasse den Rhythmus
● über das Tau springen und sich dabei vorwärts bewegen (Formen s. o.)
● in der Taugasse springen

- Anzahl der Bodenkontakte auf jeder Tauseite vorgeben
- am Tau entlanglaufen, hüpfen, springen mit Rhythmusvorgabe:

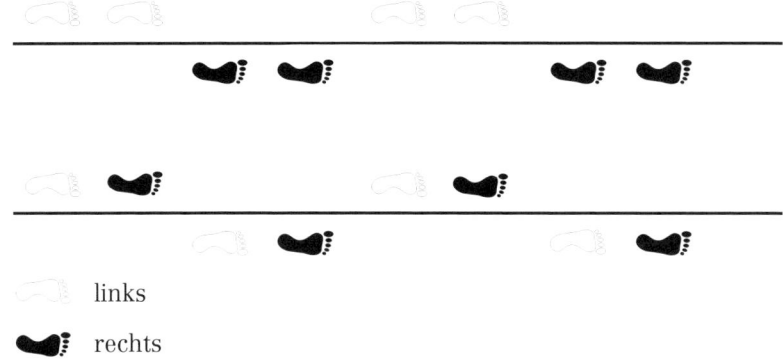

links

rechts

Zauberschnur, Rundseil

Die Zauberschnur ist ein zusammengeknotetes Gummiband. Die straff gespannte Schnur darf man nicht plötzlich loslassen. Für ein Rundseil können mehrere Springseile zusammengeknüpft werden.

Alle Schüler stehen im Innenstirnkreis und halten mit beiden Händen die Zauberschnur oder das Rundseil. Sie bemühen sich, bei den nachfolgenden Übungen einen Gruppenrhythmus zu finden:

- gemeinsam in den Schneidersitz gehen und wieder aufstehen
- aus der Hocke langsam zum Ballenstand wachsen und wieder ganz klein werden
- das Gerät übersteigen
- die Schnur/das Seil überspringen (jeder zweite Schüler hält das Gerät, wobei die Höhe verändert werden kann)
- mit dem Gerät hüpfen (Nachstellsprungschritte seitwärts) und springen (Einbeinsprünge, Schluss-Sprünge)

Im Flankenkreis fassen alle Schüler die Zauberschnur oder das Rundseil mit der linken oder der rechten Hand:

- laufen in eine Richtung bei straff gespannter Schnur/Seil (Hand- und Richtungsänderung, Tempowechsel nach Rhythmusvorgabe oder nach einem Lied, z. B. von der Eisenbahn)
- Heben und Senken des Gerätes im gleichmäßigen Tempo
- Hüpfen mit dem Gerät nach Rhythmusvorgabe

Improvisieren nach Sprechrhythmen

● Text sprechen und klatschen oder schnipsen
● sich dazu am Ort bewegen
● sich im Raum bewegen

„Ri, ra, rutsch" (Klasse 1 bis 2)

Ri, ra, rutsch,	paarweise im Sprechrhythmus sich
wir fahren mit der Kutsch,	vorwärts bewegen (gehen, hüpfen)
wir fahren mit der Schneckenpost,	
wo es keinen Kreuzer kost,	
ri, ra, rutsch	ohne die Hände zu lösen, sich dre-
(überliefert)	hen und in die entgegengesetzte
	Richtung bewegen

„Haltet an!" (Klasse 1 bis 2)

Gehen, gehen, vorwärts gehen,	auf beliebigen Raumwegen vor-
jeder geht, so gut er kann.	wärts gehen, ohne anzustoßen
Gehen, gehen, rückwärts gehen	s. o. rückwärts gehen
und jetzt haltet an!	ohne zu wackeln stehen bleiben

Rap (Klasse 3 bis 4)

Schritt, Schritt, Schritt und Schritt	erst den Rap (Sprechgesang) auf-
uns're Klasse, die macht mit ...	nehmen
	dann klatschen und schnipsen
	anschließend mit Bewegung ver-
(Schüler setzen den Rap selbst fort)	binden

Weitere Sprechrhythmen sind zu finden auf der Kassette: Gesundheitserziehung in der Schule durch Sport (AOK):

● Jacob hat kein Brot im Haus
● Petersilion, Suppenkraut
● Die ganze Reihe hüpft
   u. a.

Improvisieren nach Bewegungsliedern

Verhexte Samba

Einstimmung:
Auf Sambarhythmus improvisieren die Schüler Schritte. Anschließend sollen sie alle Körperteile mit einbeziehen.

Improvisationsaufgabe:
Die kleine Hexe Schnackeldorn wohnt in Gruselanien. Sie ist nicht nur sehr nett, sondern auch musikalisch. Besonders gern tanzt sie Samba, weil man dazu alle Körperteile (Hände, Arme, Füße, Po, Bauch und Kopf) bewegen kann. Oft hat sie viele Gäste, die mit ihr zusammen Samba tanzen:

- den Hexengroßvater Kuno mit seinem steifen Kreuz
- das Gummimännchen Balduin
- den Ritter Rissel von Rasselbruch in seiner rostigen Rüstung
- einen tanzenden Teddy
- und einen Roboter

(stark gekürzt nach PÜSCHEL 1995)

Die Kinder tanzen entsprechend den genannten Figuren.

Wen könnt ihr noch als Gäste entdecken?

Abschluss:
Improvisieren des Bewegungsliedes „Verhexte Samba" (Text und Musik in: PÜSCHEL 1995)

Zum Improvisieren eignen sich auch die Bewegungslieder und Bewegungsmusiken zum Gehen, Laufen und Hüpfen der Kassette „Gesundheitserziehung in der Schule durch Sport" (AOK) sowie Bewegungslieder von DETLEF JÖCKER, FREDRIK VAHLE, WOLFGANG HERING u. a.

Improvisieren nach Musik
Peter und der Wolf (Klasse 3 bis 4)
Einstimmung:
Anknüpfen an den Musikunterricht
Wer spielt alles mit?

Improvisationsaufgabe:
Die Schüler hören sich den Beginn der Musik an und versuchen gleichzeitig
die Menschen und Tiere entsprechend der musikalischen Aussage darzu-
stellen.

Versucht für die einzelnen Personen und Tiere typische Fortbewegungen zu
finden! Verwendet dazu Gehschritte, Hüpfformen, Sprünge.

Peter	Streich-instrumente	sehr lebhafte Musik	lustig hüpfen
Großvater	Fagott	dumpfe Stampfmusik	stampfen
Vogel	Flöte	fröhliches „Vogelzwitschern"	hüpfen und mit den Armen flattern
Ente	Oboe	ruhige, gesetzte Musik	watscheln
Katze	Klarinette	sanfte, schleichende Musik	schleichen
Jäger	Bläser	schreitende Musik	schreiten
Gewehrschüsse	Pauke	lauter Knall	springen
Wolf	Hörner	unheilvolle, unheimliche, laute Musik	durch den Wald streichen

● Verständigung über typische Bewegungen
● Wiederholung der Improvisationsaufgabe
● Spiel mit verteilten Rollen

Abschluss:
Präsentation

Variation:
Gestaltung des gesamten Stückes (als Projekt) und Präsentation, z. B. zum
Elternabend, Jahresabschluss, Tag der offenen Tür

Beispiele für weitere Musikstücke:
Vivaldi: Die vier Jahreszeiten   Bizet: Kinderspiele
Strawinsky: Der Feuervogel   Tschaikowsky: Nussknackersuite

3.5 Sportmotorische Fertigkeiten üben

Der Schwerpunkt des Übens verlagert sich vom vielfältigen Festigen und Anwenden elementarer motorischer Fertigkeiten in den ersten beiden Klassen zunehmend auf sportmotorische Fertigkeiten. Nach Vorbereitung in Klasse 3 sollten am Ende der Grundschulzeit in Klasse 4 auch erste sportmotorische Fertigkeiten angeeignet werden. Dabei stehen folgende Fertigkeiten im Mittelpunkt:

- Schlagwurf
- Anlauf-Absprung-Koordination
- Fertigkeiten im Umgang mit dem Ball
- Turnfertigkeiten am Boden sowie Gerätsprünge
- einfache Fertigkeiten mit Handgeräten und
- eine Schwimmart

(s. auch nachfolgende Übersichten; vgl. MÜLLER 2000, 294–303)

Motorisches Lernen vollzieht sich ebenso wie kognitives Lernen über die didaktischen Funktionen Vorbereitung, Erarbeitung und Festigung.

Vorbereitung

Die Vorbereitung trägt komplexen Charakter und erfolgt vorrangig durch variiertes Üben. Schwerpunkte sind dabei die Sensibilisierung der Wahrnehmungsfähigkeit, die Bereicherung motorischer Erfahrungen sowie die Schaffung konditioneller und koordinativer Leistungsvoraussetzungen.

Erarbeitung

Bei der Erarbeitung sportmotorischer Fertigkeiten müssen motorische Rahmenprogramme erworben werden. Dies geschieht unter konstanten Bedingungen bei geringer Intensität (standardisiertes Üben). Die ganzheitliche Vermittlung sollte bei der Erarbeitung den Vorrang haben. Bei Überforderungen können individuelle Erleichterungen geschaffen werden durch:

- die anfängliche Verkürzung der Programmlänge, z. B. Schlagwurf aus der Wurfauslage, Erlernen des Kopfstandes zuerst nur gehockt
- Ausführungshilfen für strukturelle Bewegungsmerkmale, z. B. bewegungsführende Hilfe beim Schwingen in den Handstand, das Fangen von leichteren und größeren Bällen
- die Vereinfachung von Parametern (Raum, Zeit, Kraft), z. B. Rolle rückwärts auf schiefen Ebenen, Weitsprung von erhöhter Absprungstelle
- die Zerlegung der Bewegung in Teilbewegungen (vgl. ROTH 1993, 31–37)

In den folgenden Beispielen sind mögliche Erleichterungen in der Spalte „Erarbeitung" zu finden. Betont werden muss aber, dass es sich um individuelle Erleichterungen für Kinder handelt, die Probleme beim Aufbau neuer Lernmuster haben, und nicht um eine „Pflichtabfolge" für alle Schüler.

Festigung
Nachdem die Schüler motorische Rahmenprogramme durch standardisiertes Üben erworben haben, sollte unmittelbar die flexible Ausbildung dieser Grundmuster folgen (variables Üben). Nach mehreren Durchgängen (bei mittlerer Intensität) lassen sich die Ausführung einer Bewegung sowie die Bedingungen verändern (Beispiele s. S. 93 ff., Spalte Festigung).

Weitere Hinweise
Üben ist auf Leistungssteigerung gerichtet. Deshalb darf es nicht zum „Üben von Fehlern" kommen. Bei der Einführung von neuen Fertigkeiten ist dies besonders wichtig, da die Qualität der Erstaneignung zur bestimmenden Größe wird. Eine wesentliche Rolle in diesem Prozess spielt die Eigen- und Fremdkorrektur. Der untere Teil der Übersichten gibt mit Merkmalen des Bewegungsablaufes, typischen Fehlern und deren Korrekturmöglichkeiten eine Unterstützung für die Bewegungskorrektur.

Der Schwerpunkt der einzelnen Übersichten liegt auf den methodischen Möglichkeiten zur Vermittlung der Fertigkeit. Diese müssen durch die Verbindung mit dem Arrangieren und Ausgestalten von Handlungssituationen ihre pädagogische Anreicherung erfahren:

- Öffnung des Unterrichts durch das Turnen auf Spielplätzen und anderen Lernorten im Freien
- differenziertes Üben durch individuelle Lernhilfen und Korrekturhinweise unterstützen
- soziale Situationen schaffen durch Synchronturnen und gemeinsames Üben von Tänzen sowie durch gegenseitiges Beobachten, Helfen und Sichern
- Bewegungs- und Körpererfahrungen (auch in ungewöhnlichen Lagen) sammeln und bewusst in den motorischen Lernprozess einbeziehen (s. Übersichten)
- ästhetische Akzente setzen durch das gemeinsame Gestalten von Turnübungen und Tänzen
- Kenntnisse zu Merkmalen des Bewegungsablaufes vermitteln sowie Erkenntnisse zum Könnensfortschritt durch kontinuierliches Üben mittels Arbeitsblätter (s. S. 203 ff.)

Rolle vorwärts

Vorbereitung
- Rückenschaukel

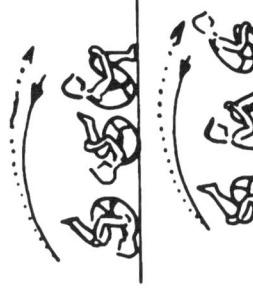

Merkmale des Bewegungsablaufes
- Hände schulterbreit aufsetzen*, Fingerspitzen zeigen nach vorn*
- Abdruck der Beine, Körpergewicht auf die Hände verlagern, Kopf maximal zur Brust geneigt*, runder Rücken*
- Nacken setzt zuerst auf
- gerade Rollbewegung*
- optimales Anhocken der Beine
- in den Hockstand ohne Nachstützen* (Vorverlagerung der Schultern)

* Dieses Merkmal sollten Schüler nennen können.

Erarbeitung
- auf schiefer Ebene, von einer Erhöhung
- Rolle vorwärts aus dem Hockstand in den Hockstand

Typische Fehler
- Hände zu breit oder verdreht
- ungenügende Krümmung des Rückens, Gesäß nicht angehoben
- Kopf setzt zuerst auf
- schiefe Rollbewegung
- Beine zu wenig angehockt
- Aufgeben der Hockstellung
- Aufstehen mit Nachstützen

Festigung
- Ausgangsstellungen: Hockschritt-stand, Grätschstand, Liegestütz, Stand, Ausfallschritt, Schneidersitz, mit Angehen
- Endstellungen: Stand, Winkelsitz, Grätschsitz, Schneidersitz, Kniestand rechts/links, Schrittstellung
- 2 schnelle Rollen vorwärts hintereinander
- Rolle vorwärts synchron mit Partner (weitere Beispiele s. Arbeitsblatt „Ich kann Rollen vorwärts" S. 205)

Korrekturmöglichkeiten
- Hockstütz
- Rückenschaukel „rund wie ein Ball" kleines Plüschtier o. Ä. zwischen Kinn und Brust klemmen
- Rolle auf schiefer Ebene
- Rolle auf dem Kastendeckel
- „Knie zur Brust, Fersen ans Gesäß!", Schienbeine umfassen
- s. o.
- Hände dem gegenüberstehenden Partner reichen

Rolle rückwärts

Vorbereitung

● Rückenschaukel, Rolle vorwärts in Variationen
● Kraft: Liegestütz verkürzt mit Handschlag, „Froschhüpfen", Begrüßung (Handschütteln im Vierfüßlergang) u. Ä.

Merkmale des Bewegungsablaufes

● aus dem Hockstand rückwärts anfallen
● Kopf zur Brust
● Arme schnell nach hinten, Aufsetzen der Hände neben den Ohren*, Finger Richtung Schultern, Ellenbogen nach oben, Arme an den Kopf drücken*
● schwungvolles Rollen

● Druck der Hände auf den Boden
● Hockstand (auf den Füßen landen)*

* Dieses Merkmal sollten Schüler nennen können.

Erarbeitung

● auf der schiefen Ebene
● mit bewegungsführender Hilfe
● Rolle rückwärts aus dem Hockstand in den Hockstand

Typische Fehler

● Rücken nicht maximal gekrümmt

● Kopf nicht genügend nach vorn
● Hände werden zu langsam nach hinten geführt
● Finger zeigen nach außen

● Rückrollen abgebrochen, schief

● ungenügender Handabdruck
● Landung auf den Knien

Festigung

● Ausgangsstellungen: Hockstand, Stand, Winkelsitz, Schneidersitz,
● Endstellungen: Hockschrittstand, Stand, Kniestand, Kniewaage, Grätschstand, Liegestütz vorlings
● mehrere Rollen rückwärts hintereinander

● Rolle vorwärts. – Strecksprung – Rolle rückwärts. – Strecksprung mit $^{1}/_{2}$ Drehung – Rolle vorwärts
● Rollen synchron ausführen

Korrekturmöglichkeiten

● Rückenschaukel „rund wie ein Ball"

● Blickorientierung auf Oberschenkel aus dem Hocksitz oder -stand mehrfaches Rückrollen mit Aufsetzen der Hände („Arme am Kopf spüren")

● Schubhilfe an der Hüfte
● Rolle auf Kastendeckel
● akust. Unterstützung („Druck!"); „Wenn ich mich kräftig abdrücke, kann ich auf den Füßen landen."

Kopfstand gehockt

Vorbereitung
- Gleichgewichtsübungen, Einbeinstände
- Spannungsübungen „Pendel"
- Übungen Kopf unten – Beine oben
- Seitsturzhang rücklings gehockt an der Sprossenwand

Merkmale des Bewegungsablaufes
- Hände und Kopf bilden ein gleichschenkliges Dreieck
- Haaransatz setzt auf*, Beine strecken, Füße noch am Boden
- Anheben der gehockten Beine
- Gesäß (Körperschwerpunkt) über Stütz bringen
- sicheres Stehen im Kopfstand gehockt

* Dieses Merkmal sollten Schüler nennen können.

Erarbeitung
- Kniestand auf erhöhter Unterlage (z.B. Hochsprungmatte), Hände und Kopf auf dem Boden, Heben in den Kopfstand gehockt
- aus dem Hockstand Heben in den Kopfstand gehockt mit Hilfeleistung, Rückbewegung

Typische Fehler
- kein Dreieck, Hände nicht schulterbreit
- Kopf wird mit der Oberseite aufgesetzt oder mit der Stirn
- Beine zu früh und mit Abdruck gehoben
- Kopfstand nicht fixiert

Festigung
- Heben in den Kopfstand, Abrollen in den Hockstand
- Ausgangsstellungen stützen: Grätschstand, Liegestütz
- Endstellungen: Stand, Winkelsitz
- Synchronturnen (nebeneinander oder gegeneinander)
- Kopfstand mit Grätschen, Spreizen, Hocken der Beine

Helfen: Klammergriff am Oberschenkel oder Balancierhilfe

Korrekturmöglichkeiten
- Markierung auf Matte
- Kopfstellung korrigieren
- von erhöhter Unterlage üben
- durch leichte Gewichtsverlagerung die „Mitte" spüren

Schwingen in den Handstand (mit Hilfe)

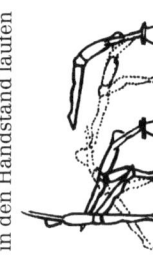

Vorbereitung
- Übungen mit Kopf nach unten
- Seitsturzhang gestreckt an der Sprossenwand
- Stützhüpfen
- mit den Füßen an der Sprossenwand in den Handstand laufen

Erarbeitung
- Arme in Hochhalte – Vortreten rechts/links, Setzen der Hände auf eine Bank mit Rückspreizen
- mit Abdruck und Landung auf Abdruckbein
- mit Schließen der Beine, Landung auf Abdruckbein
- Schwingen in den Handstand (Hilfe durch 2 Partner)

Festigung
- nur Balancierhilfe
- Handstand gegen die Wand (Sprossenwand, Hochsprungmatte)
- Handstand und Rolle vorwärts (Abrollen)
- s. o. Endstellung variieren (s. Rolle vorwärts)
- Helfen: Klammergriff am Oberschenkel oder Balancierhilfe

Korrekturmöglichkeiten
- Vorübungen an der Turnbank (s. o.)
- Markierung
- Übungen an der Turnbank (s. o.)
- Übungen an der Turnbank (s. o.)
- Blickorientierung auf die Hände
- Zughilfe, „Strecken!", Blickorientierung, Seitsturzhang gestreckt, kontrastieren

Merkmale des Bewegungsablaufes
- Schrittstellung, Arme in Hochhalte, Vorspreizen eines Beines
- Hände setzen schulterbreit* etwa 30 bis 40 cm vor den Füßen auf
- Arme gestreckt*
- hinteres Bein schwingt kräftig nach oben*, vorderes Bein drückt ab
- Kopf leicht im Nacken, Blick auf die Hände*
- in Standphase Körper und Arme gestreckt, Beine geschlossen, Bauch eingezogen

* Dieses Merkmal sollten Schüler nennen können.

Typische Fehler
- fehlende Auftaktbewegung
- Hände zu breit oder im falschen Abstand vom Körper
- Arme gebeugt
- Abdruck und Schwungbeineinsatz zu gering
- falsche Kopfhaltung
- ungenügendes Herausdrücken aus den Schultern, fehlende Körperspannung, Hohlkreuz

Rad (Handstütz-Überschlag seitwärts)

Vorbereitung

● Erfahrungen „Kopf unten – Füße oben"
● Schwingen zum Handstand
● Hockwenden an der Bank (Gesäß hoch)
● „Radeln" rechts und links (Füße nacheinander, zuerst flach, dann steiler)

Merkmale des Bewegungsablaufes

● Auftaktbewegung* (Vorspreizen eines Beines, Arme in Hochhalte)
● Rumpfsenken vorwärts mit ¼ Drehung
● Aufsetzen eines Beines und Rückschwung des anderen Beines
● Nacheinandervollzug: Fuß – Hand – Hand – Fuß*
● Blick zwischen die Hände*
● Schwingen durch den flüchtigen Handstand mit gegrätschten Beinen
● Armabdruck*: schnelles Aufrichten
* Dieses Merkmal sollten Schüler nennen können.

Erarbeitung

● Wendeschwung aus Schrittstellung mit Schwungbeinlandung (beidseitig)
● s. o. betonter Abdruck Standbein, kräftiger Einsatz des Schwungbeins, Auftaktbewegung
● Nacheinandervollzug (Zählen 1, 2)
● Rad

Typische Fehler

● fehlende Auftaktbewegung
● falsche Handstellung beim Aufsetzen
● fehlender Schwungbeineinsatz und Abdruck
● gleichzeitiges Aufsetzen
● falsche Kopfhaltung
● fehlende Hüftstreckung, Schließen der Beine, nicht geradlinig
● Umfallen nach Durchlaufen der Handstandphase

Festigung

● in Folge, beidseitig, synchron, in Übungsverbindung

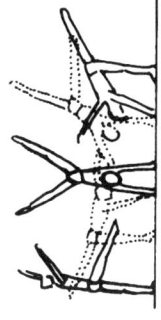

Korrekturmöglichkeiten

● Auftaktbewegung einzeln üben
● Markierung
● Vorübung an der Turnbank
● Markierung, leise mitsprechen (Fuß – Hand – Hand – Fuß) und nacheinander der Aufsetzen spüren
● Markierung, Vorübung an Turnbank
● Dreh-Schubhilfe
● „Arme und Beine sind Speichen"
● Gasse markieren, Blickorientierung
● „Wenn ich mich kräftig abdrücke, falle ich nicht um!"

Sprunggrätsche

Vorbereitung

- vielfältig beidbeinig auf- und niederspringen mit elastischer Landung
- Strecksprung mit Grätschen
- Grätschhüpfen an Turnbank
- Stützübungen

Einführung

- Sprunggrätsche über den Bock (seit)
- Einspringen vom Sprunghocker auf das Brett
- mit Anlauf und Einsprung von der Turnbank
- mit Anlauf

Festigung

- Sprunggrätsche über höheres Gerät
- Bock (lang)
- 1. und 2. Flugphase vergrößern (Brettabstand, Landezone, sind aber noch nicht Schwerpunkte)

Helfen: Helfer steht frontal vor dem Gerät, Klammergriff an beiden Oberarmen, „Mitgehen"

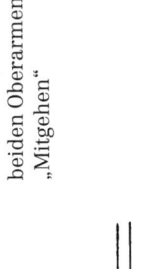

Merkmale des Bewegungsablaufes

- Anlauf: Steigerungslauf*
- Absprung: letzter Schritt vor dem Brett, beidbeiniger, kräftiger Absprung* vom Fußballen
- Stütz: sofort deutlicher Abdruck, schnelles Grätschen* beim Abdruck
- Landung: Fußballen, Abfangen, sicherer Stand*

* Dieses Merkmal sollten Schüler nennen können.

Typische Fehler

- zu langsam
- „Laufen" aufs Brett, einbeiniger Absprung, ganzer Fuß, nicht explosiv
- zu kleines, zu zeitiges Grätschen, Abdruck fehlt
- unelastische Landung, unsicherer Stand, kein Aufrichten

Korrekturmöglichkeiten

- Steigerungsläufe
- Einsprung vom Sprunghocker, „Stell dir vor, das Brett wäre sehr heiß!"
- Abgrätschen vom Hockstand (Kasten lang), „Je mehr ich mich abdrücke, desto weiter ist meine Landestelle."
- Niedersprünge, „Weich in den Knien abfedern!"

Turnen im Freien

Turnen ist nicht an Sporthallen gebunden. Schließlich standen ursprünglich die Turngeräte auch im Freien, z. B. auf den Turnplätzen in der Berliner Hasenheide oder in Schnepfenthal. Andere Plätze zum Turnen aufzusuchen ermöglicht eine Öffnung des Unterrichts, durch veränderte Bedingungen eine Erweiterung der Bewegungs- und Körpererfahrungen sowie Anregungen für die Freizeit. Geeignet erscheinen je nach örtlichen Bedingungen der Pausenhof, der Hortspielplatz, Spielplätze in der Schulumgebung, das Freibad, der nahe liegende Strand, der Wald u. a. Der Hin- und Rückweg könnte gleichzeitig als Dauerlaufstrecke genutzt werden. Die Geräte auf Spielplätzen eignen sich neben dem Üben von Turnfertigkeiten natürlich auch für das Erkunden und Üben elementarer turnerischer Fertigkeiten.

Ideen für das Üben von Turnfertigkeiten im Freien

Wiese, Sand:
- Rollen, Handstand, Rad
- Schrittarten (z. B. Nachstell-, Wechselschritte), Einbeinstände
- einfache Formen der Partnerakrobatik und von Pyramiden

Kleinreckreihe:
- Überdrehen
- aus dem Sitz Knie-Abschwung rückwärts (mit beiden Beinen) in den Kniehang/Sturzhang
- Schwingen im Kniehang mit beiden Beinen
- s. o. mit Abgang durch den Handstand
- Sprung in den Stütz, Vor- und Rückspreizen eines Beines
- Schwingen im Knieliegehang
- Knie-Ab- und Knie-Aufschwung
- Knie-Umschwung (auch mehrmals)
- Hüft-Abschwung, evtl. Hüft-Aufschwung

Balken, Baumstämme u. Ä.:
- Gehschritte, Laufschritte, Schöpfschritte, Tippschritte, Nachstellschritte vorwärts und seitwärts
- Einbeinstände, $1/2$ Drehungen

„Lebender Bock":
- Sprunggrätsche über Partner

Spiegel- und Schattenturnen, Synchronturnen

Spiegelturnen

Je 2 Schüler stehen sich gegenüber. Einer macht einfache Übungen vor, der Partner ahmt diese als „Spiegel" nach. Aufgabenwechsel.

Schattenturnen

Je 2 Schüler stehen hintereinander. Der vordere Schüler führt turnerische Bewegungen aus. Der Hintermann folgt ihm als „Schatten". Aufgabenwechsel.

Synchronturnen

Soziale Situationen werden angeregt und gefördert, wenn Paare (evtl. auch Dreiergruppen) Turnfertigkeiten nebeneinander oder gegenüber synchron üben.

Synchronturnen in der Bankgasse könnte wie folgt durchgeführt werden: Kleine, vor allem aus Schrittarten selbst zusammengestellte Übungen können auf 2 oder 3 Bänken oder Schwebekanten nebeneinander synchron ausgeführt werden. Mögliche Elemente: Gehschritte, Sprungschritte, Einbeinstände, $^1/_2$ Drehung, Schluss-Sprung

Weitere Varianten für das Synchronturnen:
- Synchronturnen am Boden
  Rolle vorwärts, $^1/_2$ Drehung, Rolle rückwärts, Gehschritte, Sprungschritte, Schluss-Sprung, Einbeinstände, Kopfstand/Handstand mit gegenseitiger Hilfe
- Synchronturnen am Reck
  Sprung in den Stütz, Hüft-Abzug, Überdrehen, synchrones Schwingen im Knieliegehang

(vgl. BRUCKMANN 1990)

Eine Gruppenübung gestalten

Die vorgeschlagenen Möglichkeiten zum Synchronturnen lassen sich auch in einer Gruppenübung anwenden (Vierer- oder Sechsergruppe). Dabei müssen nicht immer alle Elemente gleichzeitig ausgeführt werden, sondern können zeitlich versetzt geturnt werden. Auch besteht die Möglichkeit, sich gegenseitig zu halten, z. B. beim Handstand.

Gruppenübung am Bankkreuz

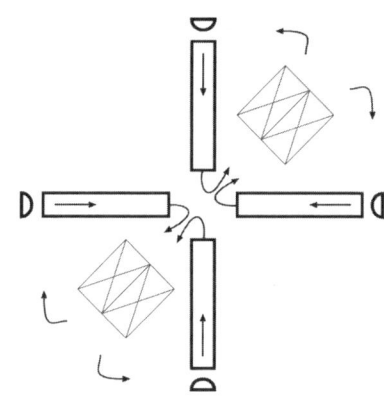

Zuerst turnt je Bank ein Schüler in Längsrichtung zur Mitte (Dreh-Sprunghocken, Auf- und Nieder-sprünge, Schrittarten: Nachstell-, Wechsel-, Geh-, Tippschritte). Dann bilden sie ab der Mitte mit dem rechts bzw. links stehenden Partner ein Paar und turnen auf den Bodenmatten gemeinsam nach außen (synchrone Rollen, Rad, Schrittarten usw.). Wird der Übungsablauf beherrscht, können die zur gleichen Zeit übenden Paare versuchen, gemeinsam synchron zu turnen.

Einfache Pyramiden gestalten

Einen Jahrmarkt gestalten

Durch das Lösen von Gestaltungsaufgaben und die Präsentation der Ergebnisse können die Schüler Selbstbestätigung und Bewegungsfreude erleben. Das folgende Beispiel zeigt die Verbindung von kontinuierlichem Üben und Bewegungsgestaltung ebenso auf wie die fließenden Übergänge zum Spielen.

Einstimmung und Vorbereitung: Bilder von einem Jahrmarkt
In Kleingruppen bauen die Schüler jeweils eine Attraktion des Jahrmarktes auf.

Experimentieren und Lösen der Gestaltungsaufgabe:
Versucht, den Jahrmarkt zum Leben zu erwecken!

Die einzelnen Gruppen suchen für ihre ausgewählten Attraktion typische kleine Kunststücke und üben diese. Beispiele könnten sein:

Attraktionen	Lösungsmöglichkeiten
Clowns	lustige Showeinlagen mit Rollen, „Zappelhandstand", Kopfstand mit Beinbewegung, Sprünge über einen Partner u. a.
Pyramidenbau	gemeinsam kleine Pyramiden bauen
Luftschaukel	an den Ringen schaukeln, im Kniehang am Reck schaukeln
Schießbude	Pyramiden aus Dosen oder Jogurtbecher mit Tennisbällen abwerfen
Karussell	auf einem Rollbrett, das durch ein Seil mit einer Recksäule o. Ä. verbunden ist, im Kreis fahren
Seiltänzer	auf einem Tau mit einem Regenschirm balancieren, Stände und Kunststücke ausführen
Jongleur	mit Tüchern, Bällen jonglieren, Teller drehen
Hula-Hoop-Tänzer	Kunststücke mit Reifen

Präsentation: Die Gruppen führen ihre kleinen Kunststücke vor. Anschließend wechseln die Schüler zu einer anderen Attraktivität. Ein Schüler der Gruppe bleibt als „Budenbesitzer" zurück (später wechseln) und hilft den anderen beim Üben der Bewegungskunststücke.

Gymnastische Schrittarten

Wenn Gehen, Laufen, Hüpfen als elementare motorische Fertigkeiten variationsreich geübt werden (s. Abschnitt 3.4), kann man davon ausgehen, dass eine ausreichende Vorbereitung gegeben ist. Dann sollten gymnastische Schrittarten vorrangig ganzheitlich erlernt werden. Den Schwerpunkt bildet die rhythmische Ausführung. Zunehmend kann an der Verbesserung der Bewegungsqualität gearbeitet werden.

Zu den gymnastischen Schrittarten zählen:

- Gehschritte
  Stampfschritte, Ballenschritte, Nachstellschritte vorwärts/seitwärts, Wechselschritte
- Laufschritte
- Sprungschritte (gesprungene Schritte = Hüpfen)
  Nachstellsprungschritte (-hüpfen) vorwärts, seitwärts, Wechselsprungschritte, auch mit Drehung (Polka), Sprungschritte mit Vorwinkeln

Merkmale des Bewegungsablaufes und Korrekturhinweise:

- rhythmische Ausführung
  Rhythmen mit Klanginstrumenten oder Musik vorgeben, Rhythmen mit Körperinstrumenten (klatschen, leise mitsprechen) wiedergeben, Kombination mit der Bewegung (s. Abschnitt 3.4)
- aufrechte und gespannte Körperhaltung
  Blickorientierung „Schaut auf ... die Fenster!", Arme im Hüftstütz, Spannungsübungen
- fließende Ausführung
  rhythmisch gehen, laufen, hüpfen (s. Abschnitt 3.4), „Fühle dich von einem Band gleichmäßig gezogen!"
- weiche, federnde Landung
  „Leise laufen/hüpfen!"
- Rumpf und Becken frontal bzw. seitlich (bei Nachstellschritten u. a.)
  Blickorientierung

Als Variationsmöglichkeiten bieten sich unterschiedliche Raumwege, wechselnde Rhythmen und viele andere Formen an, die im Abschnitt 3.4 beschrieben sind. Gymnastische Schrittarten sollten besonders in Tanzfolgen mit Partner und Gruppen geübt und später angewendet werden.

Miteinander tanzen

Tanzformen sollten einen festen Platz im Sportunterricht haben. Sie können die Bewegungslust der Kinder, ihre spontane Ausdrucksfähigkeit, das Sammeln von Erfahrungen mit Körperkontakten sowie die Freude an gemeinsamer Bewegungsausführung und Gestaltung unterstützen. Um diese Ziele zu erreichen, ist es wichtig, dass nicht komplizierte Schritttechniken und -folgen vermittelt werden. Die Schüler sollen sich stattdessen allein oder gemeinsam zur Musik bewegen und „tanzend tanzen lernen" (POLLÄHNE 1998, 24).

Dabei könnte folgendermaßen vorgegangen werden:

● Motivation durch Einstimmung auf den Tanz, das Land u. a.
● Musik hören und nach der Musik Bewegungen improvisieren
● Bewegungen einzelner Schüler als kleine „Bausteine" aufgreifen und gemeinsam nachgestalten (evtl. auch als kleine Folge); ergänzen durch Bewegungsabläufe, die erst geübt werden müssen
● mit diesen Elementen sowie eigenen Bewegungen paarweise, später auch gruppenweise variieren (Reihenfolge, Richtung, Partnerwechsel)
● als Paar oder Gruppe gemeinsam eine kleine Tanzfolge gestalten

Für das variierte Üben gymnastischer Schrittarten können u. a. folgende Singspiele und Tänze empfohlen werden:

Schrittarten	Singspiele/Tänze	
● Gehschritte	Polonaiseformen (s. S. 105) Tembel Cocuc (1) Hashual (2) Braek mixer (2) Eine lange Kinderschlange (3)	Omas Stricktanz (3) Indianer-Trommeltanz (4) Elefantentanz (4) Die superlange Riesenschlange (4)
● Laufschritte	Savilla Se Bela Loze (1) Spring-ins-Feld (2)	Troika (2)
● Nachstellsprungschritte, andere Hüpfformen	Der Sandmann ist da Polkaformen, z. B. Sternpolka (2)	Ku-tschi-tschi (2) La Raspa (3) Regentropfen hüpfen (3)

(1) Kassette: Gesundheitserziehung in der Schule durch Sport (AOK)
(2) Kassette: Tanzen in der Grundschule (GROSS-JÄGER)
(3) CD: Tanzen macht Spaß! (KRESS)
(4) CD: Kunterbunte Bewegungshits (HERING)

Polonaiseformen

zusammenschließen

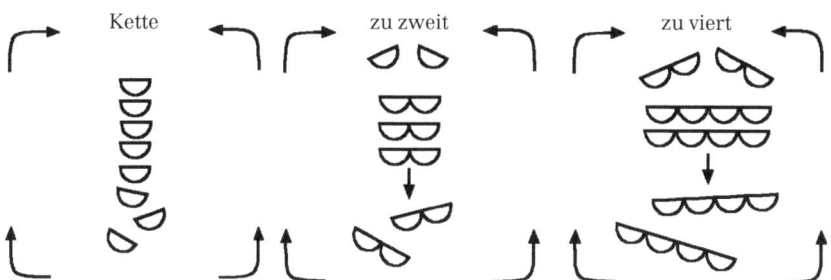

auflösen

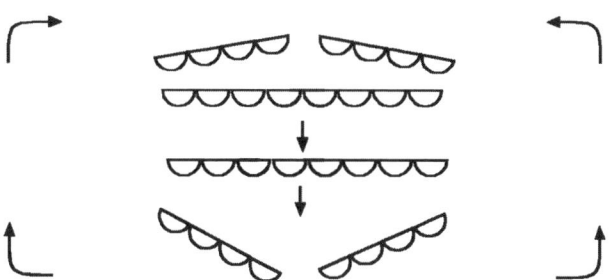

einschwenken

Tänze gemeinsam gestalten

Gestalten steht in einem engen Zusammenhang mit Improvisieren (s. Abschnitt 3.4), trägt aber keinen spontanen Charakter. Das Ergebnis einer Gestaltungsaufgabe ist ein festgelegter und wiederholbarer Bewegungsablauf, der geübt und präsentiert werden kann. Die Improvisation kann der Gestaltungsaufgabe vorausgehen und diese kann wiederum fließend zum Spielen überleiten.

Regenschirm-Tanz

Material:

Regenschirme bzw. Holz- oder Plastikstäbe, Rollen aus Zeitungspapier

Musik:

„Singing in the rain"

Einstimmung und Vorbereitung:

Mit unserem „Regenschirm" gehen wir durch eine Stadt, in der es geregnet hat und noch ein wenig nieselt. Hört euch erst einmal die Musik an!

Experimentieren und Lösen der Gestaltungsaufgabe:

● Tanzbewegungen finden, die zur Musik passen

● in Kleingruppen Bewegungsgestaltung entwickeln

● sich auf eine kleine Tanzfolge einigen (z. B. Gehschritte am Platz, in unterschiedliche Richtungen, über „Pfützen" springen, den Schirm öffnen und schließen, drehen, um ihn herumgehen)

● die Schritt- und Bewegungsfolge üben (evtl. noch verändern) und dabei die Bewegungsqualität ausformen

Präsentation:

gruppenweise den Tanz präsentieren

Afrikanischer Tanz
Material:
Klanginstrumente, evtl. selbstgebastelte Instrumente (Dosen u. a.)

Musik:
Afrikanischer Tanz

Einstimmung und Vorbereitung:
Wir wollen uns heute auf eine Reise zu den Stämmen der Eingeborenen nach Afrika begeben und mit ihnen tanzen. Welche tänzerischen Bewegungen passen zu der folgenden Musik?

Experimentieren und Lösen der Gestaltungsaufgabe:
- den Rhythmus aufnehmen und ihn durch Körperinstrumente (Klatschen, Patschen, Schnipsen u. a.) wiedergeben
- passende Körperbewegungen dazu finden
- die Rhythmen motorisch (Stampfschritte, Schritte in unterschiedliche Richtungen u. a.) und durch Klanginstrumente (Trommeln aus Dosen, Schlaghölzer aus Kochlöffel, Klatschen, Patschen, Stampfen u. a.) umsetzen
- eigene Ideen in die Gruppengestaltung einbringen
- Schritt- und Bewegungsfolge gemeinsam üben, dabei an der Übereinstimmung von Bewegung und Rhythmus arbeiten (evtl. tanzt die Hälfte der Klasse, der andere Teil unterstützt rhythmisch)

Präsentation:
Aufführung, z. B. zum „Tag der offenen Tür"

Schluss-Sprung mit Rückkreisdurchschlag (seilspringen vorwärts)

Vorbereitung
● Schluss-Sprünge (auch mit Bewegungsaufgaben)
● Schluss-Sprünge über das liegende und pendelnde Seil
● Spiel „Hüpfender Kreis"

Erarbeitung
● Federn oder Springen, dabei Seil neben Körper kreisen
● s. o. zu dritt/zu viert mit Seil zwischen den Partnern
● Schluss-Sprung mit Rückkreisdurchschlag

Festigung
● mit und ohne Zwischensprung
● mit Kreuzen und Seitschwingen der Arme
● mit Doppeldurchschlag
● zu zweit nebeneinander, vor- und hintereinander

Merkmale des Bewegungsablaufes
● Bewegung aus dem Handgelenk* bei richtiger Seillänge

Typische Fehler
● Schwungimpuls aus Schultergelenk

Korrekturmöglichkeiten
● Seil neben dem Körper kreisen, mit Federn und Springen verbinden (den Rhythmus spüren)

Seillänge Achselhöhe   *Hände kreisen*

● Koordination Seil-/Körperbewegung
● rhythmisches Federn, weiche Landung (abrollen)*

* Dieses Merkmal sollten Schüler nennen können

● schlechte Koordination
● unrhythmisches, hartes Springen, Landung auf ganzem Fuß

● sich selbst leise einen Rhythmus vorgeben
● „Spüre, dass zuerst die Fußballen den Boden berühren!"
● „leise" springen

Arbeitsblatt: Miteinander seilspringen

Sucht euch eine Möglichkeit des Seilspringens zu zweit aus und übt diese.

Wenn ihr diese schafft, wählt eine neue Übung aus.

Findet ihr noch andere Möglichkeiten, miteinander über das Seil zu springen?

Sportmotorische Fertigkeiten der Leichtathletik

Im Abschnitt 3.2 stehen Inhaltsempfehlungen für die vielseitige Gestaltung des Übens der elementaren Fertigkeiten Laufen, Springen und Werfen. Die nachfolgenden Übersichten konzentrieren sich auf sportmotorische Bewegungsabläufe, die bereits in den Klassen 3 bzw. 4 geübt werden sollten. Beschrieben werden Bewegungsmerkmale und methodische Schritte für den Schlagwurf aus dem 3-Schritt-Rhythmus, den Schersprung sowie den Weitsprung für folgende Fertigkeiten:

Übergreifend für diese drei Fertigkeiten ist zu beachten:

● Die benannten Merkmale des Bewegungsablaufes orientieren sich an Knotenpunkten der Bewegung, nicht an der perfekten Technik des Leistungssportlers. Ebenso sind die einzelnen Lernschritte keineswegs als dogmatisch zu handhabende Abfolge für alle Schüler zu verstehen.

● Auf Technikmerkmale zu achten verlangt vom Übenden, hierfür freie Aufmerksamkeitskapazitäten zu besitzen. Für Grundschüler ist dies ohne Variation der Bewegungsausführung oder der Übungsbedingungen jedoch kaum möglich. Werden solche Akzente des variierten Übens ausgewählt, ist zu sichern, dass dabei der Schwerpunkt auf dem genauen Vollzug der Bewegung liegen soll und nicht auf der Dynamik des Springens und Werfens (nicht alle Schüler, die „richtiger" werfen, werfen auch weiter).

● Das entscheidende Kriterium für die Berücksichtigung der aufgeführten methodischen Maßnahmen im Sportunterricht scheint zu sein, ob sich Hauptfehler entscheidend leistungsmindernd auf die messbaren Handlungsergebnisse der Schüler auswirken.

● Effektivität ist für die Organisation des Übungsablaufs wichtig. Nicht einzeln üben: nach Möglichkeit mehrere, auch alternative (s. Abschnitt 3.2) Sprunganlagen nutzen; Anlauf zur Weitsprunggrube eventuell von der breiteren Seite, damit drei Kinder gleichzeitig anlaufen können; Wurfübungen mit „ungefährlichen" Geräten auch in Gassenaufstellung. Nicht jedes Ergebnis genau messen: Zonenmarkierungen (Kegel, Seile u. Ä.) oder ein an der Seite ausgelegtes Bandmaß geben den Schülern im Übungsprozess eine ausreichende Orientierung über erreichte Weiten.

● Traditionell erfolgt das Üben leichtathletischer Fertigkeiten in den Sommermonaten und im Freien. Aber es ist nicht zwingend an jahreszeitliche oder organisatorische (Weitsprunganlage, Hochsprunganlage meist in der Halle) Bedingungen gebunden. Alternativen könnten sein: Nutzung von Lernorten in der freien Natur (s. auch Abschnitt 4.3), Hochsprung im Freien in die Weitsprunggrube, Weitsprung auf Weichbodenmatten in der Halle, Würfe mit Indiaca- oder Schweifball in der Sporthalle.

Schlagwurf aus dem 3-Schritt-Rhythmus

Vorbereitung
- Würfe aus verschiedenen Ausgangsstellungen und mit unterschiedlichen Wurfgeräten

Merkmale des Bewegungsablaufes
- Anlauf: Auftaktschritt, Wurfarm gestreckt in Verlängerung der Schulter
- Impulsschritt* (flach, weit, schnell), Oberkörper und Wurfarm bleiben zurück (Verwringung)
- Wurfauslage: Bogenspannung, Wurfarm lang*, Schrittstellung*, wurfarmseitiges Bein gebeugt, belastet zurückgestellt
- Abwurf: Nacheinander von Bein-, Hüft-, Rumpf- und Armstreckung (im Abwurf groß werden*), Ellenbogen eilt der Hand voraus
- Beine halten Bodenkontakt*
* Dieses Merkmal sollten Schüler nennen können.

Erarbeitung
- Schlagwurf frontal
- aus der Schrittstellung
- aus der Wurfauslage
- aus dem 3-Schritt-Rhythmus

Typische Fehler
- Schulterachse quer zur Wurfrichtung
- zu kurz, nicht betont
- Wurfarm gebeugt
- wurfarmseitiges Bein vorn
- Oberkörper knickt ab
- Wurfarm wird seitlich am Körper vorbeigeführt
- hinteres Bein verliert zu zeitig Bodenkontakt

Festigung
- Schlagwürfe auf Ziele
- Hoch-, Hochweit-Werfen
- Schlagwurf mit unterschiedlichen Wurfgeräten (Stöcke, unterschiedliche Bälle, Indiaca-Bälle)

Korrekturmöglichkeiten
- „Wurfarmschulter nach hinten!"
- Impulsschritt über eine Gasse
- Anlaufrhythmus mitsprechen
- „Wurfgerät von weit hinten holen!"
- Schlagwürfe aus Schrittstellung
- höhenorientierte Würfe:
  „Nach Abwurf groß werden!"
- Partnerübung mit Ball an einem Gummiseil
- „Nach Abwurf Zehenstand!"
- hintere Fußspitze zieht eine Linie

Weitsprung

Vorbereitung

- vielfältiges einbeiniges Springen
- Spielformen (Hüpfspiele u. a.)
- Sprunglauf
- Absprungbein ermitteln

Erarbeitung

- Sprünge von erhöhter Absprungstelle (Sprungbrett, Kastendeckel)
- mit verkürztem Anlauf aus Absprungzone (40 bis 60 cm)

Festigung

- Sprünge über unterschiedliche Hindernisse (Gummiseil, Latte, Sandwall, Pappkarton)
- Sprünge in Weitenzonen

Merkmale des Bewegungsablaufes

- Anlauf: Steigerungslauf*
- Absprung: aus Absprungzone, aktive Streckung des Sprungbeins*, Oberkörper aufrecht, aktiver Schwungbein- und Armeinsatz*
- Landung: spätes Vorbringen des Sprungbeins zum Schwungbein, weiche Landung mit geschlossenen Beinen*

* Dieses Merkmal sollten Schüler nennen können.

Typische Fehler

- Abbremsen/Trippeln bei den letzten Schritten
- Absprungstelle nicht getroffen
- Oberkörpervorlage
- keine Sprungbeinstreckung
- aufrechte und zu steife Landung

Korrekturmöglichkeiten

- Anlauflänge verändern, Absprungstelle variieren
- Steigesprünge auf ein Hindernis
- „Groß werden, Becken nach vorn!"
- Weitenorientierung für die Fußlandung (Gummiband)
- Niedersprünge mit weichem Abfedern in den Knien

Schersprung

Vorbereitung
- vielfältiges einbeiniges Springen
- Ermitteln des Sprungbeines
- Spielformen, wie „Laufende Hochsprunganlage"
- Hocksprünge

Merkmale des Bewegungsablaufes
- Anlauf: rhythmischer, geradliniger Anlauf, fließender Übergang von Anlauf zu Absprung
- Absprung: Körperrücklage in der Absprungvorbereitung, aktive Absprungstreckung
- Steigephase: kraftvoller Einsatz von Schwungbein und Armen in Bewegungsrichtung, aufrechter Oberkörper
- Lattenüberquerung: Sprungbein leicht gebeugt
- Landung: auf dem Schwungbein

* Dieses Merkmal sollten Schüler nennen können.

Erarbeitung
- Schersprung (über Gummileine oder aufblasbare Hilfslatte)
- verkürzter Anlauf (3 bis 5 Schritte)

Typische Fehler
- letzter Schritt zu lang und zu langsam
- unvollkommene Körperstreckung
- Kopf im Nacken
- ungenügender Schwungbeineinsatz, unvollkommene Körperstreckung
- stark gebeugt
- Landung auf Gesäß

Festigung
- Verlängerung des Anlaufes
- Steigerung der Sprunghöhe

Korrekturmöglichkeiten
- Anlaufmarkierungen
- Höhenorientierung: schräges Gummiseil mit Kopf berühren
- Blickorientierung
- Höhenorientierer: schräges Gummiseil für Schwungbein
- Blickorientierung bei geringen Höhen
- niedrige Höhen: auf Markierung landen

3.6 Koordinative Fähigkeiten variiert schulen

Die in den Abschnitten 3.1 bis 3.5 beschriebenen motorischen Fertigkeiten erfordern für ihre erfolgreiche Aneignung ein gut ausgeprägtes motorisches Fähigkeitsniveau. Dazu zählen die konditionellen Fähigkeiten (s. Abschnitt 3.7) und die koordinativen Fähigkeiten. Das koordinative Fähigkeitsniveau ist u. a. die Basis für die Ausführung einer ganzen Reihe von Bewegungen (Gleichgewichtsfähigkeit ist z. B. Voraussetzung für unterschiedliche Fertigkeiten wie das Balancieren, Rad fahren, Steigen, Klettern). Zudem ist es grundlegend für ein disponibles Bewegungskönnen, die Bewegungssicherheit und beschleunigt das Lernen. Damit wird die Ausprägung koordinativer Fähigkeiten zum zentralen Ziel im Fähigkeitsbereich, zumal das Grundschulalter eine günstige Phase zu deren Schulung darstellt. Die guten neurophysiologischen Reifungsvoraussetzungen sowie der große Bewegungsdrang dieser Altersgruppe bilden erfolgversprechende Grundlagen, die aber durch gezieltes und variiertes Üben erst umfassend genutzt werden müssen. Die Methode des variierten Übens wird also nicht nur bei der Festigung von Fertigkeiten angewendet, sondern ebenfalls bei der Koordinationsschulung.

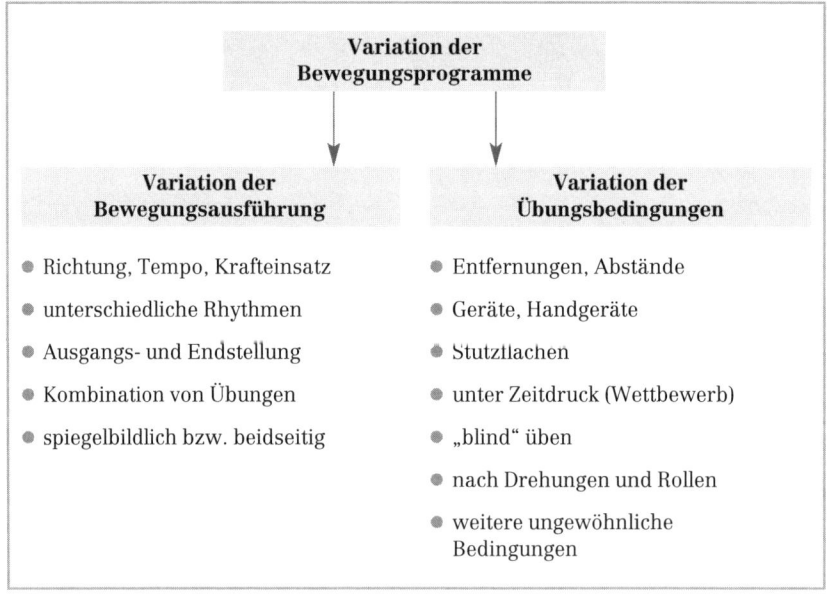

Variation der Bewegungsprogramme	
Variation der Bewegungsausführung	**Variation der Übungsbedingungen**
● Richtung, Tempo, Krafteinsatz	● Entfernungen, Abstände
● unterschiedliche Rhythmen	● Geräte, Handgeräte
● Ausgangs- und Endstellung	● Stutzflachen
● Kombination von Übungen	● unter Zeitdruck (Wettbewerb)
● spiegelbildlich bzw. beidseitig	● „blind" üben
	● nach Drehungen und Rollen
	● weitere ungewöhnliche Bedingungen

(nach HIRTZ 1985, 80)

Von diesen Grundlagen ausgehend werden im Folgenden Variationsmöglichkeiten für einzelne koordinative Fähigkeiten dargestellt. Wir orientieren uns an den fünf fundamentalen koordinativen Fähigkeiten nach HIRTZ (1985):

- komplexe Reaktionsfähigkeit (schnelle und zweckmäßige Einleitung und Ausführung kurzzeitiger Bewegungen auf ein Signal)
- kinästhetische Differenzierungsfähigkeit (Realisierung von genauen und ökonomischen Bewegungshandlungen)
- räumliche Orientierungsfähigkeit (Bestimmung und zieladäquate Veränderung der Lage und Bewegung des Körpers im Raum)
- Gleichgewichtsfähigkeit (Halten bzw. Wiederherstellen des Gleichgewichtes bei wechselnden Umwelteinflüssen, zweckmäßige Lösung motorischer Aufgaben auf kleiner Unterstützungsfläche oder bei labilen Gleichgewichtsverhältnissen)
- Rhythmusfähigkeit (Erfassen, Speichern und Darstellen von vorgegebenen zeitlich-dynamischen Gliederungen)

Koordinative Fähigkeiten sollten aber nicht nur einzeln variiert geübt werden, sondern vor allem auch in ihrer Komplexität, z. B. durch entsprechende Spielformen, Geschicklichkeitsparcours und mit kniffligen Übungen sowie kleinen Kunststücken (auch zu zweit).

Besondere Möglichkeiten für die pädagogische Gestaltung des Übungsprozesses ergeben sich bereits aus der Vielfalt der Variationsmöglichkeiten.

- Für die Schulung koordinativer Fähigkeiten bieten sich offene Unterrichtsformen, wie Bewegungsstationen, sowie Wahlmöglichkeiten an. Es können bei einer Reihe kniffliger Übungen und kleiner Kunststücke gemeinsam Lösungen gesucht werden.
- Leistungsmotivationsfördernd können sich Wahlversuchsanordnungen, die Bekanntgabe der Leistungserwartung sowie das Ermitteln von Leistungsfortschritt auswirken (z. B. beim Zielwerfen oder bei Drehungen auf der Turnbank). Durch entsprechende Impulse kann die Aufmerksamkeit auf Kontrasterfahrungen gelenkt werden.

Beispiele:

- *Wie ist dir zumute, wenn du beim Zielwerfen/Balancieren die Augen schließt?*
- *Was ist anders, wenn du vor dem Zielwerfen/Balancieren 3 Drehungen/Rollen ausführst?*
- *Welche Unterschiede empfindest du, wenn du beim Balancieren die Arme verschränkst oder in Hoch-, Tief- bzw. Seithalte nimmst?*

Übungen zur Ausprägung koordinativer Fähigkeiten

Variiertes Üben der Reaktionsfähigkeit

Variation der Bewegungsprogramme

Laufen, Hüpfen, Kriechen, Werfen, Fangen, Ziehen, Schieben u. a.

Variation der Bewegungsausführung

- Reaktions- und Ablaufübungen aus verschiedenen Ausgangsstellungen (Hockstand, Bauchlage, Liegestütz)

- Startübungen, verbunden mit unterschiedlichen Fortbewegungsarten

- Laufen mit schnellen Richtungswechseln nach Ansage

- Schattenlauf, Schattendribbling

- Komplexübungen (Ball hochwerfen und fangen, verbunden mit Drehungen, Klatschen, Setzen und Aufstehen)

Variation der Übungsbedingungen

- Startübungen nach unterschiedlichen Signalen (Pfiff, Klatschen, Arm heben, ohne Ankündigungskommando „Fertig")

- Variation der Bedingungen der Signalgebung (viel oder wenig Zeit nach Kommando „Fertig!")

- Laufen mit zusätzlicher Übungsausführung (z. B. nach Pfiff: $1/2$ Drehung, Hock- oder Kniestand, Sprünge)

- Spiele mit Zeitdruck: Haschespiele, Nummernwettläufe u. a.

- Hindernisläufe, Lauf- und Ballspiele im Freien, jeweils mit wechselnden Bedingungen

- Reagieren auf Gegenwirkung von Partnern („Ringender Kreis", „Tauziehen")

Variiertes Üben der kinästhetischen Differenzierungsfähigkeit

Variation der Bewegungsprogramme

Zuspielen, Zielwerfen mit verschiedenen Würfen (Schlagwurf, Druckwurf, indirektes Zuspiel, Einwurf), Zielspringen mit Schlusssprüngen oder Einbeinsprüngen, Prellen, Rollen, Laufen, An- und Entspannen u. a.

Variation der Bewegungsausführung

Variation der Übungsbedingungen

- Zuspielen/Zielwerfen (auch rückwärts) aus verschiedenen Ausgangsstellungen (Kniestand, Sitz u. a.)

- Zuspielen/Zielwerfen mit verschiedenen Geräten, aus unterschiedlichen Entfernungen, nach differenzierten Zielen, nach mehreren Drehungen oder Rollen

- Zielwerfen nach dem Laufen („Biathlon"), auch als Wettbewerb

- Zielspringen aus unterschiedlichen Höhen (auch rückwärts)

- Zielspringen in große/kleine Markierungen, in verschiedene Zonen, mit geschlossenen Augen, nach Drehungen oder von unterschiedlichen Unterlagen (Sprungbrett, Kasten, Matte)

- Prellen in vorgegebener Höhe (Hüft- oder Kniehöhe, flach), im Partner- oder Gruppenrhythmus, ein- und beidhändig

- Prellen mit unterschiedlich stark aufgepumpten Bällen, auf der Turnbank, auf dem Bodenfilz, indirektes Partnerzuspiel

- Ballrollen mit Hand oder Fuß, links oder rechts

- Rollen mit und nach verschiedenen Geräten, aus unterschiedlichen Abständen

- Tempowechselläufe, Zeitgenauigkeitsläufe

- Laufen auf unterschiedlichem Untergrund (Sand, Rasen, Laufbahn)

- Lauf- und Ballspiele im Freien

- An- und Entspannen unterschiedlicher Körperteile oder des ganzen Körpers

Variiertes Üben der räumlichen Orientierungsfähigkeit

Variation der Bewegungsprogramme

Laufen, Springen, Werfen, Dribbeln, Rollen, Drehen

Variation der Bewegungsausführung	Variation der Übungsbedingungen
• freies Laufen/Dribbeln im begrenzten Raum, ohne anzustoßen	• Anlaufen ausgelegter Zahlen und Buchstaben in Reihenfolge
• Fortbewegen mit Richtungsänderung, Springen über in unterschiedlichem Abstand befindliche rollende Handgeräte (Ball, Reifen) oder ihnen hinterherlaufen	• Platzwechselspiele • Über- oder Unterwinden von Geräten mit unterschiedlicher Höhe • Orientieren bei geschlossenen Augen nach Geräuschen
• Schattenlauf, Slalomlauf, Geländelauf, Hindernislauf	• Gehen mit geschlossenen Augen
• Zielwerfen beidseitig, rückwärts	• Zielen auf rollende Bälle
• Zielwerfen, Zielspringen in Zonen (auch rückwärts)	• Ballspiele mit mehreren Bällen, Haschespiele mit mehreren Fängern • Lauf- und Ballspiele im Freien
• Dribbeln mit Änderung der Bewegungsrichtung und Dribbelhöhe	• Dribbeln oder auch Zickzacklauf zwischen/auf den Hallenmarkierungen • Dribbeln mit Gegnereinwirkung
• mehrere Rollen hintereinander	• Hocksprünge über Gummiband mit Drehung oder in markierte Landezone
• Rollen bergab, bergauf	
• mehrere Drehungen, dann in einer festgelegten Stellung stehen bleiben	
• Spiegelbildturnen	

Variiertes Üben der Gleichgewichtsfähigkeit

Variation der Bewegungsprogramme

Einbeinstände, Gehen, Laufen, Hüpfen, Balancieren (auch von Geräten), Steigen, Klettern, Springen, Ziehen, Schieben u. a.

Variation der Bewegungsausführung

- Einbeinstände mit Armkreisen, Beinschwingen u. a. mit großen und kleinen Bewegungen

- Balancieren vorwärts, rückwärts, seitwärts

- schnelle oder langsame Bewegungsausführung

- synchrones Balancieren

- Verbinden von Balancieren mit Steigen, Hochwerfen/Fangen oder Prellen eines Balles, Handumdrehen eines Reifens, Armkreisen, Übersteigen von Hindernissen u. a.

- Stelzenlauf

- Springen mit Bewegungsaufgaben in der Flugphase (Klatschen, Drehen, Grätschen, Hocken u. a.) und sichere Landung

- Federn im Sitzen auf einem Sitzball mit veränderter Bewegungsausführung

- Variation von Ständen auf einem Sportkreisel

- Pedalo fahren vorwärts, rückwärts, um Hindernisse

Variation der Übungsbedingungen

- Einbeinstände mit geschlossenen Augen, nach Drehungen, auf unterschiedlichen Geräten, mit oder ohne Schuhe

- Balancieren auf Hallenmarkierungen, Langbank, Schwebekante, Sprunghockern, Schwebebalken, schräger Langbank, Bankwippe, Wackelbank (Bank auf Weichboden), Barrenholmen, Rollbank (Bank auf Stäben, 50 cm von Enden entfernt Matten zur Sicherung), Wackelfelder (Matten auf Bällen)

- Laufen über Geräte in Wettbewerbsform

- Balancieren unterschiedlicher Geräte (Zeitungsrolle, Tennisball, Stab)

- Gehen, Laufen nach mehreren Drehungen, mehreren Rollen

- Rollen auf Kastendeckel mit geschlossenen Augen

- Zieh- und Schiebekämpfe

- Gleichgewichtsspiele („Hahnenkampf", „Seilkreis", „Wackel nicht")

Variiertes Üben der Rhythmusfähigkeit

Variation der Bewegungsprogramme

Gehen, Laufen, Hüpfen, Prellen, Dribbeln, Werfen, Fangen nach vorgegebenen Rhythmen, Tanzen, Aerobicformen, akustische Wiedergabe von Rhythmen durch Klatschen, Schnipsen, Stampfen u. a.

Variation der Bewegungsausführung

- Laufen im Zweier-, Dreier-, Fünferrhythmus
- Anpassen der Bewegung an wechselnde Rhythmen
- Anpassen der Bewegung an einen Partner (z. B. Spiegelturnen)
- Einfügen in einen Gruppenrhythmus (Schwungtuch, Rope skipping)
- Ausführen gymnastischer Übungen oder Übungsfolgen nach gleichmäßigen und veränderten Zählzeiten
- akustische Wiedergabe von Anlaufrhythmen
- Übungen mit „Stören" des einzuhaltenden Rhythmus
- Rhythmusspiele

Variation der Übungsbedingungen

- Laufen, Springen, Dribbeln über/um rhythmische Gerätebahnen mit gleichen Abständen (Slalomlauf) oder mit rhythmisch wechselnden Abständen
- rhythmisches Schwingen unterschiedlicher Handgeräte (Ball, Seil, Stab u. a.)
- Bewegen nach unterschiedlichen Klanginstrumenten (Rahmentrommel, Triangel, weitere Orff'sche Instrumente)

Geschicklichkeitsparcours zur komplexen Koordinationsschulung
Unterschiedliche Stationen zur komplexen Koordinationsschulung werden in der Halle oder auch im Freien als Parcours aufgebaut. Von verschiedenen Ausgangspunkten beginnen Zweier- oder Dreiergruppen an den Stationen zu üben, entweder als Üben im Strom oder bei je 2 bis 3 Durchgängen pro Station. Dann wechseln sie selbstständig und ohne Zeitdruck im Uhrzeigersinn weiter. Beispiele:

- sich auf Turnbänken stehend einen Ball zuspielen (auch im Einbeinstand)
- Wackelbank überlaufen
- Zielwerfen in den Basketballkorb
- nach Keulen o. Ä. kegeln
- auf einer Slalomstrecke mit dem Rollbrett fahren
- Slalomstrecke mit Ballführung (Fuß/Hand) durchlaufen
- eine Turnbank 3-mal überspringen und durchkriechen
- einen Ball auf einem Schläger balancieren und damit durch ein Hindernis kriechen (z. B. Kastenteil)
- auf einem Hüpfball oder Pezziball um 2 Markierungskegel hüpfen
- mit Laufdosen (Blechdosen mit Stricken) um Hindernisse vorwärts und rückwärts gehen
- mit unterschiedlichen Bällen auf Ziele werfen (z. B. Pyramide aus Jogurtbechern)
- Zickzacklauf an Hallenmarkierungen
- Hindernisse umkreisen

Spiele zur komplexen Schulung koordinativer Fähigkeiten

Wenn man eine Reihe kleiner Spiele abwandelt, eignen sie sich zur komplexen Schulung der koordinativen Fähigkeiten.

Ballrauben

In den 4 Ecken zweier auseinander liegender Spielfelder befindet sich je ein Kastenteil mit 4 Bällen. Die Aufgaben bestehen darin, einmal die eigenen Bälle zu schützen, zum anderen, ohne abgeschlagen zu werden, bis zu einem gegnerischen Kastenteil vorzudringen und einen Ball zu rauben. Ist dies gelungen, darf außerhalb des Spielfeldes zurückgelaufen und der Ball in einem eigenen Kastenteil abgelegt werden. Wer auf seinem Raubzug abgeschlagen wird, muss in eine eigene Spielfeldecke und kann nur durch Berührung und den Ruf: „Erlöst!" befreit werden.

Wackel nicht!

Die Schüler laufen frei im Raum (auch auf Turnbänken, um kleine Hindernisse, in Verbindung mit Rollen auf Matten usw.). Bei Musikstopp müssen alle sofort stehen bleiben und eine vorgegebene Position einnehmen (Einbeinstand, Hockstand, Ballenstand, Standwaage usw.). Wer wackelt nicht?

Hindernishaschen

Auf dem Spielfeld sind unregelmäßig Kleingeräte verteilt. Neben dem normalen Abschlagen gilt auch der Spieler als gefangen, der ein Gerät berührt oder umwirft. Abgeschlagene Spieler erhalten einen Minuspunkt oder werden zum Fänger.

Schweinetreiben

Viele unterschiedliche Bälle liegen auf dem Boden verteilt und mittels Stäben werden die „Schweine" quer durch die Halle bzw. in Ställe (Reifen) getrieben.

Füße weg!

Etwa 3 Spieler fassen sich an den Händen und versuchen, sich gegenseitig auf die Füße zu treten und dadurch Pluspunkte zu sammeln.

Reifenwandern

Etwa 6 Mitspieler bilden einen Innenstirnkreis und hängen auf die gefassten Hände eines Paares einen Reifen. Sie versuchen, ohne die Hände zu lösen, durch den Reifen zu steigen und ihn damit zum Nachbarn wandern zu lassen.

Tuchball
Paarweise wird ein Ball mit Hilfe eines Tuches gegen eine Wand geworfen und wieder aufgefangen.

Umkehrstaffeln mit Hindernissen
Wenn man in Umkehrstaffeln Aufgaben einbaut, die koordinative Anforderungen stellen und variiert werden können, lassen sich die koordinativen Fähigkeiten auch durch das zusätzliche Üben unter Zeitdruck gut schulen.
Beispiele für koordinativ anspruchsvolle Aufgaben:

- kleine Hindernisse umlaufen, unterwinden, überwinden
- erst sich drehen/wälzen – dann über Turnbänke/Schwebekante balancieren
- einen Ball mitführen – am Umkehrpunkt in ein Kastenteil u. a. werfen, der nächste Spieler muss den Ball wiederholen
- über einen Sprunghocker/Turnbank/Kastenteil springen, dann durchkriechen, wieder überwinden
- aus unterschiedlichen Startstellungen beginnen
- Kleingeräte auf der Strecke balancieren (z. B. Tennisball auf Schläger)

Weitere Variationen von kleinen Spielen
Kleine Spiele können hinsichtlich der komplexen Koordinationsschulung vielfältig variiert werden. So lassen sich in Laufwege (z. B. beim Seitenwechsel) Zusatzaufgaben einbauen (Rollen, Drehungen, Gegenstände mitführen usw.). Bei geeigneten Spielen werden auch einmal die Augen geschlossen (beim Seitenwechsel einen Schuhkarton mit den Füßen vor sich herschieben) oder man kann mit mehreren Fängern oder Bällen spielen.

Arbeitsblatt I

Kleine Kunststücke zu zweit

Geschicklichkeitsstationen mit Pflicht- und Wahlaufgaben (W).
Partner, Reihenfolge, Zeiteinteilung u. a. sind wählbar.

Wackelbank
(Bank auf Weichboden)

Wie oft könnt ihr euch einen Ball zuspielen, ohne dass ihr und der Ball den Boden berührt?

(W) Vergrößert den Abstand zwischen euch!
(W) Spielt euch den Ball indirekt zu!

Drehungen auf Turnbank

Sage deinem Partner, wie oft du dich drehen wirst: Ich kann mich ... mal auf der Turnbank schnell drehen, ohne absteigen zu müssen.

(W) Ich kann mich in 20 Sekunden ... mal auf der Turnbank drehen.
(W) Wie oft kannst du dich in die andere Richtung drehen?

Seiltänzer
(Turnbank oder Schwebekante
auf zwei Sprunghockern)

Stellt euch vor, dass ihr in einem Zirkus
als Hochseilartisten auftretet!
Was könnt ihr zu zweit zeigen?
(Drehungen, Gegenstände balancieren oder
übersteigen, Hinsetzen und Aufstehen, aneinander vorbeigehen ...)

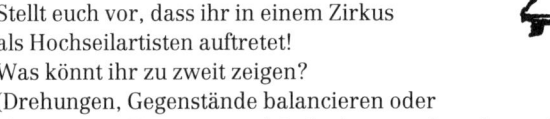

Pezzi-Fußball

Spielt auf einem Pezziball sitzend oder hüpfend Fußball!

(W) Erfindet kleine Kunststücke auf oder mit dem Pezziball!

Arbeitsblatt II

Kunststücke auf Rollbrettern

Slalom

Umfahrt eine Slalomstrecke, ohne anzustoßen!
Verändert die Strecke und eure Position!

Drehen

(W) Legt euch in Bauchlage auf das Rollbrett und versetzt euch durch Abstoß mit den Händen in Rotation!

Zielwerfen

Werft mit unterschiedlichen Wurfgeräten durch den am Torbalken hängenden Reifen! Jeder wählt dabei den Abstand so, dass er gerade noch treffen kann!

(W) Du kannst dir die Aufgabe erschweren, wenn du vor dem Wurf 1, 2 oder 3 Drehungen ausführst!

Bergauf und bergab

(Turnbänke in unterschiedlicher Höhe in Sprossenwand eingehängt)

Balanciert zu zweit hintereinander vor-, seit-, rückwärts, bergauf und bergab! Was fühlt ihr, wenn ihr vor dem Balancieren 3 Drehungen ausführt?

(W) Erfindet kleine Kunststücke auf den schrägen Bänken oder an der Sprossenwand!

Knifflige Übungen

Die folgenden kniffligen Übungen stellen koordinative Herausforderungen dar und sind gleichzeitig auch als Anregung für das Üben in der Freizeit gedacht:

- aus dem Schneidersitz ohne Hilfe der Hände aufstehen
- mit geschlossenen Augen und hintereinander gestellten Füßen möglichst lange stehen
- mit dem linken Arm langsam, dem rechten Arm schnell kreisen oder mit einem Arm vorwärts, dem anderen rückwärts kreisen
- einen waagerechten Stab aus der Vorhalte fallen lassen und kurz vor dem Boden wieder auffangen
- einen Ball (Luftballon, Schaumstoffteil o. Ä.) über eine gespannte Leine werfen und nach dem Wechsel auf die andere Seite wieder auffangen
- einen Ball hochwerfen, sich schnell auf den Boden setzen und nach dem Aufstehen den Ball wieder fangen
- s. o., aber eine Rolle vorwärts ausführen
- mit 2 oder 3 Chiffontüchern jonglieren, später auch Bälle jonglieren
- mittels 3 Bierdeckeln vorwärts bewegen (die Füße dürfen nur die Deckel berühren, der hinterste Deckel wird immer wieder vorn angelegt und so wird eine Strecke bewältigt)

- einen Ball durch die gegrätschten Beine an die Wand werfen, sich drehen und den zurückprallenden Ball auffangen, möglichst ohne dass dieser den Boden berührt
- auf einem Bein hüpfen und sich dabei drehen (Drehungen zählen)
- einen Ball aus unterschiedlichen Entfernungen so rollen, dass er in einem Reifen oder Kreis (Springseil) liegen bleibt
- durch einen rollenden Reifen schlüpfen
- 2 Bälle mit den Füßen zur gegenüberliegenden Seite führen

Weitere Anregungen für knifflige Übungen sind vor allem im Abschnitt 2.1 zu finden.

3.7 Konditionelle Fähigkeiten vielseitig schulen

Notwendige Leistungsvoraussetzungen für erfolgreiches motorisches Handeln sind neben den koordinativen Fähigkeiten die konditionellen Fähigkeiten *Kraft* und *Ausdauer* sowie die koordinativ-konditionellen Fähigkeiten *Beweglichkeit* und *Schnelligkeit*. Letztere ordnen wir trotz ihrer Zwischenstellung in diesen Abschnitt mit ein, da es erforderlich ist, die Kraftübungen mit den Beweglichkeitsübungen zu verbinden.

Während beim Üben der motorischen Fertigkeiten und der koordinativen Fähigkeiten das variierte Üben die Hauptmethode ist, trifft dies bei der Konditionierung nur teilweise auf Schnelligkeit und Beweglichkeit zu. Da es bei diesen beiden Fähigkeiten und vor allem bei Kraft und Ausdauer um physiologische Leistungssteigerungen auf der Basis des Reiz-Anpassungs-Gesetzes geht, ist ein anderes methodisches Herangehen notwendig. Wir verwenden dafür den Begriff des konditionierenden Übens (in anderer Literatur wird vom Trainieren gesprochen). Unabhängig vom gewählten Begriff ist der zielgerichtete Wechsel zwischen Belastung und Erholung entscheidend.

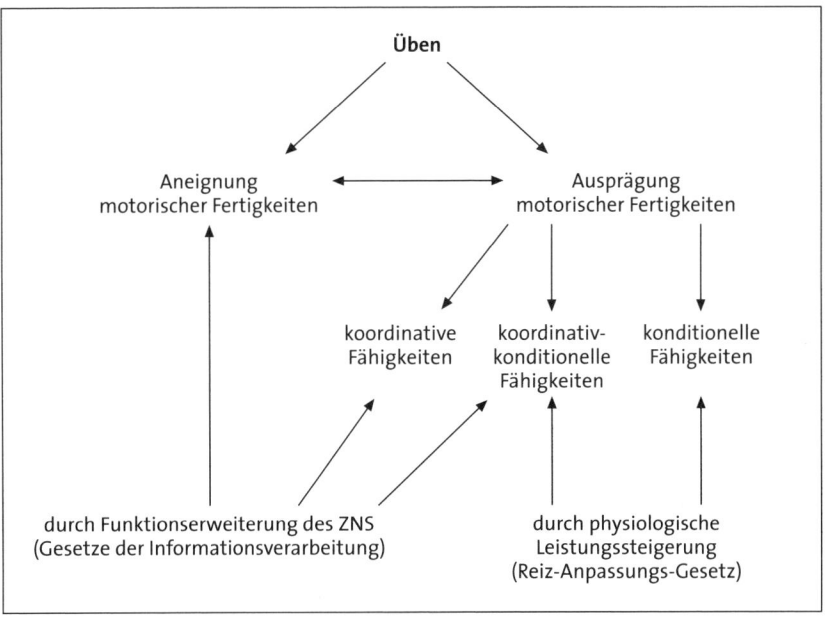

Als wesentliche Methoden lassen sich die Dauermethode, die Intervallmethode und die Wiederholungsmethode nennen:

- ● Dauermethode: Intensität gering bis mittel, große Umfänge, ohne Pausen
- ● Intervallmethode:
  - – extensiv: Intensität gering bis mittel, große Umfänge, unvollständige Pausen
  - – intensiv: Intensität submaximal, geringe Umfänge, unvollständige Pausen
- ● Wiederholungsmethode: Intensität maximal, geringe Umfänge, vollständige Pausen

Bemerkung: Vollständige Pause bedeutet, dass der Ausgangspuls erreicht wird, unvollständige Pause dagegen, dass der Pulswert nicht bis zum Ausgangsniveau absinkt.

Während das Grundschulalter als eine günstige Phase zur Ausprägung koordinativer Fähigkeiten weitgehend Akzeptanz findet, gibt es um die Sinnhaftigkeit der Schulung konditioneller Fähigkeiten Diskussionen. Zu wenig Zeit im Sportunterricht, geringere Entfaltungsmöglichkeiten der Schüler und offensichtlich wenig Spaß an der Schulung konditioneller Fähigkeiten werden häufig als Probleme benannt. Aber den Gefahren einer monotonen konditionellen Schulung kann durch Vielfalt an Übungen und Methoden begegnet werden. Wenn Anpassungen erzielt werden sollen, müssen allerdings entsprechende Reize gesetzt werden. Konditionelles Üben erfordert also Anstrengung. Motivierend kann das Arrangieren pädagogischer Handlungssituationen sein. Da sich die Möglichkeiten für die einzelnen konditionellen und koordinativ-konditionellen Fähigkeiten unterscheiden, haben wir sie bei den jeweiligen Fähigkeiten beschrieben.

Schnelligkeitsfähigkeiten

Grundschulkinder sind meist quirlig, wendig und bewegen sich gern schnell. In diesem Alter entwickeln sich die Schnelligkeitsfähigkeiten besonders rasch. Dies gilt vor allem für die Reaktions- und Beschleunigungsschnelligkeit (vgl. SCHEID 1994, 278), die deshalb in erster Linie Beachtung finden sollten. Enge Verbindungen bestehen zur Schnellkraftfähigkeit.
   Die wirkungsvollste Methode zum Üben der Schnelligkeitsfähigkeiten ist die Wiederholungsmethode, d. h. maximale Intensität und vollständige Pausen, verbunden mit Variation der Bewegungsausführung (verschiedene Startstellungen) sowie der Bedingungen (unterschiedliche Startsignale).

Laufen wird als Fertigkeit im Grundschulalter bereits verhältnismäßig gut beherrscht und stellt deshalb den sinnvollsten Übungsinhalt dar. Die zu laufende Streckenlänge sollte bei der Reaktionsschnelligkeit 4 bis 8 m und bei der Beschleunigungsschnelligkeit 15 bis 20 m betragen. Da Grundschulkinder gern ihre Kräfte messen, eignen sich kleine Spiele besonders gut. Damit fließen die Vollzugsformen Üben und Wetteifern (s. Kapitel 5) eng zusammen. Man könnte vom wetteifernden Üben als Handlungsform für die Ausprägung der Reaktions- und Beschleunigungsschnelligkeit in der Grundschule sprechen. Wetteiferndes Üben zur Schnelligkeitsschulung schülerorientiert zu gestalten bedeutet vor allem:

- kleine Spiele vielfältig variieren
- Wahlmöglichkeiten bei Spielen und Spielvarianten anbieten
- die Freude am Wetteifern über das Ergebnis stellen, aber auch den Umgang mit Sieg und Niederlage thematisieren
- Spielregeln gemeinsam vereinbaren und auf deren Einhaltung achten

Für die folgenden Vorschläge wurden vor allem kleine Spiele aus DÖBLER/DÖBLER (1996) ausgewählt und teilweise modifiziert unter den Aspekten, dass möglichst viele Schüler gleichzeitig laufen, die Chance auf vollständige Erholungspausen als Kennzeichen der Wiederholungsmethode besteht und die Streckenlänge den oben angegebenen Metern betragen sollte. Geeignet sind vor allem Wettläufe, Nummernwettläufe, Staffeln in den unterschiedlichen Formen, Platzsuchspiele, Haschespiele und Ballspiele mit Abwerfen (Klassen 3 und 4). Weitere Inhalte wurden bereits im Abschnitt 3.2 unter „vielfältiges schnelles Laufen" vorgestellt.

Kleine Spiele zur Ausprägung der Reaktionsschnelligkeit
Schnell zum Ball (Klasse 1 bis 2)
Die Schüler traben um ein Oval. Etwa 8 m entfernt liegen Bälle oder andere Spielgegenstände. Auf ein Zeichen des Spielleiters (optisch und akustisch variieren) versucht jeder, schnell einen Ball zu bekommen. Mit diesem dürfen die Schüler einen Moment am Ort spielen. Dann werden die Bälle wieder abgelegt und es beginnt ein neuer Durchgang.

Der Bär ist los! (Klasse 1 bis 2)
In der Mitte der Sporthalle befindet sich ein „Bär". Die anderen Spieler stehen etwa 3 m von ihm entfernt. Ruft der Spielleiter: „Der Bär ist los, jeder rettet sich auf eine Sprossenwand!", flüchten alle Spieler zu dem angegebenen Freimal. Die abgeschlagenen Spieler werden auch zu einem Bären oder lösen diesen ab und das Spiel beginnt mit einem anderen Freimal von vorn.

Haschspiele mit Freimalen

Gespielt wird die Grundform des Haschens mit mehreren Fängern. An abgesprochenen Freimalen (Reifen, Teppichfliesen, Medizinbälle) dürfen sich bis zu 2 Läufer kurzzeitig ausruhen und können nicht abgeschlagen werden. Wer gefangen wird, ist neuer Häscher (durch Tuch, Band o. Ä. kenntlich machen).

Variante:
Als Freimal gilt die Einnahme der Bauchlage. Diese muss aufgehoben werden, wenn der Fänger ca. 3 m entfernt ist.

Kreis gegen Kreis

Die eine Hälfte der Gruppe trabt als Innenkreis in die eine Richtung, die andere Hälfte im Abstand von 1 bis 2 m als Außenkreis entgegensetzt. Auf Zeichen des Spielleiters „fliehen" die Kinder des Außenkreises zu „Rettungsinseln" (Reifen, Teppichfliesen) an den Schmalseiten der Halle oder den Grundlinien eines auf dem Sportplatz markierten Spielfeldes. Die Schüler des Innenkreises versuchen den Außenkreis abzuschlagen. Welche Mannschaft erzielt die meisten Abschläge? Besser zählbar: Wer wurde angetippt? (Wenn möglich greift zuvor jeder Schüler mit einem Finger in den Magnesiumkasten.)

Variante:
Auf jeder „Rettungsinsel" dürfen sich maximal 2 Spieler aufhalten.

Der Zauberer

Die Ecken eines Spielfeldes (mindestens 12×12 m) sind die Freimale, in denen sich die Mitspieler aufhalten. In der Mitte steht eine Zauberer mit einem Zauberstab. Wenn er diesen hebt, kommen alle aus ihren Ecken möglichst nah heran und machen ihm verschiedene Bewegungen (z. B. Armkreisen, Hüpfformen) nach. Lässt der Zauberer seinen Stab fallen, sind die Spieler erlöst und flüchten in die Ecken. Wen der Zauberer fängt, ist sein Helfer oder löst ihn ab.

Komm mit – Lauf weg!

Um die im Innenstirnkreis stehenden Spieler bewegt sich ein Läufer. Dieser tippt einem beliebigen Schüler auf den Rücken und ruft dabei „Komm mit!" oder „Lauf weg!". Entsprechend seiner Aufforderung muss der betreffende Spieler dem Läufer folgen oder in die entgegengesetzte Richtung laufen. Jener Schüler, der als Erster den freien Platz im Kreis wieder erreicht, darf stehen bleiben. Der andere Spieler wird bzw. bleibt der nächste Läufer.

Vorgabelauf (Klasse 3 bis 4)
Je 2 Schüler traben mit einem Seil verbunden hintereinander auf eine Ziellinie zu. Innerhalb einer Zone von 15 bis 5 m vor dem Ziel lässt der vordere Läufer sein Seilende plötzlich fallen. Der hintere Läufer muss versuchen, den Partner noch vor dem Erreichen der Ziellinie abzuschlagen.

Abwurf in der Gasse (Klasse 3 bis 4)
Eine Mannschaft stellt sich in einer weiten Gasse (Abstand ca. 10 m) auf. Mit 2 oder mehreren Softbällen/Hohlbällen versuchen sie, die nacheinander durch die Gasse laufenden Spieler der anderen Mannschaft abzuwerfen. Jeder Sprint ohne Abwurf bringt Pluspunkte. Die Läufer gehen außerhalb der Gasse zurück und starten erneut. Sollen nach dem Rollenwechsel die Punkte beider Mannschaften verglichen werden, ist auf die gleiche Anzahl von Läufern zu achten.

Fang den Affen! (Klasse 3 bis 4)
Partner 1 steht an der Kletterstange, Partner 2 liegt etwa 8 m entfernt auf dem Boden. Auf ein Startsignal versucht Partner 2 den Mitspieler zu fangen, der sich durch schnelles Klettern außer Reichweite bringen kann.

Variante:
Ausgangsstellung und Startsignal verändern

Kleine Spiele zur Ausprägung der Beschleunigungsschnelligkeit
Schlafender Riese (Klasse 1 bis 2)
An einer schmalen Seite eines Spielfeldes (Seitenlänge ca. 15 bis 20 m) wohnen die Zwerge, auf der gegenüberliegenden Seite schläft der Riese. Vorsichtig trauen sich die Zwerge durch den Wald (Spielfeld) möglichst nahe an den Riesen heran. Auf den Ruf des Spielleiters: „Der Riese kommt!", flüchten alle in ihre Zwergenhöhle zurück. Wer abgeschlagen wird, unterstützt im nächsten Durchgang den Riesen.

Schwarz – Weiß
Zwei Mannschaften stehen sich in einer Gasse (ca. 2 bis 3 m breit) gegenüber und erhalten eine der beiden Farben zugeordnet. Optisch (Farbscheibe) oder akustisch (Geschichte, in der oft die Farben schwarz und weiß vorkommen) wird das Zeichen durch den Spielleiter gegeben, wer die Fänger sind. Diese müssen die Davoneilenden vor der Grundlinie (etwa 15 bis 20 m entfernt) abschlagen und können dadurch Punkte sammeln.

Seitenwechsel

Zwei Mannschaften stehen sich im Abstand von 15 bis 20 m gegenüber. Auf unterschiedliche Startzeichen wechseln sie die Seiten.

Variante:

Veränderung der Ausgangs- und Endstellung (Stand vorlings, rücklings, seitlings, Hockstand, Bankstellung, Schneidersitz u. a.)

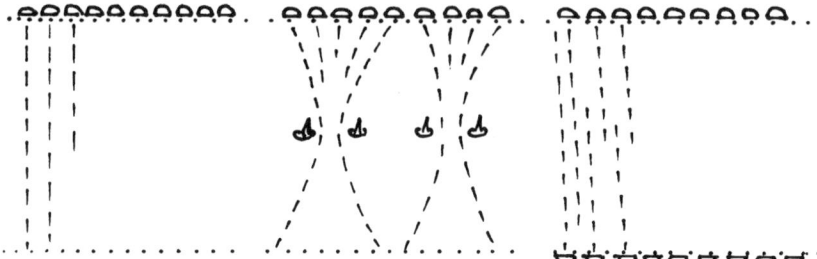

Seitenwechsel mit Fangen (Klasse 3 bis 4)

Im Spielfeld mit einer Länge von 15 bis 20 m verteilen sich mehrere Fänger. Die anderen Schüler stehen an den schmalen Seiten und sollen auf ein Zeichen das Spielfeld durchlaufen, ohne abgeschlagen zu werden. Dafür gibt es Punkte. Die Fänger zählen jeden Abschlag. Nach ca. 5 Durchgängen wechseln sich die Fänger ab.

Frühstarter

Der Spielleiter geht hinter den Schülern, die sich in Startstellung befinden, vorbei und berührt einen von ihnen unauffällig. Dieser ist der „Frühstarter". Alle anderen Schüler reagieren auf seinen Start und versuchen, vor ihm die etwa 15 m entfernte Ziellinie zu erreichen.

Variante:

als Kettenreaktion von rechts bzw. links aus starten

Einhol-Lauf

Medizinbälle liegen auf einer gedachten Zickzacklinie mit etwa 5 m Abstand. Der erste Schüler der Mannschaft A läuft von Ball zu Ball und berührt jeden mit dem Gesäß. Hat er den ersten Ball berührt, startet ein Schüler von der Mannschaft B. Holt er seinen Vordermann ein, erhält er einen Punkt.

Ringender Kreis mit Haschen (Klasse 3 bis 4)
Etwa 8 Spieler bilden um 3 Keulen/Schaumstoffteile/Kartons einen Kreis und versuchen durch Schieben und Ziehen zu erreichen, dass jemand den Gegenstand umwirft. Dieser wird zum Fänger und muss versuchen, von den in ein etwa 15 m entferntes Freimal laufenden Mitschülern einen abzuschlagen. Reißt der Kreis, ist der Schüler Fänger, der mit seiner rechten Hand losgelassen hat.

Fischfang (Klasse 3 bis 4)
Fische und Fischer stehen sich im Abstand von 15 bis 20 m gegenüber. Die Fische müssen zur anderen Seite gelangen, ohne in die Netze der Fischer (ca. 3 Schüler mit Handfassung) zu geraten. Die Läufer dürfen aber nicht die Netze durchbrechen oder hindurchschlüpfen, sondern müssen die Fischer umlaufen.

Bundesliga
Gruppen zu je 4 bis 6 Schülern erhalten jeweils den Namen einer bestimmten Liga (z. B. Erste Bundesliga, Zweite Bundesliga, Regionalliga, Landesliga). In jeder Liga sprinten die Kinder gegeneinander um die Wette. Der Sieger eines jeden Sprintlaufes darf dann in die nächsthöhere Liga aufsteigen, der Letztplatzierte dagegen ist der Absteiger. Nach 6 bis 8 Läufen sortiert sich das Teilnehmerfeld entsprechend dem tatsächlichen Leistungsvermögen.

Varianten:
- veränderte Ausgangsstellungen, verschiedene Startsignale
- Zur Vermeidung von Motivationsverlusten können sich leistungsschwächere Schüler eines „Sponsoren" bedienen. Dieser bewirkt, dass sie im nächsten Lauf eine angemessene Vorgabe erhalten.

Kraftfähigkeiten und Beweglichkeit

In den Klassen 1 bis 4 sollte sich eine vielseitige und allgemeine Kräftigung auf die Ausprägung der *Kraftausdauer* und *Schnellkraft* richten, nicht auf die Maximalkraft. Einschränkungen für Kraftübungen ergeben sich bei Kindern vor allem durch das noch im Wachstum befindliche Binde- und Stützgewebe, dessen Schutz Priorität hat. Aus diesem Grund ist auf eine vielseitige, allgemeine Kräftigung der Gesamtkörpermuskulatur zu achten, bei der hohe Übungswiderstände vermieden werden. Man sollte nur mit dem eigenen Körpergewicht arbeiten (ab Klasse 3 evtl. mit kleinen Medizinbällen oder dem Partner). Die moderate extensive Kraftausdauerbelastung

stellt eine „schonendere" Belastung von Herz und Kreislauf dar (vgl. ZIM-
MERMANN 1997, 283–293).

Das verstärkte Wetteiferverhalten von Grundschulkindern sollte berücksichtigt werden, z. B. durch Kraftspiele.

Anders als bei den Kraftfähigkeiten ist das Niveau der *Beweglichkeit* bei
Grundschulkindern gut. In dieser Altersklasse geht es kontinuierlich um
den Erhalt eines hohen Maßes an Beweglichkeit durch vielfältige Bewe-
gungsreize. Offensichtlich sind aber auch gezielte beweglichkeitssteigernde
Übungen für Muskeln erforderlich, die zur Verkürzung neigen (Hüft-, Schul-
ter- und Brustmuskulatur). Für die Klassen 1 bis 4 ist zur Ausprägung der
allgemeinen Beweglichkeit der aktiven Dehnungsmethode (Auslösung
durch eigene Muskelaktivität) der Vorrang vor der passiven Methode (unter
Beteiligung eines Partners u. a.) zu geben. Nach unserer Auffassung sollte
sowohl das dynamische als auch das statische Dehnen Anwendung finden,
denn eindeutige Vorteile einer dieser Methoden konnten bisher nicht nach-
gewiesen werden (vgl. ULLRICH/GOLLHOFER 1994; KLEE 2002, 21–22). Dyna-
misches Dehnen darf aber nicht als „Zerrgymnastik" mit schnellen federn-
den Bewegungen bis zur Bewegungsgrenze verstanden werden, sondern
als leichte Federungen mit geringen Bewegungsamplituden (vgl. WEISE
1994, 177). Es sollte zur gleichmäßigen Atmung sowie zur Konzentration
auf den eigenen Körper angeleitet werden („in sich hineinhorchen" und
Schmerzen vermeiden, sich nicht mit anderen vergleichen).

Weitere Hinweise für die Schulung von Kraftfähigkeiten und Beweglichkeit:

● ganzkörperliche Erwärmung mit Dehnung als immanentem Bestandteil
● Einheit von Kräftigung und Dehnung berücksichtigen
● funktionelle Kraftübungen gezielt einsetzen und Fehlhaltungen vermeiden, wie Hohlkreuzhaltungen, Überdehnen oder ruckartiges Verbiegen
und Verdrehen der Wirbelsäule, Fehlbelastungen der Knie- und Schul-
tergelenke
● Einheit von Belastung und Entlastung beachten, z. B. durch Hangübun-
gen nach Kraftübungen
● koordinativ wirksame Kraftschulung, z. B. „Tauziehen" aus unterschiedlichen Ausgangsstellungen, Zieh- und Schiebewettkämpfe auf der Turnbank sowie Verbindung von Dehnübungen mit Koordinationsaufgaben

Durch folgende pädagogische Handlungssituationen lassen sich Kraft und
Beweglichkeit abwechslungsreich und motivierend gestalten:

- Vielfalt an Körperübungen nutzen und diese koordinativ wirksam einsetzen
- Bewegungs- und Körpererfahrungen thematisieren, u. a. durch das Kontrastieren von Anspannung und Entspannung sowie das Erleben von Körperkontakten, Belastungsreizen und Übungswirkungen
- den Unterricht leistungsmotivationsfördernd gestalten, d. h. eigene Leistungsfähigkeit kennen, Ausprägung einer realistischen Leistungseinschätzung sowie Orientierung auf Leistungszuwachs
- Spielregeln gemeinsam vereinbaren und fair einhalten
- Wissen zu Übungswirkungen sowie zur zweckmäßigen Körperhaltung auch bei Alltagstätigkeiten (in Verbindung mit dem Sachunterricht) vermitteln

Miteinander rangeln

Grundschulkinder wollen ihre Kräfte erproben und sich mit anderen messen. Das Rangeln entspricht diesem Streben und kann gleichzeitig einen Übungseffekt für Kraftausdauer und Beweglichkeit, aber auch für die koordinativen Fähigkeiten haben. Formen des Rangelns, Ringens und Kämpfens sollten vorrangig in den Klassen 3 und 4 eingesetzt werden. Sie erfordern Fairness, d. h. gegenseitige Achtung und Rücksichtnahme sowie das Einhalten von Sicherheitsregeln, z. B. Signalisieren des Kampfabbruches durch „Stopp!". Das Miteinander und die Kooperation untereinander stehen im Vordergrund, nicht die gewalttätige Auseinandersetzung zwischen Parteien. Körperkontakte sollten als normal erlebt und die eigene Leistungsfähigkeit realistisch eingeschätzt werden. Dies schließt das Freiwilligkeitsprinzip ebenso ein wie die Förderung der Fähigkeit zur realistischen Auswahl des Kampfpartners.

Kampf um den Ball

Von einer Mannschaft versuchen 2 Spieler sich gegenseitig einen Medizinball zu entwinden. Jede Balleroberung ergibt einen Punkt für die Mannschaft. Vor dem nächsten Durchgang erfolgt ein Partnertausch.

Varianten:
Kniestand, Bauchlage, zu dritt um den Ball kämpfen

Raufball

Jeweils an der Torraumlinie nehmen 2 Mannschaften Aufstellung. Eine Matte markiert das Tor. Auf Pfiff versuchen beide Mannschaften den auf der Mittellinie liegenden Medizinball auf der gegnerischen Matte abzulegen. Der Ball darf getragen und gerollt, aber nicht geworfen werden. Den Ballbesitzer kann man blockieren, halten und umklammern – trennt er sich vom Ball, muss von ihm abgelassen werden.

Schiff entern

Eine Mannschaft nimmt auf der Weichbodenmatte Platz. Die Gegenmannschaft muss nun versuchen, „das Schiff zu entern". Dabei sollte eine Regel erstellt werden, dass alle Aktionen gegen den Kopf verboten sind.

Indianertanz

Die Spieler zweier Gruppen stehen abwechselnd mit Handfassung um einen aufgezeichneten Kreis. Nach Trommelrhythmen laufen sie um diesen Kreis. Auf einen lauten Trommelschlag versuchen sie ihren Nachbarn, der zur anderen Mannschaft gehört, durch Ziehen und Schieben in den Kreis zu drängen. Dies wird mit einem Minuspunkt für die gegnerische Mannschaft bestraft. Dann beginnt wieder der Trommelrhythmus und damit das Spiel von vorn.

Rückenringen

Je 2 etwa gleich starke Schüler sitzen im Grätschsitz Rücken an Rücken auf einer Matte und haben beide Arme miteinander verhakt. Durch Zug und Druck wird versucht, den Gegner auf eine (die gleiche) Seite zu drücken.

Varianten:
● Der Schwierigkeitsgrad erhöht sich, je enger die Beine geschlossen werden.
● Die Partner schieben sich über eine vorgegebene Markierung.

Verdrängen

Auf einem Mattenviereck befinden sich 5 bis 8 Spieler im Kniestand. Diese müssen im Kampf jeder gegen jeden versuchen, sich gegenseitig von den Matten zu drängen. Wer den Raum außerhalb der Matten berührt, der scheidet aus, wartet auf den nächsten Kampf und feuert die anderen an.

Matten schieben

Zwei möglichst gleich starke Teams stellen sich jeweils auf eine Seite der aufgestellten Weichbodenmatte. Auf ein Startzeichen schieben sie mit aller Kraft, um den Gegner hinter eine Markierung zu drängen.

Kraftausdauerschulung als Bewegungsgeschichte „Im Zoo"

Elementare motorische Fertigkeiten, wie Kriechen, Schwingen, Steigen, Klettern und Hangeln, eignen sich zur Schulung der Kraftausdauer, wenn Streckenlänge bzw. Wiederholungszahlen so gestaltet werden, dass mindestens eine Belastung von 20 s mit einer nachfolgenden Pause von ebenfalls 20 s entsteht. Eine solche Kraftschulung wirkt nicht gleichzeitig koordinativ, wenn man die Übungsausführung oder die Bedingungen (Geräte) verändert. Die Motivation für Grundschulkinder lässt sich erhöhen, wenn diese Übungen in eine Bewegungsgeschichte eingekleidet werden.

Beispiel:
In Kleingruppen besuchen die Kinder nacheinander mit Aufgabenkarten gekennzeichnete Stationen („Tiergehege"), wie z. B.:

- Äffchen
  Schwingen/Hangeln an Ringen, von Tau zu Tau, am Reck oder Barren, an Leitern (schräg), Gitterleitern, Kletterstangen, Sprossenwand, „Kehrhasche"

- Wildkatzen
  Klettern/Steigen auf und von Sprossenwand (Wandsteigen), Gitterleiter, Leiter, Kastentreppe, über Turnbänke, Sprunghocker, Barren, Kasten

- Tiger
  Kriechen (Vierfüßlergang) auf und über Turnbank, Schwebebalken, Bankgasse, Kastenteile, Barren, waagerechte Leiter, durch Turnbänke, Kastenteile, Kastentunnel, Reifen, um Sprunghocker, Kletterstangen, Keule, Kegel

- Känguru
  Springen von Reifen zu Reifen, über Medizinbälle, um Keulen u. a.

- Faultiere
  „Faultierhang" am Barren, Reck, Schwebebalken, Leiter, Turnbank (zwischen Sprossenwand und Barren eingehängt)

- Krebse
  „Krebsgang" (vorwärts, rückwärts, seitwärts)

- Frösche
  „Froschhüpfen" um Hindernisse, auf der Turnbank (Grätschen neben, Schließen auf der Bank)

Einführung in den Kreisbetrieb/Circuit-Training

Die Einführung in den Kreisbetrieb, das Circuit-Training, könnte über Frontalunterricht erfolgen. Nachdem die Schüler die Übungen kennen, sollten diese nach Zeitvorgaben (z. B. 20 s Belastung und 30 s Erholung) geübt werden. Bei den nachfolgenden Beispielen für Partnerübungen ergibt sich der Wechsel zwischen Belastung und Erholung (je 20 s) durch den Partnerwechsel.

- Rückenlage, Partner hält die Beine in Stufenlagerung:
  Aufrollen und Zurückrollen des Oberkörpers
- Rückenlage mit aufgestellten Füßen:
  Hüfte gegen den Widerstand des Partners in die Körperstreckung drücken
- Liegestütz, Partner steht vor den Händen:
  über die Füße des Partners stützeln
- Bauchlage:
  gegen den dosierten Widerstand des Partners wechselseitig die Unterschenkel anwinkeln
- Rückenlage, Beine senkrecht, Partner fixiert die Schultern:
  Beine wie „Scheibenwischer" bewegen
- Bauchlage, Partner hält die Beine am Boden:
  Oberkörper nur leicht anheben und boxen
- Bankstellung:
  Partner kriecht durch und läuft wieder zur anderen Seite
- „Schütteltanz":
  Beide Partner schütteln Arme und Beine locker aus.

Beim Kreisbetrieb/Circuit-Training in seiner ursprünglichen Form wird in den Erholungspausen von Station zu Station gewechselt. In der Grundschule sollte man alle großen Muskelgruppen im Wechsel beanspruchen. Die Übungen müssen einfach und bekannt und von allen Schülern 20 bis 30 s bei mittlerem Tempo ausführbar sein. Wahlmöglichkeiten sollten vorhanden sein. Damit die Aufmerksamkeit des Lehrers während des Übens nicht allein auf die Stoppuhr gerichtet ist, kann die Belastungssteuerung über eine vorbereitete Musikkassette erfolgen. Während der 20 s, in denen die Musik läuft, üben alle Schüler. Dann setzt die Musik 30 s aus und die Kinder wechseln die Station.

Beispiele:

● Arm- und Schultermuskulatur:
  – mit einem Partner in Gegenüberstellung durch weite Bankgasse (Füße auf Turnbank) stützeln und sich dabei einen Ball zurollen
  – im Liegestütz mit einem Partner in Gegenüberstellung sich Säckchen zuwerfen

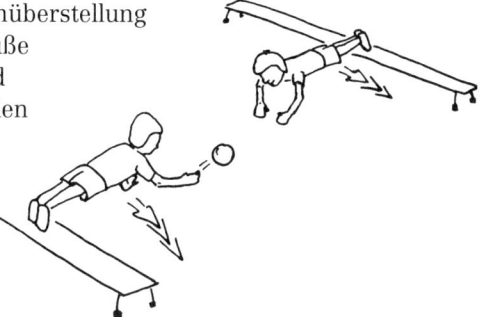

  – im Krebsgang einen Gegenstand auf dem Körper um eine Markierung transportieren
● Fuß- und Beinmuskulatur:
  – Luftballon im Stand nach oben stoßen, sich schnell setzen und versuchen, wieder aufzustehen
  – mit einem Ball zwischen den Beinen um eine Markierung hüpfen
  – über ein Tau leise hin- und herspringen
  – in Gegenüberstellung einem Partner versuchen, auf die Zehen zu treten
● Rumpf- und Rückenmuskulatur:
  – sich in Bauchlage auf Matten mit einem Partner einen Ball zurollen (Kopf und Arme nur 5 cm anheben, nicht ins Hohlkreuz gehen)
  – im Sitz einem Partner auf kurze Entfernung einen Ball zuwerfen, dabei die im Kniegelenk gebeugten Beine anheben (Oberkörper aufrecht)
  – Rückenlage, Beine angewinkelt, Fußsohlen berühren die des Partners, ihm an der Seite einen Stab übergeben
  – ein Schüler liegt wie ein Brett über einer Bankgasse/Sprunghocker, der Partner kriecht unter ihm durch

● Beweglichkeit:
  – Bank überwinden – unterwinden
  – „Hampelmann"
  – einen gefassten Stab übersteigen

Haltungsschulende Übungen
Kenntnisse zu einer zweckmäßigen Körperhaltung:

● Kopf nicht vorgeschoben, Blick geradeaus
● Schulterblätter nach unten zur Wirbelsäule hin orientiert, „Hals lang machen!"
● kein Hohlkreuz, kein „Hängebauch"
● Haltung strengt nicht an, keine Verkrampfung

Als Zusatzaufgabe beim Üben motorischer Fertigkeiten können die Schüler Kraftübungen in Verbindung mit Beweglichkeitsübungen zur Haltungsschulung auswählen und üben. Die Übungen sollten auf einzelnen Karten stehen oder für die Klassen 1 und 2 aufgemalt sein (s. S. 141).

● Balanciere einen Tennisring auf dem Kopf durch die Halle!
● Wechsle langsam zwischen „Katzenbuckel" und „Pferderücken"! (15 ×)
● Hebe im Liegestütz (auf den Unterarmen) wechselseitig ein Bein an, auch rücklings! (15 ×)
● Hebe in der Seitlage ein Bein an! (Jede Seite 15 ×)
● Fahre „Fahrrad" in der Rückenlage! (Kopf angehoben)
● Hänge dich eine Weile an die Sprossenwand! Zähle dabei bis 20!
● Versuche, dich steif wie ein Brett auf einen Pezziball oder Medizinball zu legen! Zähle dabei bis 20!
● Führe die kleine Rückenschaukel aus und drehe dich dabei langsam im Kreis! (5 Kreise)
● Hebe in Rückenlage mit angestellten Beinen das Gesäß an und kreise einen Ball um die Hüfte! (10 ×)
● Strecke die Arme im Ballenstand, dann gehe in die Hocke und mache dich ganz klein! (15 ×)

Kontrasterfahrungen
Mache den Hals lang wie eine Giraffe. – Mache einen Buckel wie eine Hexe.
Strecke den Bauch raus – zieh ihn ein.
Bewege dich im Stand nach vorn – nach hinten. Finde die Körpermitte.

Arbeitsblatt: Haltungsschulende Übungen (Klassen 1 und 2)

2-mal

10-mal

10-mal

10-mal

Rückengerechtes Verhalten im Sportunterricht

Häufige Fehlbelastungen können zu Haltungsschwächen wie Rundrücken oder Hohlrücken führen. Die Schüler sollen einen altersgerechten Einblick in Aufbau und Funktion der Wirbelsäule gewinnen und rückenfreundliches Verhalten auch bei Tätigkeiten im Sportunterricht erlernen.

Gewichtsverteilung beim Tragen von Schul- und Sporttaschen

● Veranschaulichung von Fehlbelastungen beim falschen Tragen am Wirbelsäulenmodell, Alternativen zeigen

● gemeinsames Packen von Schul- und Sporttasche und richtiges Platzieren am Schüler

Tragen von Sportgeräten

● Achtung! Die Geräte dürfen niemals zu schwer sein!

● Verdeutlichung des Hebelgesetzes mit Hilfe eines kleinen Medizinballes: Der Schüler trägt den Ball mit gestreckten Armen bzw. gebeugten Armen vor dem Körper sowie über dem Kopf und vergleicht diese Haltungen.

● Zeigen und Üben des korrekten Ablaufes von Anheben, Tragen und Absetzen am Beispiel eines Kastenteiles (auf einen geraden Rücken achten), seitliches Tragen mit dem Gesicht zueinander ist die optimale Lösung

● ständiges Beobachten der Schüler beim Tragen von Sportgeräten und evtl. Korrektur

Anziehen und Binden der Sportschuhe

● Das Anziehen und Binden der Schuhe ist eine sich täglich mehrmals wiederholende Bewegung, welche bei falscher Handhabung über Jahre zur Schädigung der Wirbelsäule führen kann.

● Hauptschwerpunkt muss ein gerader Rücken sein.

● Möglichkeiten, die Schuhe rückenschonend zu binden, sind: auf einem Bein stehend mit hochgestelltem Fuß, sitzend mit angehobenem Knie und auf einem Bein kniend.

Das Arbeitsblatt auf der nächsten Seite kann die Wissensvermittlung unterstützen. Den Schwerpunkt sollte aber das praktische Üben und Anwenden eines rückenfreundlichen Bewegungsverhaltens bilden. Die Thematik bietet sich zur Bearbeitung in Verbindung mit anderen Fächern an (s. Kapitel 6).

Arbeitsblatt: Rückengerechtes Verhalten

Kreuze die Bilder an, die ein rückengerechtes Verhalten zeigen.

Spielerische Formen zur An- und Entspannung
(Progressive Muskelentspannung)

Rotkäppchen

Es lebte einmal ein kleines Mädchen namens Rotkäppchen mit seiner Mutter am Waldesrand. Das Mädchen hatte auch eine Großmutter, die aber tief im Wald wohnte. Da die Großmutter krank war, wollte Rotkäppchen sie besuchen. Sie beschloss, der Großmutter zur Stärkung einen Korb mit Kuchen und Wein mitzunehmen.

Anspannung (5 bis 7 s): *Mit der rechten Hand nahm sie die schwere Flasche Wein und hielt sie ganz fest, mit der linken Hand den Kuchen und packte beides in den Korb.*

Entspannung (15 s): *Das war so schwer, dass Rotkäppchen erst einmal ihre Hände ausschütteln musste.*

Sie setzte ihr rotes Käppchen auf und machte sich frohgemut auf den Weg. Die Mutter rief ihr noch hinterher: „Rotkäppchen, geh nicht vom Weg ab!"

Anspannung (5 bis 7 s): *Rotkäppchen trug den Korb im rechten Arm und weil er so schwer war, hängte sie ihn in den linken Arm.*

Entspannung (15 s): *Da der Weg noch so lang war, ruhte Rotkäppchen sich aus, stellte den Korb ab und lockerte ihre beiden Arme.*

Rotkäppchen überlegte, womit sie der Großmutter noch eine Freude machen könnte.

Anspannung (5 bis 7 s): *Angestrengt legte sie ihre Stirn in Falten, zog ihre Nase kraus und kniff die Augen fest zu.*

Da kam ihr die Idee: „Ich könnte der Großmutter einen Blumenstrauß pflücken!"

Entspannung (15 s): *Ganz entspannt lächelte Rotkäppchen in die Sonne.*

Sie pflückte viele Blumen und setzte ihren Weg fort. Plötzlich kam der Wolf aus dem Wald und kreuzte ihren Weg.

Anspannung (5 bis 7 s): *Vor Schreck erstarrte Rotkäppchen! Bauch und Rücken spannte sie fest an.*

Entspannung (15 s): *Doch der Wolf sprach sie ganz freundlich an und Rotkäppchen war erst einmal erleichtert.*

„Guten Tag, liebes Kind! Wohin des Wegs?" „Ich gehe zu meiner kranken Großmutter und bringe ihr Kuchen, Wein und ein paar Blumen." Der Wolf sprach: „Dort hinten, tiefer im Wald, gibt es noch viel schönere Blumen, die du deiner Großmutter pflücken kannst." Rotkäppchen befolgte den Rat des Wolfes. Dieser aber lief selbst schnellstens zum Haus der Großmutter. Da diese schon auf Rotkäppchen wartete, war die Haustür offen. Das sah der Wolf, schlüpfte ins Haus und verschlang die alte Frau sogleich. Er zog ihre Schlafsachen an und legte sich in ihr Bett.

In der Zwischenzeit kam Rotkäppchen am Haus der Großmutter an und setzte sich an ihr Bett.

Anspannung (5 bis 7 s): *Erschrocken über das Aussehen der Großmutter, setzte sie sich mit steifen Beinen und angespanntem Po auf den Stuhl und fragte: „Aber Großmutter, was hast du für große Augen und was hast du für große Ohren?"*

Entspannung (15 s): *„Damit ich dich besser sehen und besser hören kann!" Rotkäppchen war erleichtert.*

Aber plötzlich sah sie die großen Hände und das große Maul und fragte: „Aber Großmutter, was hast du für große Hände?" „Dass ich dich besser packen kann!" „Aber Großmutter, was hast du für ein entsetzlich großes Maul?" „Dass ich dich besser fressen kann!" Damit verschlang der Wolf das arme Rotkäppchen, legte sich satt wieder ins Bett und schlief ein. Sein lautes Schnarchen hörte der Jäger, der nach der kranken Großmutter sehen wollte. Er entdeckte den Wolf im Bett der Großmutter. Da dieser fest schlief, konnte der Jäger das Rotkäppchen und ihre Großmutter aus dem Bauch des Wolfes befreien.

Anspannung (5 bis 7 s): *Weil es im Bauch des Wolfes so eng und so finster gewesen war, reckten und streckten sie sich in alle Richtungen und öffneten langsam ihre Augen.* Und wenn sie nicht gestorben sind, dann …

Ausdauerfähigkeiten

Grundschulkinder sind hinsichtlich der aeroben Ausdauerleistungsfähigkeit (ohne Sauerstoffschuld) gut belastbar und können schnelle Entwicklungsfortschritte erzielen. Sie besitzen dagegen nur eine relativ geringe anaerobe Kapazität, Energie umzuwandeln (vgl. KOINZER 1989, 251). Zielstellung in den Klassen 1 bis 4 ist deshalb die Ausprägung und Stabilisierung der Grundlagenausdauer. Das sollte in dieser Altersstufe vorrangig mit der Dauermethode, d. h. ohne Pausen, im aeroben Bereich erfolgen. Laufen ohne völlig außer Atem zu kommen heißt, dass man sich dabei austauschen und kurz unterhalten kann. Das Laufen kann mit konstanter Geschwindigkeit oder mit wechselnder Intensität erfolgen.

Grundschulkinder sollten mindestens so viele Minuten laufen, wie sie alt sind. Durchgängiges Laufen von 8 bis 10 min für die Klassen 1 und 2 sowie 10 bis 15 min für die Klassen 3 und 4 sind als planmäßig anzustrebende Zielgrößen durchaus realistisch. Ein typisches Problem in dieser Altersklasse ist, dass der Eifer im Vergleich mit anderen und fehlendes Tempogefühl die Kinder beim Dauerlauf zu einem viel zu hohen Anfangstempo verleiten. Deshalb ist es erforderlich, als Lehrkraft das Tempo in der ersten Laufminute mitzubestimmen und die Schüler zunehmend für eine bewusste langsame Gestaltung der Anfangsphase zu sensibilisieren.

Weitere Hinweise:

● äußere Merkmale der Belastung beobachten (Atmung, Rötung der Haut oder Blässe, Schweißausbruch, unsichere Motorik u. a.)
● Hilfe für individuelle Belastungsregulation geben („so laufen, dass ich mich noch unterhalten kann"), Herzfrequenz mindestens 130 Schläge/min
● erst die Umfänge, dann die Intensität (Geschwindigkeit) steigern
● „Standzeiten" bei Hindernisläufen u. Ä. möglichst ausschließen
● Ausdauer kontinuierlich und wenn möglich im Freien schulen
● kraftschulende Übungen wirken bei entsprechender Dosierung auch verbessernd auf das Herz-Kreislauf-System

Die Mehrzahl der Kinder in diesem Alter ist aufgrund ihres Bewegungsdranges noch lauffreudig. Häufige Wiederholungen der gleichen Übungsformen, eintönige Laufstrecken (z. B. 400-m-Runde), negative Lauferfahrungen (Seitenstechen), Unterforderung u. a. können aber zu einem Abbau von Interesse und Motivation führen – mit Auswirkungen weit über die Grundschulzeit hinaus.

- Die Ausdauerschulung sollte *vielseitig* sein. Das kann durch Spielformen, abwechslungsreiche Laufwege und die Verbindung von Laufen mit anderen Tätigkeiten oder mit Musik erfolgen. Als Inhalte für die Ausdauerschulung bieten sich nicht nur das Laufen an, sondern gegen Ende der Grundschulzeit auch das Schwimmen, Ski laufen, Rad fahren oder Aerobicformen.
- Strecken nicht nur auf dem Sportplatz, sondern im gesamten Schulgelände und in der Umgebung der Schule tragen zur Öffnung des Unterrichts bei.
- Da jeder Schüler sein Tempo finden muss, sind Differenzierungen nötig.
- Das Laufen in Gruppen und das gemeinsame Lösen von Aufgaben fördert soziale Kontakte und gestaltet das Laufen interessanter. Bei der Paar- und Gruppenbildung sollten jedoch unbedingt Unterschiede in der Ausdauerleistungsfähigkeit beachtet werden, da sonst Unterforderungen (nicht wirksame Reize) und Überforderungen (Seitenstechen u. a.) auftreten können.
- Entscheidend ist, dass jeder Schüler durch Üben seine persönliche Leistung steigert, damit die Lust auf Anstrengung und eine positive Einstellung zum langen Laufen erhalten bzw. geweckt werden (vgl. PRIESEMUTH 1995, 252–253). Dies lässt sich unterstützen, wenn die Schüler die Aufmerksamkeit auf ihre Körperreaktionen lenken und ein Laufgefühl entwickeln. Die Wissensvermittlung zu Werten und Wirkungen der Ausdauerschulung kann motivierend unterstützen.

Die Schüler sollten folgende Regeln für das Dauerlaufen kennen (vgl. KLUPSCH-SAHLMANN 2001, 16):

- gleichmäßiges Tempo laufen, bei dem man sich wohl fühlt
- Ziel ist das Durchlaufen einer vorgegebenen Zeit – nicht die Platzierung.
- Tempo so wählen, dass man sich beim Laufen kurz unterhalten kann und am Ende noch weiterlaufen könnte

Spielformen zur Ausdauerschulung
Schattenlauf
Ein Partner läuft auf selbst gewählten Laufwegen durch das Schulgelände. Der Partner folgt ihm möglichst genau. Wechsel nach der Hälfte der Laufzeit.

Lauf mit wechselnder Führung
Die Schüler laufen in Vierer- und Fünfergruppen frei im Raum. Der erste Schüler jeder Gruppe bestimmt über den Zeitraum von einer Minute das Lauftempo für seine Gruppe. Nach je einer Minute erfolgt ein „Führungswechsel". Zur Zeitnahme können Uhren dienen oder der Lehrer gibt Hinweise (z. B. Tamburinschlag nach je 15 s mit ein, zwei, drei und vier Schlägen). Natürliche oder gesetzte Hindernisse fordern zur Variation der Laufstrecke heraus.

Laufparcours

Das Laufen kann durch die Einbeziehung von Hilfsmitteln, wie Linien, Markierungskegel, Kartons, Sprunghocker, Turnbänke und Reifen bzw. natürliche Hindernisse im Freien, hinsichtlich der Laufwege sehr variabel sein und eröffnet für die Schüler neue Gestaltungsmöglichkeiten.

Rundenlauf

Ein Partner läuft eine Außenrunde, während der andere eine Innenrunde geht. Nach jeder Runde erfolgt der Wechsel.

Variante:
in eine Geschichte verkleiden, z. B. „Im Kosmos"

Hasche nach Zeit (Klasse 3 bis 4)

Etwa 10 Schüler bilden eine Spielgruppe und umlaufen aufgestellte Kegel. Jeweils ein Schüler ist der Fänger (Wechsel mit Pfiff des Lehrers nach einer Minute) und versucht, so viele Kinder wie möglich abzuschlagen. Die Läufer zählen ihre Abschläge.

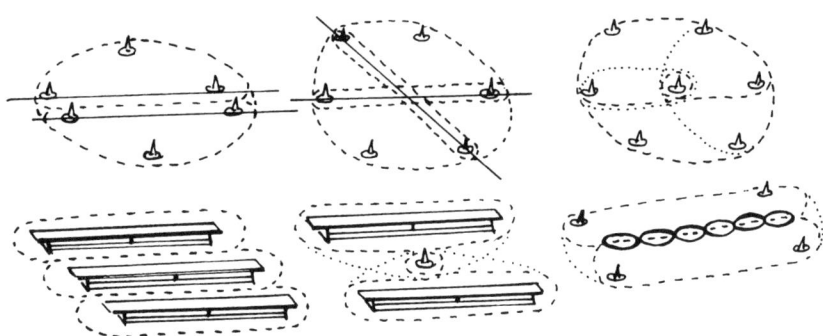

Laufen nach Zahlen

Während die Schüler nach Musik laufen, hält der Lehrer eine Zahlenkarte, z. B. eine 3, hoch. Jetzt finden sich 3 Läufer zusammen und laufen mit Handfassung weiter. Kurze Zeit später sehen die Kinder eine 2, suchen sich einen neuen Mitspieler und laufen nun paarweise.

Laufen nach Symbolen

Die Kinder laufen nach Musik. Während des Laufens hält der Lehrer Karten mit Symbolen für Laufbewegungen hoch, die von den Jungen und Mädchen ausgeführt werden. Das Laufen nach Zahlen und Symbolen lässt sich auch miteinander koppeln.

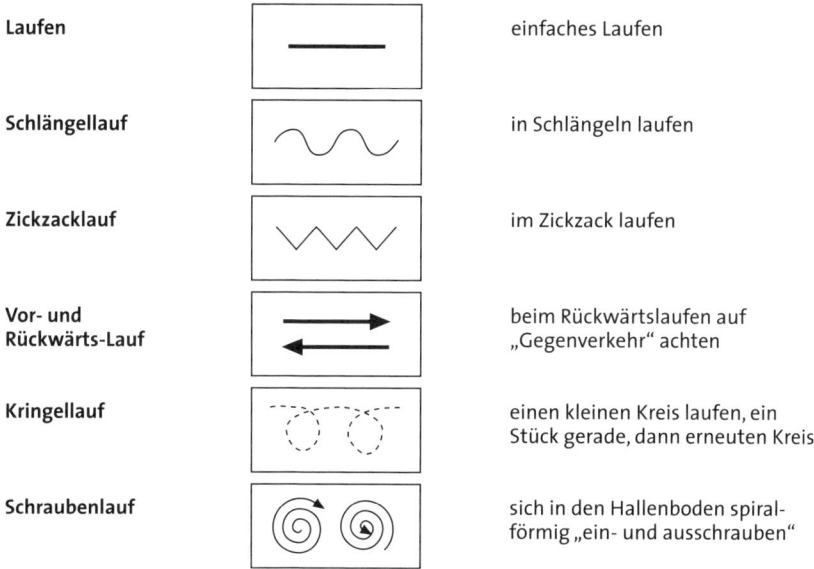

Laufen		einfaches Laufen
Schlängellauf		in Schlängeln laufen
Zickzacklauf		im Zickzack laufen
Vor- und Rückwärts-Lauf		beim Rückwärtslaufen auf „Gegenverkehr" achten
Kringellauf		einen kleinen Kreis laufen, ein Stück gerade, dann erneuten Kreis
Schraubenlauf		sich in den Hallenboden spiralförmig „ein- und ausschrauben"

Bewegungs- und Körpererfahrungen bei der Ausdauerschulung thematisieren

Den Körper spüren

Funktionen innerer Organe wahrnehmen durch:

- Spüren: Nach dem Laufen legen sich die Kinder in Rückenlage auf den Boden und „beobachten" ihren Körper.
- Pulsmessen: in Ruhe – vor dem Lauf – sofort danach – 2 min später (Erholungspuls müsste erreicht sein)
- Laufen nach eigener Tempovorgabe
- bewusste Atmung beim Laufen, Gehen, Liegen

Mögliche Impulse:

- *Spürst du, wie sich dein Brustkorb hebt und senkt?*
- *Kannst du fühlen, wie schnell dein Herz schlägt?*
- *Merkst du, dass du schwitzt?*

Kontrasterfahrungen beim Waldlauf

Entsprechend den konkreten Bedingungen sollten beim Laufen im Wald, Park, über die Wiese, am Strand u. a. Möglichkeiten für das Sammeln von Kontrasterfahrungen geschaffen werden:

● bergauf – bergab
● mit dem Wind – gegen den Wind
● auf Asphalt – auf einem Waldweg – im Sand
● mit Schuhen – barfuß
● langsam – schnell

Mögliche Impulse:

● *Welche Unterschiede empfindest du beim Laufen bergab oder mit und gegen den Wind?*
● *Was spürst du beim Laufen (barfuß) auf unterschiedlichen Unterlagen an deinen Fußsohlen? Wo läufst du am liebsten?*
● *Achte beim Laufen darauf, was sich am und im Körper verändert.*
● *Was kannst du beim Lauf im Freien hören und sehen?*

Die folgenden Spielformen tragen zur Entwicklung eines Laufgefühles (Tempo-, Zeit- und Streckengefühl) bei.

Wiederholungslauf (Klasse 3 bis 4)

Die Schüler bekommen nach der ersten Laufrunde ihre Zeit zugerufen. Anschließend haben sie die Aufgabe, die zweite Runde in möglichst der gleichen Zeit zu laufen.

Umkehrlauf (Klasse 3 bis 4)

Im gleichmäßigen, individuell angemessenen Tempo läuft jeder Schüler eine Strecke. Nach einer bestimmten Zeit (z. B. 3 min) erfolgt das Signal zum Umkehren. Nun sollen alle Läufer innerhalb der gleichen Zeit den Startbereich wieder erreichen. Der Lehrer gibt Hinweise zur zeitlichen Abweichung.

Sein Wohlfühltempo finden

Die Schüler sollen einen Lauf- und Atemrhythmus finden, bei dem sie sich wohl fühlen.

Mögliche Impulse:

● *Wie hast du dich beim Laufen gefühlt?*
● *Finde das Tempo, bei dem du dich wohl fühlst.*
● *Versuche einen Partner zu finden, der etwa dein Tempo läuft.*

Die Verbindung von Laufen mit anderen Tätigkeiten

Verbindet man Laufen mit anderen Tätigkeiten, kann dies von der Laufbelastung ablenken und Monotonie vermeiden.

Über Stock und Stein

Alle sich bietenden natürlichen Hindernisse (Treppen, Bäume, Sträucher u. a.), ergänzt durch weitere Hindernisse (Kisten, Markierungskegel, Reifen usw.), werden in die Laufstrecke einbezogen und umlaufen, übersprungen oder es wird auf ihnen entlanggelaufen.

Biathlon

Ähnlich wie bei der Wintersportart wird die Fortbewegung (Laufen) mit einer Präzisionsaufgabe (Zielwerfen) verbunden. Wer nicht trifft, muss eine kleine Strafrunde laufen.

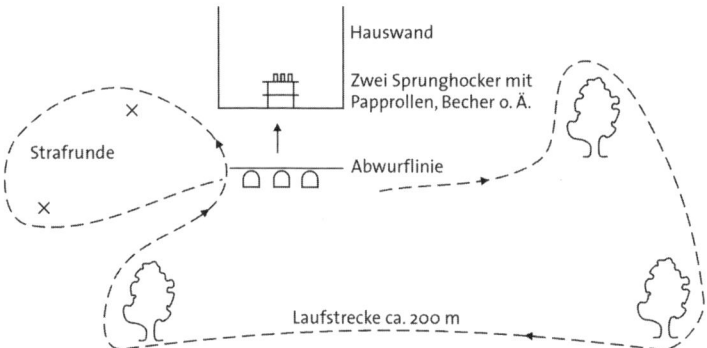

Zahlenlauf

Im Schulgelände werden Zahlen auf den Asphalt gemalt oder auf Pappdeckel und Markierungskegel geschrieben und verteilt. Schülergruppen erhalten vom Lehrer unterschiedliche Aufträge, z. B. „Lauft alle geraden Zahlen an!" oder „Lauft alle durch 3 teilbaren Zahlen an!".

Laufen mit Ball (Klasse 3 bis 4)

Beim Laufen auf dem Sportplatz hat jeder Schüler einen Ball, den er prellen, hochwerfen und fangen oder mit dem Fuß führen kann. Natürlich besteht auch die Möglichkeit, dass sich zwei Schüler einen Ball zuspielen.

Variante:

Stellt man an den Eckpunkten eines zu umlaufenden Feldes Kisten mit Bällen, Pappdeckeln auf, so können diese von den Schülern immer eine Ecke weiter transportiert werden.

Laufen und Springen (Klasse 3 bis 4)
Ein Schüler läuft eine bestimmte Rundenzahl. Der Partner führt inzwischen
Sprünge über das Seil, an der Turnbank, über einen Gegenstand aus und
zählt. Danach erfolgt ein Aufgabenwechsel.

Das kann ich gut (Klasse 3 bis 4)
Jeder Schüler schreibt auf einen Klebezettel etwas, was er im Sportunterricht schon gut kann, z. B. Kopfstand, fair spielen. Er klebt sich diesen Zettel auf den Rücken. Beim Laufen durch die Halle oder das Gelände sollte jeder so viele Informationen wie möglich sammeln. Nach etwa 10 min trifft
sich die Klasse und trägt zusammen, was jedes Kind gut kann.

Farben-Orientierungslauf
Farbige Kleingeräte (z. B. Markierungskegel, Frisbeescheiben) sind in möglichst weiten Abständen unregelmäßig ausgelegt. Jede Laufgruppe wählt
sich eine Farbe und läuft alle Punkte dieser Farbe ab. Dann wird die nächste Farbe angelaufen.

Varianten:
Statt Farben können auch unterschiedliche Geräte in der entsprechenden
Anzahl als Anlaufpunkt dienen, z. B. Medizinbälle, Kartons, Sprunghocker,
Tennisringe. Farben-Orientierungsläufe können auch in Form eines Stern-
Orientierungslaufs (s. unten) durchgeführt werden.

Knoten-Orientierungslauf
Im Schulgelände oder um das Gebiet der Schule herum werden Stricke oder
Springseile mit einer unterschiedlichen Anzahl von Knoten sichtbar aufge-
hängt und zu Beginn gemeinsam abgelaufen. In der Verbindung von Laufen und Suchen besteht die Aufgabe für Kleingruppen darin, beginnend an
unterschiedlichen Ausgangspunkten die Seile aus dem Gedächtnis anzulaufen und dabei die Anzahl der Knoten zu ermitteln. In einer weiteren
Runde kann noch einmal kontrolliert werden.

Stern-Orientierungslauf (Klasse 3 bis 4)
Von einem Mittelpunkt aus (z. B. Turnbank mit Skizze oder Auflistung der
Punkte) laufen Kleingruppen zu einer Station (z. B. Markierungskegel), unter der Zettel mit Buchstaben und Zahlen liegen. Nach Rücklauf zum Mittelpunkt schreiben sie sich Buchstaben und Zahl auf und laufen den nächsten
Punkt an. Sind alle Stationen angelaufen, wird das Suchwort ermittelt. Die
Zahlen geben die Platzierung der Buchstaben im Suchwort an. Suchwörter
sollten einen Bezug zum Sportunterricht oder der Lebenswelt der Kinder
haben, z. B. „Ausdauer", „Olympia" oder „Freunde".

Ausdauerschulung nach Musik
Durch die Verbindung der Ausdauerschulung mit Musik können angenehme Emotionen geweckt, die wohltuende Wirkung erfahren und die Freude an gemeinsamer Ausdauerbelastung erlebt werden.

Ein Lied beim Laufen
Jeder Schüler läuft mit einem (möglichst flotten) Lied im Sinn durch das Schulgelände. Nach jeder Strophe soll eine deutliche Richtungsänderung erfolgen. Eine andere Variante wäre, dass eine etwa leistungsmäßig gleich starke Kleingruppe gemeinsam läuft. Einer summt oder singt auf „la, la ..." einen Liedanfang, die anderen nennen den Liednamen. Natürlich kann sich die Gruppe auch eine kleine Geschichte erzählen oder ein Rätsel lösen.

Paarlauf nach Musik
Nach flotter Musik läuft ein Partner eine kleine Runde, der andere trabt inzwischen langsam. Wird dieser eingeholt, werden die Aufgaben getauscht. Rundenzahl, evtl. Länge der Runde können auch durch das Paar festgelegt werden. Nach der Musik könnte auch jeder für sich allein laufen oder in Vierergruppen, bei denen jeweils zwei Schüler sich abwechseln.

Tanzen
Die im Abschnitt 3.5 genannten Tänze zum Üben der Lauf- und Sprungschritte (s. S. 104 f.) eignen sich bei mehrmaliger Wiederholung auch zur Ausdauerschulung. Wichtig ist, dass man nur unkomplizierte Schrittfolgen verwendet, damit eine kontinuierliche Belastung erfolgt.

Beispiel: Polka (Klasse 3 bis 4)
- 2 × 8 Zählzeiten
  Hüpfschritte vorwärts mit Fassung einer Hand des Partners, Drehung zum Partner und Fassen beider Hände
- 8 Zählzeiten
  Nachstellsprungschritte links seitwärts
- 8 Zählzeiten
  Nachstellsprungschritte rechts seitwärts
- 2 × 8 Zählzeiten
  von vorn

Aerobicformen

16 Zählzeiten   –   march (Marschieren am Ort)
16 Zählzeiten   –   Laufen am Ort
16 Zählzeiten   –   knee lift (wechselseitiges Anziehen der Knie)
                     beim Gehen, Laufen oder Springen
16 Zählzeiten   –   jumping jack (Hampelmänner)

Nach etwa der Hälfte der Zeit (ca. 5 min) sollten die Schüler die Möglichkeit erhalten, den Wechsel bereits nach 8 Zählzeiten vorzunehmen, die Reihenfolge zu verändern, eigene Ideen einzubringen und paarweise/gruppenweise zu üben.

Stepaerobic

Wenn keine Steps zur Verfügung stehen, dann können auch 2 übereinander liegende Matten eine Alternative bieten, die allerdings nicht alle möglichen Bewegungsformen zulässt. Der Wechsel lässt sich auf 16 oder 8 Zählzeiten verkürzen. Die Schüler sollten nicht immer mit dem rechten Bein beginnen.

32 Zählzeiten   –   march (Marschieren hinter dem Step)
32 Zählzeiten   –   tap (Zehen tippen auf das Step)
32 Zählzeiten   –   heel dig (Fersen tippen auf das Step)
32 Zählzeiten   –   march (Marschieren um das Step (2×)
                     oder die Matten (1×)

32 Zählzeiten   –   basic (Grundschritt)

links
rechts

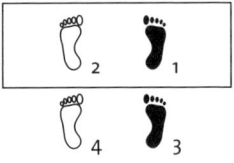

32 Zählzeiten   –   alternating Steps

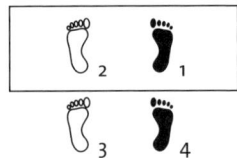

32 Zählzeiten   –   s. o. auf 2 knee lift (Knie anziehen)
32 Zählzeiten   –   s. o. auf 2 kick (kicken)
32 Zählzeiten   –   s. o. auf 2 hopscotch (anfersen) usw.

3.8 Bewegen und Wahrnehmen

Wahrnehmung und Bewegungsverhalten bedingen sich. Je besser ein Kind seine Umwelt beobachtet, je besser es *hin*sehen, *hin*hören und *hin*fühlen kann, desto besser wird es auch seine Bewegung beherrschen. Wahrnehmung bildet eine äußere Realität nicht passiv ab, sondern stellt sie aktiv her. Sie ist von vielfältigen Erfahrungen geprägt. Umweltreize verarbeiten heißt lernen. Es kann aber nur das wahrgenommen werden, worauf unser Sinnesapparat eingerichtet ist. Deshalb sind einzelne Wahrnehmungsbereiche anzuregen, z. B. die optische, akustische, taktile und kinästhetische Sinneserfahrung sowie die Körper- und Raumorientierung (vgl. KIPHARD 1990). Solange der Mensch sehen kann, treten andere Wahrnehmungen in den Hintergrund.

Die Sprache hat auch für die Wahrnehmung eine hohe Bedeutung, u. a. um sich über das Wahrgenommene auszutauschen. Begriffe helfen dabei, z. B. schnell – langsam, vorwärts – rückwärts, weich – hart, schwer – leicht, nah – fern.

Schülerorientiertes methodisches Gestalten von Bewegung und Wahrnehmung bedeutet unter anderem:

- die Vielfalt und das Variieren von Bewegungen bewusst einzusetzen, um das differenzierte Wahrnehmen zu fördern und damit die Basis für die motorische Handlungsfähigkeit zu stärken.
- Offene Situationen sind mit dem Lösen von Problemen verbunden und fordern von den Schülern Entscheidungen zur Bewältigung der Bewegungsaufgabe.
- Soziale Wahrnehmungsprozesse werden durch das gemeinsame Bewegen und Spielen vermittelt, wobei der Umgang mit Körperkontakten bewusst angeregt wird. Das gegenseitige Helfen und ein vertrauensvolles Miteinander lässt sich durch das Ausschalten oder durch die Einschränkung von Analysatoren besonders stark erleben.
- Die Vermittlung von Bewegungs- und Körpererfahrung ist das Ziel der folgenden Inhalte. Zur Konzentration auf die Wahrnehmung sind kontrastreiche Übungsformen und der Austausch von Erfahrungen zu nutzen. Steht ausreichend Zeit zur Verfügung, sollten die Schüler vielfältige Erfahrungen sammeln.
- Ästhetische Akzente lassen sich durch die Sensibilisierung der Schüler für Umweltreize unter dem Motto „Sinne schärfen und Sinne nutzen" sowie durch das Improvisieren und Gestalten von Übungen setzen.

Optische Sinneswahrnehmung, Sinneserfahrung

Die Augen sind das wichtigste menschliche Informationsorgan. Die Intaktheit des Sehvorganges stellt die Grundvoraussetzung für die optische Wahrnehmung und für die Bewegungskoordination dar.

● **Zielverfolgen:** Die Übungen sind mit einem Partner oder in Kleingruppen auszuführen. *Seifenblasen* sind mit den Händen, Füßen oder anderen Körperteilen aufzufangen oder zu zerstören, bevor sie den Boden berühren. Diese Übung kann auch im Sitzen erfolgen. *Papierflugzeuge* werden im Flug verfolgt und nach Möglichkeit im Flug mit den flachen Händen aufgefangen. Es kann auch eine bestimmte Strecke (zur anderen Hallenseite) nach dem Prinzip Start- gleich Landestelle zurückgelegt werden oder die Flugzeuge sollen in Landezonen liegen bleiben. *Spiegelturnen bzw. Schattenlaufen*, indem relativ einfache Bewegungen am Ort oder in der Bewegung langsam vor- und nachgemacht werden.

● **Farbunterscheidung:** Beim *Ampelspiel* werden Gegenstände, wie Sandsäckchen, Tücher, Bälle, in den Farben Rot, Gelb oder Grün in ungeordneter Folge deutlich sichtbar gezeigt. Die Schüler sollen sich als Teilnehmer im Straßenverkehr entsprechend den Farben verhalten. Bei der Farbe Rot stehen bleiben und die Startposition einnehmen, bei Gelb in die Hände klatschen oder/und am Ort laufen, bei Grün schnell starten und laufen. Beim *Zuordnungsspiel* sind ausgelegten farbigen Kleingeräten, wie Bälle, Tücher, Frisbeescheiben, Spielerwesten, Luftballons, Tennisringe, entsprechend farbige Zielgegenstände im Reifen zuzuordnen.

● **Größenunterscheidung:** In der richtigen Folge ordnen sich die Schüler ein, z. B. in Reihe oder Linie der Größe oder der Haarlänge nach, auch von heller nach dunkler Kleidung (der Größte oder Kleinste kann auch in der Mitte stehen).

● **Formunterscheidung:** *Gegenstände zuordnen* (rund, eckig, länglich), *Umrisse legen:* Die Umrisse eines sitzenden oder liegenden Schülers werden mit einem Seil ausgelegt und dienen anderen Schülern als Vorlage.

● **Übergreifend:** *Gleich und gleich gesellt sich gern:* Aus der Bewegung heraus sollen sich Paare oder Kleingruppen nach bestimmten Merkmalen bilden (z. B. gleiche Körperhöhe, Haarlänge, Bekleidung, Körperhöhe und Bekleidung). *Denkmalspiel:* Der Lehrer nimmt eine Pose ein, die die Schüler sich einprägen sollen. Dann schauen alle Schüler weg oder drehen sich um. Der Lehrer ändert ein bis zwei Positionen der Pose, die von den Schülern zu erkennen und zu beschreiben sind. Anschließend kann man die Änderungen wiederholt demonstrieren, damit diese für alle Schüler deutlich erkennbar und nachvollziehbar sind.

Akustische Sinneserfahrung

Der Gehörsinn ist dauernd in Aktion, ist steten Reizen ausgesetzt, nur psychisches Abschalten ist möglich: Hören ohne hinzuhören. Durch Einschränken oder Ausschalten der optischen Wahrnehmung werden akustische Sinneserfahrungen oft erst bewusst wahrgenommen.

● **Richtungshören, Geräusche orten:** *Schleichen in bzw. aus dem Kreis:* Die Schüler stehen im Innenstirnkreis mit Armabstand. Die Augen sind geschlossen. Ein oder zwei sehende Schüler versuchen in bzw. aus dem Kreis zu gelangen. Die Kreisspieler verhindern dies, indem sie durch Heben der Arme in Seithalte den Kreis immer dann schließen, wenn ein entsprechendes Geräusch erkennbar ist. *Gartenzaun:* Neben- und hintereinander auf Lücke stehende Schüler bilden einen Gartenzaun. Sie schließen die Augen. Ein oder zwei sehende Schüler wollen durch den Zaun gelangen. Die Schüler im Zaun versuchen dies durch kleine Seitwärtsbewegungen zu verhindern. *Bauernhof:* Den ungeordnet im Raum stehenden Schülern werden Tiere zugeordnet. Ohne optische Kontrolle, nur mit Hilfe der Tierlaute, sollen sich die Tiergruppen finden, z. B. alle Hunde (Bellen), Katzen (Miau), Vögel (Pip-Pip), Kühe (Muh). Es können auch Lose mit den Tiernamen oder Abbildungen der Tiere verteilt werden. *Im Tal der Klapperschlangen* oder *Hafeneinfahrt*: Ein Schüler soll ohne optische Kontrolle von einer Hallenseite zur anderen gelangen. Dabei muss der Schüler den am Ort und auf Lücke stehenden Mitschülern (Klapperschlangen) ausweichen. Die Klapperschlangen klatschen je nach Annäherung des Schülers leise oder kräftiger in die Hände. Bei der Hafeneinfahrt stellen die Schüler Heulbojen dar, die durch Heulbojengeräusche ein Anstoßen verhindern sollen.

● **Geräusch- und Tonunterscheidung:** *Bälle prellen:* Im Rücken des Schülers oder einer Gruppe werden unterschiedliche Bälle geprellt, die zu bestimmen sind. Es kann auch die Anzahl der Bodenkontakte des Balles zu bestimmen sein.

● **Wortverständnis:** *Familie Meier geht in den Zoo:* Ca. 6 Schüler stehen in Reihe und bilden die Familie Meier. Jeder Schüler stellt ein Familienmitglied dar: Mutter, Vater, Tochter, Sohn, Oma, Opa. Auf seitlichen Abstand zwischen den Gruppen ist zu achten. Es wird eine Geschichte erzählt, in der die Namen vorkommen. Diese Personen laufen um ein Mal und ordnen sich wieder in ihre Gruppe ein oder stellen sich hinten an. Begriffe des aktuellen Lernstoffs oder aus der Lebenswelt der Kinder können auch Inhalte der Geschichte sein.

Taktile Sinneserfahrung

Die Haut ist ein äußerst sensibles Organ. Der Tastsinn ist eng mit Emotionalität verbunden. Durch das Ausschalten der optischen Wahrnehmung lernt der Schüler, dass er allein durch das Tasten alle wichtigen Informationen über die Beschaffenheit von Materialien und Gegenständen erhalten kann. Taktile Übungen erfordern oft ein bewegungsloses Verharren am Ort und hohe Konzentration. Deshalb sollen sie kurzzeitig durchgeführt und immer wieder von großräumigen Bewegungen unterbrochen werden.

● **Igelballmassage:** Ein Schüler liegt in Bauchlage auf einer Matte. Sein Rücken wird mittels eines Balles vom Partner massiert. Der Liegende kann auch die Körperstellen benennen, die massiert werden sollen. Neben Igelbällen können Tennisbälle, Gymnastikbälle oder andere Bälle Anwendung finden. Dies kann auch im Sitzen, z. B. auf der Bank, und in Gruppen in Reihe oder im Sitzkreis, erfolgen, indem jeder seinen Vordermann massiert.

● **Mit einem Springseil gelegte Formen erfühlen:** Ein Schüler schließt die Augen, sein Partner legt das Seil. Es kann mit den Händen und mit den Füßen getastet werden. Der Tastende sollte immer so an die Form geführt werden, dass er die Betrachterposition einnimmt (nicht seitenverkehrt oder über Kopf). Das Seil ist u. U. doppelt zu legen, damit die Formen nicht zu groß werden.
Neben Springseilen können auch Zahlen, Buchstaben, Umrisse von Lebewesen, Pflanzen, Spielgeräten oder Gebäuden erfühlt und benannt werden. Wenn die Schüler genug Zeit haben, gestalten sie sehr interessante Dinge, z. B.:

● **An einem Springseil entlanggehen:** Nur durch Abtasten mit den Füßen, d. h. ohne optische Kontrolle, ist die Bewegungsrichtung zu erspüren. Am besten geht dies barfuß oder in Strümpfen. Die Lage des Seils lässt sich wiederholt verändern. Aus Seilen kann auch eine Gasse gelegt werden, in der sich die Schüler bewegen. Anstatt der Springseile kann man auch ein Tau verwenden.

- **Telefonieren/Stille Post:** Ca. 5 Schüler sitzen mit seitgegrätschten Beinen hintereinander auf dem Boden. Die Hände erfassen die Knöchel des Hintermannes. Eine Zahl soll durch entsprechende Druckkontakte von vorn nach hinten vermittelt werden. Der letzte Schüler der Gruppe sagt sie an. Nur der erste Schüler wird durch die gezeigten Finger oder anhand aufgeschriebener Zahlen informiert. Zu Beginn nur einstellige Zahlen links und rechts einsetzen, später auch zweistellige Zahlen.

- **Auf den Rücken malen:** In kleinen Gruppen sitzen 4 bis 5 Schüler hintereinander. Der jeweils letzte Schüler der Gruppe erhält eine für alle Gruppen gleiche Vorgabe (z. B. ein Viereck, Dreieck, Kreis mit Kreuz, Auto, Fahrrad, Rakete, Sonne, Zahlen, Buchstaben). Nur durch „Malen" auf dem Rücken des Vordermannes ist diese Vorgabe bis zum vorderen Schüler weiterzugeben. Dieser zeichnet das von ihm Wahrgenommene auf. In der Regel werden sehr unterschiedliche Ergebnisse sichtbar, die man humorvoll werten sollte und die gleichzeitig zu einem genaueren Wahrnehmen anregen.

- **Waldspaziergang:** Übung mit einem Partner. Der Lehrer schildert einen Waldspaziergang und vermittelt das Gesagte gleichzeitig durch entsprechende Kontakte auf den Rücken eines in Bauchlage liegenden Schülers. Alle anderen „Spaziergänger" beobachten die Handlungen des Lehrers und „massieren" ihren liegenden Partner in vergleichbarer Art.
Beispiele: Vögel hüpfen über die Lichtung, ein Fuchs schleicht sich an, nun kommt eine dicke Schlange, eine Affenherde überquert schnell die Lichtung, ganz gemütlich bewegt sich eine Elefantenherde, es kommt Wind auf, die ersten Regentropfen fallen, dann prasselt der Regen, die Sonne scheint (Wärme durch die Handflächen). Nach dem gleichen Prinzip kann man eine Pizza backen.

Körperwahrnehmung, Körperorientierung

Die eigene körperliche Räumlichkeit, einschließlich Körperspannung und Körperhaltung, können die Schüler durch kinästhetische, taktile und visuelle Sinneswahrnehmungen bewusst erfahren.

- **Blindenführer:** Übung mit einem Partner, der seine Augen schließt. Der Sehende ist vorn und führt den „Blinden" durch die Halle. Der „Blinde" hat die Hände auf die Schultern des Vordermannes aufgelegt oder ist durch Geräte mit ihm verbunden (Gymnastikstäbe, Keulen, Springseil, Reifen). Der Sehende bewegt sich nur so schnell, wie es der „Blinde" wünscht.

- **Blinde Modellierer:** Der blinde Modellierer ertastet die stehende oder sitzende Position seines Partners und versucht mit seinem Körper die gleiche Position einzunehmen.

- **Schaufensterpuppe gestalten:** Die Schüler stehen im Kreis zu Paaren. Jeweils ein Schüler ist die Schaufensterpuppe, der andere der Dekorateur. Jeder Dekorateur stellt seine Puppe in eine Position. Nach Aufforderung des Lehrers gehen alle Dekorateure eine Puppe weiter und verändern die fixierte Position. Die Puppen sollten sich gegenseitig beobachten können.

- **Zeitlupenspiel:** Alle Schüler gestalten in Zeitlupe eine Bewegungsaufgabe. Anfangs gibt der Lehrer die Aufgaben vor und gestaltet sie mit. Dabei kann man aktuell vermittelte Bewegungsaufgaben oder Bewegungen des Schulalltags nutzen. Danach sollten die Schüler in Kleingruppen eigene Ideen einbringen. Beispiele: Gehen, über ein Hindernis steigen, einen Ball fangen und werfen, auf eine Turnbank setzen und aufstehen, Tanz mit einem Partner. Langsame Ausführungen ergeben einen guten Einblick in die Bewegungstechnik (richtig/falsch).

- **Mit dem Körper Buchstaben, Zahlen oder Symbole darstellen:** Die Vorgabe sollte aufgemalt gezeigt werden (Tafel oder Schilder). Für den Einzelnen eignet sich ein T, L, C bzw. 1, 2, 6 oder als Übung mit Partner ein M, H, K bzw. 3, 4, 8 oder als Übung für Gruppen ein Dreieck, Viereck, Haus.

- **Baumstamm:** Ohne Aufgabe der Körperspannung wird der gestreckte Körper eines in Rückenlage liegenden Schülers durch 2 Mitschüler angehoben, gehalten und wieder abgelegt (Matte zur Sicherung).

- **Rechter Winkel:** Der im Winkelsitz befindliche Schüler behält seine Körperposition bei, auch wenn er durch 2 Mitschüler an den Füßen oder an den Schultern bewegt wird. Zur Erleichterung können die Hände seitlich an den Oberschenkeln die Winkelposition stabilisieren.

- **V-Balance:** Die Partner stehen mit ihren Füßen eng beieinander und halten sich an den Händen. Bei gestreckter und gespannter Körperhaltung sollen die Arme völlig gestreckt werden, ohne die Stellung der Füße zu verändern. In dieser Position verharren und wieder die Ausgangsposition einnehmen.

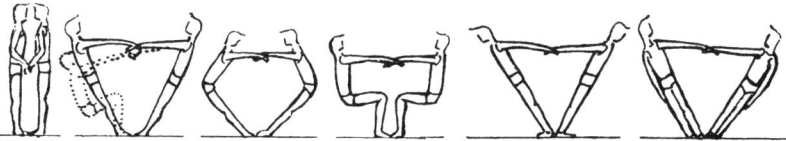

- **Marionette:** Der in Rückenlage liegende Schüler ist eine Marionette. An fiktiven Fäden werden einzelne Körperteile in bestimmte Positionen angehoben, dort gehalten, verändert und wieder abgelegt. Die beiden Marionettenspieler sollten ihre Handlungen verbal unterstützen. Einführende Beispiele durch den Lehrer sind empfehlenswert.

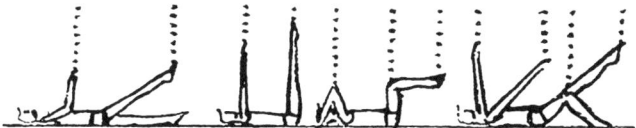

Raumorientierung

Körper und Raum bilden ein dreidimensionales System, um den eigenen Standort und die Entfernungen zu den Handlungsobjekten (Geräte, Spielfeldbegrenzungen, Tore, Mitspieler, Gegner) räumlich einzuschätzen.

● **Bezug zu einer Person oder einem Gerät:** Die Schüler laufen durcheinander, der Lehrer ruft „nah, weit weg, hinter, vor, links bzw. rechts neben (Arm heben) oder um". Die Schüler sollen so schnell wie möglich diese Position zum Lehrer einnehmen. Auch ein sportbefreiter Schüler oder ein Gerät kann als Bezug dienen.

● **Bezug in einer Dreiergruppe:** Die Schüler bewegen sich in Dreiergruppen frei im Raum. Jeweils ein Schüler in jeder Dreiergruppe ist als Bezugsperson mit einem Tuch, Spielerweste oder Kleingerät versehen. Der Spielleiter ruft laut „zwischen, vorn, hinten, rechts oder links" und entsprechend muss sich die Gruppe bei Beibehalten des leichten Laufes immer wieder neu positionieren.

● **Platz/Weg finden:** Die Aufgaben sind mehrmals mit optischer Kontrolle auszuführen, bevor die Schüler ohne optische Kontrolle in einer Gasse, auf einer Linie, vor einer Weichmatte stehen bleiben oder Gegenstände (Säckchen, Frisbeescheibe, Tennisring) ablegen oder holen sollen. Stehen Schaumstoffteile oder Kartons zur Verfügung, kann ein Steigen über diese Hindernisse erfolgen. Ein in ca. 5 m entferntes, kniehoch gehaltenes Springseil ist zu übersteigen (auch mit einem Partner mit Handfassen). Eine weitere Möglichkeit besteht darin, dass ein „blinder" Schüler durch den Partner geführt wird (Hallenmarkierungen nutzen). Danach soll der „blinde" Schüler den Weg beschreiben oder nochmals abgehen.

● **Blindball:** Ein Wurfgerät (Ball, Säckchen) soll ohne optische Kontrolle von einer beizubehaltenden Position in ein Ziel geworfen werden. Jeder hat 5 Würfe hintereinander, die stets kommentiert werden und Hinweise zur Korrektur beinhalten.

● **Reifenlauf:** Jeweils 2 Schüler mit einem Reifen stehen hintereinander. Der vordere Schüler ist im Reifen, den der hintere Schüler möglichst waagerecht hält. Der Schüler im Reifen bewegt sich frei in der Halle. Sein Partner muss sich dementsprechend mitbewegen und den Reifen so führen, dass der Reifen keinen Kontakt mit dem Körper des Vordermannes hat. Mit langsamem Gehen beginnen, über schnelles Gehen bis zum leichten Traben steigern. Den Schülern deutlich machen, dass sie miteinander und nicht gegeneinander spielen und sich so bewegen sollen, dass der Partner sich anstrengen muss.

4 Spielen

Spielen setzt bereits Bekanntes und Gekonntes voraus, das in unterschiedlichen Varianten angewendet und gestaltet werden kann. Dadurch lassen sich neue, unbekannte Dimensionen erschließen, woraus die Lust am Spielen erwächst (vgl. EHNI 1985, 46). Spielen in diesem Begriffsverständnis steht in einem engen Zusammenhang mit dem Anwenden des Bekannten und dem Gestalten. Spielsituationen im Sportunterricht der Grundschule müssen aus der Sicht der Kinder Freiwilligkeit, Zweckunbewusstheit, positive Emotionen und Probehandeln ermöglichen. Diese Aussage wird allerdings nicht für jedes Merkmal im vollen Umfang zutreffen. (Vgl. PETILLON 1999, 10–21)

Das Spielen hat gerade für Grundschulkinder eine besondere Bedeutung: Spielen ist ein Grundbedürfnis des Kindes und für dessen kognitive, soziale, emotionale und psychomotorische Entwicklung unerlässlich. Im Spiel kann das Kind sich erproben, sich üben, sich vervollkommnen und die Wirklichkeit symbolisch verändern. Soziale Kontakte können auf- und ausgebaut, mit Problemen und Konflikten kann entspannter umgegangen werden. Die Schüler erfassen Spielrollen und gestalten diese. Dadurch werden Fantasie und Kreativität sowie Selbstständigkeit angeregt. Die Schüler erleben den Reiz des Spielens, der aus den offenen und wechselnden Situationen im Rahmen einer Spielidee entspringt. Die Grundschule ist in besonderer Weise verpflichtet, diese kindgemäßen Aktivitäten zu wahren. (Vgl. PETILLON 1999, 27) Deshalb muss dem Spielen auch im Sportunterricht der Klassen 1 bis 4 besondere Aufmerksamkeit zukommen, vor allem in der Verbindung von Bewegen und Spielen. Dafür erscheint es uns wichtig, den Eigenwert des Spielens zu verstehen sowie zu erhalten und Spielen als eine interessante Ergänzung zu den anderen Handlungsformen des Sports einzuordnen.

Spielen in dem dargestellten weiten Verständnis erfordert für die Realisierung Offenheit, Freiwilligkeit und Wechsel zwischen Erzeugung und Lösung von Spannung (vgl. EHNI 1985, 25). Der Pädagoge sollte zum Spielen und zum Verändern anregen, Aufgaben stellen, Hilfe geben und möglichst auch einmal mitspielen. Die Regeln und das Zeitbudget lassen sich gemeinsam absprechen. Spielen verlangt Zeit und Muße. Zu häufige Eingriffe können das Spiel zerstören. „Kinder und Uhren dürfen nicht beständig aufgezogen werden. Man muss sie auch gehen lassen." (BECKER/MARISS 1995, 91)

4.1 In Pause und Freizeit spielen

Der Sportunterricht eignet sich dazu, vielfältige Anregungen für das Spielen in anderen schulischen Bereichen, z. B. den Pausen, sowie das Spielen in der Freizeit zugeben.

Ziel ist die Befähigung der Schüler, bekannte Spielformen selbstständig auch außerhalb des Sportunterrichtes anwenden zu können. Die Ausbildung sozialer Kompetenzen ist dazu besonders wichtig, z. B. Kontakt zu anderen aufnehmen, Gruppen bilden, Regeln gemeinsam vereinbaren, Aufgaben und Rollen übernehmen und sich aufeinander einstellen, Spielkonflikte angemessen lösen (vgl. MÜLLER 2003, 191).

Die folgenden Spiele sind als Anregungen für das selbstbestimmte Spielen durch die Schüler gedacht. Weitere Ideen können ebenso dem Abschnitt 4.3 entnommen werden. Wenngleich es sich in aller Regel beim Spielen in Pause und Freizeit nicht um didaktisch begleitete Situationen handelt, scheint uns die Beachtung wesentlicher Kriterien wichtig, damit die jeweilige Spielform von den Kindern auch angenommen und die Situation selbst als Spielgelegenheit überhaupt wahrgenommen wird.

- Das Spielrepertoire sollte sich zunächst an einer überschaubaren Vielfalt orientieren, aus der die Schüler ihre Pausenspiele auswählen. Spiele mit einem umfangreichen Gerätebedarf sowie zeitraubenden organisatorischen Maßnahmen sind für die spezifische Pausensituation eher ungünstig.

- Zunehmend können die Wahlmöglichkeiten breiter angelegt werden. Dabei sollten auch die Spiele selbst variabel gestaltbar sein und zu neuen Ideen anregen, die den Bedingungen von Pause und Freizeit (kleine Spielgruppen, weniger Spielzeit, schnelle Wechsel von Interessenten am Spielgeschehen) entsprechen.

- Als soziale Lerngelegenheiten müssen die Spiele in Kleingruppen (2 bis 6 Schüler) spielbar sein und vielen Mitspielern gleichzeitiges Bewegen ermöglichen. Der Gedanke des Miteinanderspielens sollte überwiegen.

- Für eine bewegungsorientierte Pausen- und Freizeitgestaltung ist den Schülern Wissen zu vermitteln über konkrete Spiele, deren Regeln sowie Variationsmöglichkeiten, Aufstellungsformen, Eignung unterschiedlicher Spielgeräte usw.

- Die Spielanregungen sollten nicht auf die Sportstunde beschränkt bleiben. Im Sinne fächerverbindenden Unterrichts erhalten die Kinder auch von anderen Fachlehrern Impulse.

Zielmurmeln

Zu diesem Spiel gehören 3 oder 4 Spieler, die je 5 Murmeln besitzen sollten. Statt Murmeln eignen sich auch kleine Steinchen. Zur Spielvorbereitung gehört lediglich das Ziehen einer Abwurflinie auf dem Boden. Von hier aus muss jeder Spieler seine Murmeln werfen. Der Erste darf eine Murmel 2 bis 3 m von der festgelegten Wurflinie entfernt hinlegen. Alle anderen versuchen nacheinander, diese zu treffen. Wem es gelingt, darf seine und die hingelegte Murmel vom Feld nehmen. Gelingt es keinem, so beginnt das Spiel von vorn.

Varianten:
- vergrößerte Entfernung
- veränderte Wertung

Wer braucht die wenigsten Würfe, um das Ziel zu treffen?
Eine Wand ist das Ziel! Wer wirft ganz nahe an die Wand heran?

Nippen

Wie beim Zielmurmeln benötigt auch hier jeder Spieler ein paar Murmeln. Von der gezogenen Abwurflinie wird im Abstand von ca. 3 m eine kleine Mulde in den Erdboden gegraben. Diese ist das Ziel für die Murmeln.

Nacheinander werfen die Spieler in Richtung der Mulde. Wer am nächsten herankommt, versucht nun als Erster die Murmeln durch einmaliges Anstoßen mit dem Finger in das Ziel zu rollen. Eingelochte Murmeln darf er behalten. Verfehlt er die Mulde, ist der Zweitbeste an der Reihe usw.

Wandfußball

Benötigt wird eine freie Wand und ein Ball, den die 2 bis 5 Spieler mit dem Fuß gegen die Wand schießen. Der Erste schießt den Fußball gegen die Wand. Den zurückprallenden Ball muss der nächste Spieler mit nur 2 Ballberührungen ebenfalls an die Wand spielen, dann der Nächste usw. Gelingt dies einem der Spieler nicht, so bekommt er einen Minuspunkt. Kinder mit 10 Punkten scheiden kurzfristig aus dem Spielgeschehen aus oder erfüllen eine Zusatzaufgabe.

Zur Vereinfachung des regelgerechten Spielens des Balles durch den nachfolgenden Spieler kann eine Gasse von ca. 5 m vereinbart werden, in welcher der Ball sich bewegen soll.

Die 2 Ballkontakte können ganz unterschiedlich genutzt werden:

- Der zurückprallende Ball wird mit der ersten Ballberührung möglichst schnell gestoppt. Die zweite Berührung dient dem Schuss gegen die Wand.

- Man lässt den von der Wand springenden Ball zunächst ausrollen und nutzt seine erste Berührung, um den Ball möglichst nahe an die Wand zu befördern. Will man diese Taktik beschränken, so kann eine Grundlinie in ca. 10 m Entfernung von der Wand gezeichnet werden, die der Ball nicht überschreiten darf.

Nenne mir ...!

Die Schüler stehen in einer Linie und bekommen vom ballbesitzenden Fragesteller, welcher der Gruppe gegenübersteht, einen Ball zugeworfen. Mit dem Wurf wird der Fänger aufgefordert: „Nenne mir ein Land mit A!" oder „Nenne mir einen Vornamen mit J!" (Tier- und Pflanzennamen eignen sich ebenso). Der Befragte muss so schnell wie möglich antworten und den Ball zurückwerfen. So wird jeder Einzelne der Reihe nach gefragt.

Weiß ein Spieler keine Antwort, so spielt er dennoch den Ball zurück. Der Fragesteller wirft diesen nun so hoch wie möglich und der „Unwissende" muss ihn fangen. In der Zwischenzeit laufen alle anderen Kinder weg, bis der Fänger den Ball in der Hand hält und „Stopp!" ruft. Alle Läufer drehen sich dann zu ihm und bilden mit ihren Armen vor dem Körper einen Kreis. Der Ballbesitzer wählt nun einen Spieler, dem er sich mit 3 Schritten nähert, und versucht, den Ball durch dessen Armkreis zu werfen. Gelingt es ihm, ist er der nächste Fragesteller. Trifft er nicht, so darf der andere sich eine Frage ausdenken.

Schlangenhäuten (Klasse 3 bis 4)

Zu Spielbeginn stehen die Kinder in Reihe hintereinander. Dann greifen sie jeweils mit der einen Hand durch die eigenen gegrätschten Beine und mit der anderen erfassen sie die Hand des Vordermannes. Sobald die „Riesenschlange" fertig ist, legt sich der letzte Spieler langsam auf den Rücken. Dabei geht sein Vordermann vorsichtig mit gegrätschten Beinen über ihn hinweg nach hinten. Dann legt er sich ebenfalls hin, ohne die Handfassung zu lösen. Wichtig ist, dass die gesamte Schlange langsam rückwärts nachrutscht, ohne auseinander zu reißen. Die Schlange ist „gehäutet", sobald alle Schüler auf dem Rücken liegen.

Varianten:

● Bei der Einführung des Spieles sollte zunächst paarweise oder in kleineren Gruppen das „Häuten" geübt werden. Diese Maßnahme wirkt sich positiv auf den Erfolg der „Riesenschlange" aus.

● Nach dem „Häuten" kann sich die Schlange auch wieder anziehen, indem die Spieler von hinten beginnend nacheinander mit gegrätschten Beinen nach vorn gehen und sich beim Aufstehen gegenseitig helfen.

Mühle

In der Ausgangsstellung stehen sich die Paare mit Handfassung gegenüber. Die Fußspitzen zeigen zueinander und die Arme sind lang ausgestreckt, so dass sich die Partner gegenseitig halten. Langsam beginnen sie sich zu drehen, wobei die Arme noch immer möglichst gestreckt sind. Sie drehen sich als Mühle mit ganz kurzen Schritten schneller und schneller, bis sie sich nicht mehr halten können.

Verliebt, verlobt, verheiratet

Im Innenstirnkreis stehend werfen sich die Spieler in beliebiger Reihenfolge einen Ball zu. Die Aufstellung kann auch in Linie erfolgen, wobei ein Zuspieler der Gruppe gegenübersteht und den Ball immer wieder zurück erhält. Bei einem fehlerhaften Wurf oder einem nicht gefangenen Ball gilt der Betreffende zunächst als „verliebt". Der zweite Fehler zieht die „Verlobung" nach sich und mit dem dritten ist der Spieler „verheiratet". Um ein Ausscheiden zu vermeiden, können sich die Beteiligten noch auf eine bestimmte Zahl an Kindern einigen, die diese Ehe hervorbringt. Mit der Einbeziehung von Enkeln und Urenkeln kann das Spiel sehr lange fortgesetzt werden.

Stando

Alle Spieler stehen im großen Kreis, in dessen
Mitte ein Schüler einen Ball nach oben wirft. Mit
dem Wurf nennt er den Namen jenes Spielers,
der den Ball fangen soll. Alle anderen laufen
schnellstmöglich aus dem Kreis heraus. Hat der
Fänger den Ball sicher in der Hand, ruft er sofort
„Stando!" und alle Läufer müssen stehen bleiben. Jetzt versucht der Fänger einen nahe stehenden Spieler abzuwerfen. Gelingt dies, ist der
Abgeworfene im folgenden Spieldurchgang in
der Kreismitte und ruft nach seinem Wurf den
nächsten Namen. Misslingt der Abwurf, geht der
betreffende Spieler selbst in die Kreismitte.

Hüpfspiele

Die nachfolgenden Hüpfformen spielt man am besten zu zweit oder in kleinen Gruppen. Auf vielen Schulhöfen sind solche oder ähnliche Formen dau-
erhaft aufgezeichnet, so dass die Schüler lediglich einen Wurfstein benötigen. Zunächst stellt sich der erste Spieler vor das Feld 1 und wirft seinen
Stein hinein. Nun springt er in das Feld, nimmt den Stein auf und wirft ihn
wieder zurück, um dann selbst wieder aus dem ersten Feld herauszusprin-
gen. Weiter geht es mit Feld 2: hineinwerfen, springen, Stein aufnehmen
und zurückwerfen und wieder herausspringen. So geht es weiter, bis der
Stein und der Spieler in allen Feldern war.

Sobald der Springer aber einen Fehler macht, ist der nächste dran. Ein
Fehler ist passiert, wenn der Stein nicht im richtigen Feld liegen bleibt, beim
Springen eine Linie betreten oder zwischen den Sprüngen eine Pause ge-
macht wird.

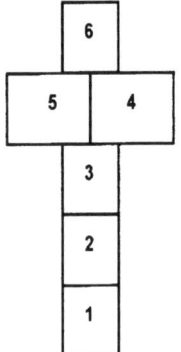
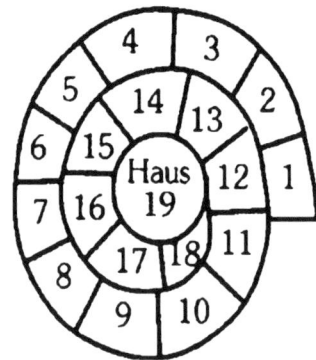
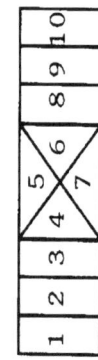

4.2 Sich in andere Rollen versetzen

Kinder haben viel Freude daran, in andere Rollen zu schlüpfen. Das „So-tun-als-ob" ermöglicht Probehandeln, ungewöhnliche Wege und sanktionsfreie Lösungen. Die spontane Ausdrucksfähigkeit von Grundschulkindern und die Fähigkeit zum fantasievollen Gestalten von Bewegungsaufgaben bieten dafür gute Voraussetzungen. Durch das Hineinversetzen in Rollen können andere Lebensformen, Denk- und Verhaltensweisen erfahren, hinterfragt und schöpferisch gestaltet werden. Dadurch ist ein entspannterer Umgang mit sozialen Konflikten möglich. (Vgl. WARWITZ/RUDOLF 2003, 70)

Bei den nachfolgenden Beispielen werden Verflechtungsbeziehungen zwischen dem Spielen und anderen Vollzugsformen deutlich, vor allem durch fließende Übergänge vom Spielen zum Erkunden sowie durch spielerisches Üben als wiederholter Vorgang, bei dem aber der Zweck im Spiel selbst liegt.

Spielsituationen können eine pädagogische Anreicherung erfahren, wenn folgende Aspekte Beachtung finden:

- Das Versetzen in andere Rollen erfordert Kreativität in der Ausgestaltung der Rollen, aber auch der entsprechenden Situationen (Höhlen bauen usw.). Dadurch ist Vielfalt garantiert.
- Durch die Möglichkeiten, die Rollen und die Bewegungsaktivitäten auszuwählen, werden Differenzierungen geschaffen.
- Während des gemeinsamen Spielens müssen sich die Kinder durch Ausdrucksmittel des Körpers (Mimik, Gestik) sowie durch die Sprache miteinander verständigen, wodurch sich soziale Lerngelegenheiten bieten.
- Zu Spielende kann reflektiert werden, wie sich das Kind in der Rolle gefühlt hat und welche Bewegungserfahrungen gesammelt wurden.
- Eine Reihe von Themen bietet sich zum fachübergreifenden bzw. zum fächerverbindenden Unterrichten an (z. B. mit dem Deutschunterricht).

In welche Rollen können sich Schüler versetzen?
- Märchenfiguren und Fabelwesen („Geschichte von den Trollen")
- Rollen aus dem Bereich der Erwachsenen („Sportler")
- Tiere, Pflanzen („Im Zoo")
- Figuren aus dem Fernsehen, Filme, Comicfiguren („Kontakt mit Außerirdischen"), literarische Gestalten („Harry Potter")
- Gegenstände, wie Verkehrsmittel u. a. („Eisenbahn")
- Figuren aus der Vergangenheit oder aus anderen Ländern („Indianer")

Geschichte von den Trollen

Einstiegs- und Aufbauphase:
Seit langer Zeit leben hoch oben in den norwegischen Bergen die Trolle. Es sind seltsame Wesen – ähnlich den Zwergen oder Wichteln. Sie sind klein, plump, erdfarben und haben eine lange, krumme oder eine Knollennase und zottelige Haare – manche haben auch einen Schwanz. Meist sind sie gutmütig und freundlich zu den Menschen. Aber wenn man sie ärgert, können sie sehr zornig werden. Sie verstecken sich tief in den Wäldern in dunklen Höhlen.
    Die Schüler suchen in der Halle nach dunklen Höhlen oder bauen sich welche.

Spielphase:
Wenn es dunkel wird, wagen sich die Trolle vorsichtig aus ihren Verstecken heraus. Sie feiern gern und hüpfen vergnügt umher, tanzen und singen. Doch bevor die Sonne aufgeht, müssen sich die Trolle schnell wieder verstecken. Auch Gewitterdonner setzt den Fabelwesen schwer zu. Wenn ein Gewitter aufzieht, eilen sie in ihre schützenden Höhlen. Weil die Trolle Gewitter so fürchten, laufen sie auch vor dem Klang einer Trommel oder eines Tamburins davon. Das Tanzen der Trolle könnte durch den Spielleiter mit einem Trommelschlag, mit einer aufgehenden Sonne (gelber Ball, Luftballon) und (wenn möglich) mit dem teilweisen Ausschalten der Beleuchtung unterbrochen werden. Dann verstecken sich alle Schüler in den dunklen Höhlen.

Abschlussphase:
Die Geschichte könnte mit einem gemeinsamen Tanz der Trolle beendet werden.

Varianten:
● sich äußerlich als Troll zu verändern
● Einsatz von Musik

Frau Holle

Einstiegs- und Aufbauphase:
Märchen gemeinsam lesen (im Deutschunterricht), zusammen eine Märchenlandschaft aufbauen und nach Spielmöglichkeiten suchen

Spielphase:
Die Schüler entscheiden selbst, welche Ereignisse sie nachspielen und wann sie wechseln wollen.

Ereignis	*Bewegungs- und Spielmöglichkeiten*
Spindel aus dem Brunnen holen	– Stab aus dem Kasten holen
auf der Wiese erwachen	– auf Weichboden strecken, wälzen, rollen
Äpfel pflücken	– Behälter mit kleinen Bällen an Sprossenwand befestigen: hochklettern, „Äpfel pflücken", in ein Kastenteil legen
Brote aus dem Ofen ziehen	– mit einem Federballschläger die „Brote" (Bälle u. a.) unter dem Sprunghocker hervorholen und um ein Wendemal balancieren
Betten schütteln	– mit Schwungtuch/Bettlaken u. a. Wattepads hochschleudern und wieder auffangen
durch das goldene Tor laufen	– durch ein Schwungseil laufen

Abschlussphase:
gemeinsamen Tanz zu einem Lied von Frau Holle entwickeln
(Idee: Ilka Stein, Simone Turnier, Ina Wolff)

Sportler
Einstiegs- und Aufbauphase:
Verbindung zu einem aktuellen Sportereignis

Spielphase:
Der Lehrer nennt Sportarten in Verbindung mit Befindlichkeiten. Die Schüler versetzen sich in diese Sportler.

Boxen	nervös/angespannt	müde/erschöpft
Skispringen	fröhlich	aggressiv/übererregt
Kugelstoßen	traurig	überheblich
Gewichtheben	mutig	zufrieden
Tennis	neidisch	verärgert

Abschlussphase:
die eigene Lieblingssportart darstellen
(gekürzt nach Dana Bierbass)

Ihr seid ...
Einstiegs- und Aufbauphase:
Hinweis, sich in die genannten Rollen zu versetzen

Spielphase:
Die Schüler bewegen sich auf abgesprochenen Wegen durch die Halle oder
über den Sportplatz (z. B. Wechsel der Seiten) und spielen dabei:

- Pferde auf der Weide, die sich nicht einfangen lassen
- Hunde, die einem Hasen nachjagen
- Katzen, die auf dem Boden einer Maus nachschleichen
- Frösche, die schnell über die Straße hüpfen
- Schlangen, die sich durch das Gras schlängeln
- Kängurus, die durch das Buschland hüpfen
- Fische, die im Meer schwimmen
- Segelflieger, die über einer Stadt kreisen
- Lokomotiven, die nach Berlin fahren
- Düsenjäger/Hubschrauber, die starten, fliegen und landen
- Schiffe, die über das Meer schaukeln
- Radrennfahrer, die auf der Radrennbahn herumsausen
- Fußballer, die mit dem Ball aufs Tor zulaufen
- Skilangläufer, die durch den Schnee gleiten

Abschlussphase:
Die Schüler erfinden selbst Tiere, Personen oder Gegenstände, die sie dar-
stellen.
(Idee: Elke Berger)

Im Zoo
Einstiegs- und Aufbauphase:
Die Schüler bilden Kleingruppen, die je eine Tierart darstellen (Affen, Löwen, Schlangen, Elefanten, große Vögel ...). Jede Gruppe bekommt ein Ter-
ritorium „im Zoo" zugeordnet. Sie tauschen sich darüber aus, was Merkmale der Tierart sind, wie diese leben und sich bewegen, wie ihr Gehege im
Zoo aussieht. Dann beginnen sie die entsprechenden Käfige, Gehege, Höhlen, Felsen usw. zu bauen.

Zum Beispiel könnten die Affen ein Gebiet um die Kletterstangen bele-
gen, die Pinguine und Robben rutschen auf Bänken (eingehängt in der
Sprossenwand) ins Wasser (Matten), Löwen und Tiger steigen über Felsen
(Kastenteile und Sprunggeräte) oder die tropischen Vögel halten sich auf
Ästen (Turnbänke) im Gleichgewicht.

Spielphase:
Wenn alle Gehege aufgebaut sind, beginnt das Spiel der Tiere. Eine Kinder-
gruppe könnte außerdem eine Familie darstellen, die den Zoo besucht. Dadurch wird der Anreiz bei den „Tieren" geweckt, gewissenhaft in die ge-
wählte Rolle zu schlüpfen. Die Tiergruppen sollten mit den Besuchern die
Rollen tauschen, damit alle Schüler den Zoo besichtigen können.

Abschlussphase:
Der Lehrer als Zoowärter nimmt den „Eintritt" ein und weist den Besuchern
den Weg. Er verabschiedet die letzten Besucher und sagt zum Schluss allen
Tieren „Gute Nacht".
(Idee: INA HALFER)

Wicki und die starken Männer (Klasse 1 bis 2)
Einstiegs- und Aufbauphase:
Anknüpfen an Zeichentrickserie
Wicki ist ein kleiner Junge, der mit seinen Eltern in ei-
nem kleinen Dorf namens Flake wohnt. Er hilft seinen
Freunden und Dorfbewohnern (Tjure, Snorre, Faxe,
Gorm, Ulme u. a.) mit viel Fantasie aus so mancher
schwierigen Situation. Oft gehen sie auf Entdeckungstour oder fahren mit
dem Schiff über das Meer. Wir wollen ihn dabei begleiten.

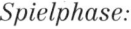

Spielphase:

EREIGNIS	BEWEGUNGS- UND SPIELMÖGLICHKEIT
im Boot rudern	– auf einer Teppichfliese sitzend um Wendemale „rudern"
Schatz suchen	– unter Schwungtuch Dinge ertasten
Festung erobern	– über eine Kastentreppe auf die Sprossen-wand, Fahne schwenken, auf einer Turn-bank herunterrutschen
Schätze in der Höhle verstecken	– über Turnbänke Matten legen und darunter Schätze verstecken, die die Mitspieler suchen
Festung bauen	– aus Pappkartons eine sichere Burg bauen und durch Zielwerfen testen
Schatz aus Labyrinth holen	– mit einem „Schatz" über eine Hindernis-strecke balancieren

Abschlussphase:
themenbezogenes Fangspiel
(Idee: ILKA STEIN, SIMONE TURNIER, INA WOLFF)

Kontakt mit Außerirdischen (Klasse 3 bis 4)

Einstiegs- und Aufbauphase:
Wir schreiben das Jahr 2375. Eine Gruppe von Astronauten verlässt unseren Planeten. Doch nach einem technischen Problem sind sie gezwungen, auf einem fremden Planeten zu landen. Schnell wird ihnen klar, dass sie nicht alleine sind!

Die Schüler nutzen die Geräte in der Halle, um eine Landschaft nach ihren Vorstellungen aufzubauen. Sie überlegen sich außerdem, wie die Außerirdischen aussehen und wie sie sich fortbewegen. Nachdem jeder Schüler für sich eine Fortbewegungsart festgelegt hat, erforscht er seinen Planeten.

Spielphase:
Eine Gruppe stellt die Astronauten dar, die gerade auf dem fremden Planeten landen (z. B. mit Rollbrettern). Die Außerirdischen verstecken sich ganz schnell in ihren Höhlen bzw. hinter den Felsen. Während die Astronauten den Planeten erforschen, verlieren seine Bewohner allmählich die Scheu und gehen auf die Astronauten zu. Ohne dass sie die Sprache des anderen verstehen, müssen sie einander zeigen, dass sie friedliche Geschöpfe sind.

Abschlussphase:
Die Außerirdischen helfen den Astronauten ihr Raumschiff zu reparieren. Der Abschied voneinander erfolgt mit einem großen Fest. Dabei singen und tanzen sie viel, bis sie erschöpft sind. Während sich die Außerirdischen zum Schlafen in ihre Höhlen legen, fliegen die Astronauten in Richtung Erde (Musik, z. B. Technomusik, leise drehen).
(Idee: MARLENE DOMKE)

Harry Potter
in Anlehnung an die Bücher „Der Stein der Weisen" und „Die Kammer des Schreckens"

Einstiegs- und Aufbauphase:
In den ersten beiden Schuljahren lernt Harry Potter auf der Zauberschule „Hogwarts" seine ersten Zaubersprüche. Dabei steht er unter der Aufsicht des Schulleiters Professor Dumbledore, der Lehrer Professor Snape und Professor McGonagall. Zusammen mit Hagrid, dem Wildhüter, und seinen Freunden Ron und Hermine muss er viele Aufgaben und Abenteuer meistern um die Abschlussprüfung zu bestehen. Ihr könnt ihm dabei helfen!

Spielphase:

Im Zauberwald

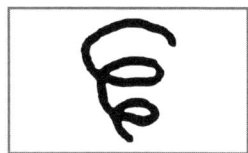

„Elasto-Zauber" (verwandelt Teppich in Gummi):
mit Minitramp/Sprungbrett auf einen Mattenstapel springen, auf dem Rückweg ein Puzzleteil des Symbols mitnehmen

Im Kerker

„Alohomora-Zauber" (Öffnungszauber):
mit Rollbrett im Slalom um Markierungskegel fahren, durch eine Bankgasse, unter einem Schwungtuch das Symbol suchen

Die Nacht im Turm

„Lumos-Zauber" (Beleuchtungszauber):
aus einer Fühlkiste das Zaubersymbol ertasten

Im Gewächshaus

„Diffindo-Zauber" (Abtrennzauber):
mit den Füßen Kunstblumen einzeln aus einem Reifen nehmen und in einen anderen Reifen legen

Seeüberquerung

„Flipendo-Zauber" (der Weiche-zurück-Fluch):
Wurfscheiben oder Pappdeckel einzeln aufheben und wieder ablegen und so den „See" überqueren, dabei kleine Bälle einsammeln (für eine bestimmte Anzahl gibt es das Symbol)

Auf dem Quidditchfeld

„Entschleimzauber" (Reinigungszauber):
Markierungskegel zwischen 2 Turnbänken einklemmen und diese mit Tischtennis-Bällen treffen (sind alle getroffen, gibt es das Symbol)

Abschlussphase:
Alle Schüler legen ihre Symbole auf Turnbänke.
(Idee: SABINE JUNGHANNS, INES BRAUER)

Eine Geschichte bauen

Einstiegs- und Aufbauphase:
Kleingruppen denken sich eine Geschichte aus und bauen Notwendiges dazu auf (Haus, Höhle, Fahrzeuge, Spiel- und Sportgeräte, z. B. Sprungturm im Schwimmbad). Dies stellt höhere Anforderungen, als wenn eine konkrete Situation vorgegeben ist.

Spielphase:
Danach kann das eigentliche Spiel beginnen. Die Kinder schlüpfen in die unterschiedlichen Rollen ihrer Geschichte und gestalten diese weiter aus. Ein Kind jeder Gruppe wird beauftragt, sich das Geschehen zu merken.

Abschlussphase:
Nach Beendigung des Spieles tragen die beauftragten Kinder die Geschichte ihrer Gruppe kurz vor.
(Idee: INA HALFER)

Eisenbahn

Einstiegs- und Aufbauphase:
Die Schüler bauen eine Landschaft mit Bahnhöfen (Matten, Bänke u. a.), Tunnel, Brücken, schmalen, einspurigen Strecken (Bänke) usw. auf. Die Klasse bildet mehrere Züge (Hände auf Schulter/an Hüfte des Vordermannes oder Verbindung durch Seile oder Gymnastikstäbe).

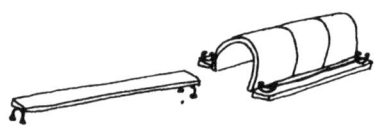

Spielphase:
Die Gruppen fahren als „Schnellzüge" oder als „Bummelzüge" durch die Landschaft. Kommt der Zug zu einem Bahnhof, tritt das letzte Kind aus der Reihe und übernimmt die Rolle des Zugführers („Zurückbleiben!", „Abfahrt!").

Abschlussphase:
Alle Züge fahren in die Bahnhöfe ein.

Variante:
Einsatz von entsprechender Musik oder Singen eines Liedes („Eisenbahn, Eisenbahn" auf CD „Trio Kunterbunt")

Indianer

Einstiegs- und Aufbauphase:
Die Schüler tauschen sich darüber aus, wie Indianer leben und wie sie bei der Jagd vorgehen. Danach stellen sie in der Halle Sportgeräte auf (z. B. Sprunghocker, Kasten, umgekippte Turnbänke), die dann später bei der Jagd als Deckung genutzt werden. Damit sich die Schüler wie echte Indianer fühlen, können sie sich schminken, sich einen Kopfschmuck basteln, sich Indianernamen ausdenken und ein Indianerdorf bauen (z. B. mit Bettlaken). Einige Schüler übernehmen die Rolle der Bisons.

Spielphase:
Bevor es auf die Jagd geht, führen die Indianer in der vorangehenden Nacht in ihrem Dorf einen Tanz auf, um sich auf den Kampf mit den Bisons vorzubereiten. Sobald jedoch die Sonne aufgeht (z. B. gelbes Tuch, gelber Ball), sind sie ganz leise und schleichen sich langsam an die Tiere heran. Dabei verstecken sie sich hinter den Geräten, um nicht entdeckt zu werden. Sobald sich die Bisons für ein paar Sekunden von den Indianern wegdrehen, versuchen sie, näher an die Tiere heranzukommen. Wenn sie nah genug dran sind, können sie die Tiere mit einem Softball abwerfen oder berühren. Werden sie jedoch vorher von einem Bison entdeckt, müssen sie in ihr Dorf zurück und einen neuen Versuch starten. Ist ein Bison getroffen worden, legt er sich auf den Boden.

Abschlussphase:
Sobald die Indianer alle Bisons getroffen haben, gehen sie voller Stolz nach Hause. Danach werden die Rollen getauscht.

Variante:
Das Spiel in ein Projekt einbinden (s. Kapitel 6).
(Idee: MARLENE DOMKE)

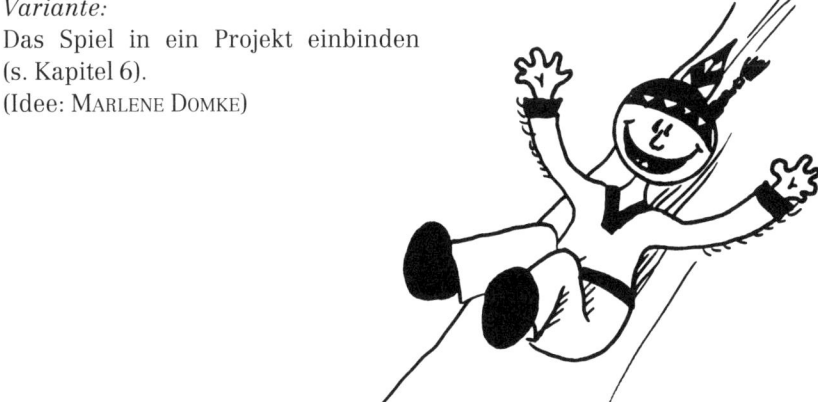

4.3   Mit Alltags- und Naturmaterialien spielen

Dieser Abschnitt steht in einem engen Zusammenhang mit dem Erkunden von Alltags- und Naturmaterialien (s. Abschnitt 2.2), da größtenteils ähnliche Gegenstände Verwendung finden. Beim Erkunden wurde Unbekanntes durch neue Objekte oder die Verwendung von bekannten Alltags- und Naturmaterialien mit sich neu ergebenden Bewegungsmöglichkeiten verbunden. Dagegen wendet man beim Spielen das Bekannte und Gekonnte in unterschiedlichen Varianten an. Die Übergänge zu neuen, wiederum unbekannten Situationen und damit zu Erkundungshandlungen sind fließend.

Das Spielen mit Alltags- und Naturmaterialien kann dazu beitragen, gewohnte Verwendungsmöglichkeiten umzudeuten und dadurch Selbstständigkeit und Kreativität zu fördern, sich intensiv auf die Spielsituation einzulassen und gemeinsam Aufgaben zu lösen. Als Anregungen für das Spielen in Pause und Freizeit (s. Abschnitt 4.1) eignen sich die nachfolgenden Ideen ebenso, da der Geräteaufwand gering ist.

Schülerorientierte Gestaltung von Spielsituationen mit Alltags- und Naturmaterialien erfordert:

- Vielfalt an Materialien zu nutzen und dadurch unterschiedliche materiale und soziale Erfahrungen zu ermöglichen
- Verknüpfungen mit bekannten Spielgedanken herzustellen und so Wissen zu möglichen Variationen zu vermitteln
- Offenheit, freie Zeit ohne Zwänge zu gewährleisten, Lust auf das Mitmachen anzuregen
- Bewegungssituationen auszuwählen, die entsprechend den individuellen Fähigkeiten differenziert ausgeformt werden können
- Arrangements zu gestalten, die das Treffen und Einhalten sozialer Absprachen erfordern
- Leistungsdruck zurückzunehmen, Wechsel zwischen Spannung und Entspannung zu schaffen

Spielformen mit Luftballons

Luftballons regen an sich bereits zum Spielen an und bedürfen deshalb keiner besonderen Einstiegsphase. Es ist günstig, verschiedenfarbige Luftballons zu verwenden.

Begrüßungsspiel

Die Schüler treiben ihren Luftballon und versuchen möglichst vielen anderen Kindern die Hand zu geben. Bei jeder Berührung wechseln die Luftballons.

Luftballonspiel

Kleingruppen spielen sich einen oder mehrere Luftballons zu, ohne dass diese den Boden berühren. Zum Abschluss spielt die gesamte Klasse mit mehreren Luftballons.

Varianten:
- Ein Spieler darf den Ballon nicht zweimal hintereinander berühren.
- Der Ballon darf nur mit Hand, Fuß oder Kopf gespielt werden.

Luftballon Fridolin

Nach dem Lied „Luftballon Fridolin" (REINELT, Folge 12) bewegen sich die Schüler mit ihren Luftballons rücksichtsvoll frei im Raum.

Variante:
Lied „Mein roter Luftballon" (REINELT, Folge 13) oder Lied „Auf der Insel Luftikus" (Trio Kunterbunt)

Flieg, Luftballon, flieg

Jeder Schüler treibt seinen Luftballon durch die Halle. Auf ein Zeichen stoßen sie ihren Ballon stark ab und suchen sich einen anderen.

Ballon in der Luft

Jedes Kind hat einen Luftballon, den es in der Luft halten soll. Nun gibt der Spielleiter 3 bis 4 Luftballons zusätzlich ins Spielfeld. Die Schüler haben gemeinsam die Aufgabe, alle Ballons in der Luft schweben zu lassen.

Ballonkissen

Einige Kissenbezüge werden prall mit kopfgroß aufgeblasenen Luftballons gefüllt. Zugeknöpft ergeben sie tolle Wurfgeräte für verschiedene Spielvarianten:

- einfaches Zuspiel im Kreis
- Wettwanderball

Luftballon treiben

Jeder treibt seinen Luftballon in oder über ein oder mehrere Ziele. Dazu eignen sich Federball-, Tischtennis- oder Unihockeyschläger.

Partnerspiel

Jeweils 2 Schüler geben sich eine Hand. Mit der anderen wird der eigene Luftballon ständig angetippt, bis ein Ballon den Boden berührt.

Spielformen mit Müllsäcken

Segelbootrennen

Die Schüler finden sich paarweise zusammen. Jedes Paar erhält einen Müllsack als Segel. Dieser wird mit der Öffnung in Laufrichtung zwischen den Partnern gehalten. Beim freien Laufen im Raum hält jede „Bootsbesatzung" ihr „Segel" hoch über die Köpfe, damit es viel Wind abbekommt. Nach erstem lustigem Probieren kann das Lauftempo durch „Windstärken", die der Spielleiter vorgibt, reguliert werden:

- der Wind pustet ganz stark   – zügiges Laufen
- der Wind pustet schwächer   – langsames Laufen
- wir haben Sturm   – schnelles Laufen
- der Wind pustet schwach   – langsames Laufen, Gehen
- Windstille   – die Boote stehen still

Inselspiel

Die Müllsäcke sind „Inseln im weiten Meer" und werden auf der gesamten Spielfläche verteilt. Die Schüler „schwimmen" als „Boote" umher. Dabei sind verschiedene Fortbewegungsarten möglich. Auf ein Zeichen des Spielleiters laufen alle „Boote" eine Insel ihrer Wahl an. Nach jedem Spieldurchgang gibt es eine Insel weniger, so dass am Schluss alle „Boote" nur wenige Inseln anlaufen müssen.

Wichtig ist bei diesem Spiel, dass alle Kinder freiwillig enger zusammenrücken und bemüht sind, anderen auf ihre Insel zu helfen.

Spielformen mit Kissen
(vgl. BREUCKER 1997)

Kissen über die Leine
Über eine Leine spielen sich 2 Gruppen ein Kissen (oder mehrere) zu, möglichst ohne dass dieses den Boden berührt.

Über Stock und Stein
Das Kissen zwischen die Beine geklemmt, geht es im Galopp quer durch die Sporthalle. Dabei werden „Hecken" (Turnbänke), „Steine" (Medizinbälle), „Wassergräben" (Teppichfliesen) u. a. übersprungen.

Große Wolke
Eine Gruppe wirft gleichzeitig die Kissen hoch, so dass sich eine große Kissenwolke bildet. Jeder soll sein eigenes Kissen wieder auffangen.

Reiterkampf
Mit einem Schild (Kissen) und einer Lanze (Papprolle) bewaffnet „kämpfen" je 2 Schüler im Einbeinstand. Wer mit dem zweiten Fuß den Boden berührt, hat verloren und bekommt einen Minuspunkt.

Sumoringer
Mit Springseilen werden auf dem Rücken und dem Bauch Kissen festgebunden. Nun können sich Partner mit etwa gleichem Körpergewicht gegenseitig von der Matte drängen.

Kissenschlacht
In einem abgegrenzten Feld kämpft jeder gegen jeden. Dabei können sich die Kinder so richtig austoben.

Kissenturm
Ein Schüler steht im Vierfüßlerstand. Auf seinem Rücken bauen weitere Kinder einen Kissenturm. Wie weit kann sich der Turm durch die Halle bewegen?

Spielformen mit Papprollen und Bierdeckeln
Wer hat die meisten Geldrollen?

Auf je einer abgegrenzten Spielfeldhälfte verteilen sich 2 Gruppen. Dort befindet sich die gleiche Anzahl von „Geldrollen" in einem „Safe". Nach dem Startzeichen versucht Gruppe 1 so schnell wie möglich Geldrollen aus dem gegnerischen Safe zu holen, Gruppe 2 natürlich umgekehrt.

Hinweise und Einschränkungen:

- Jeder Spieler darf immer nur eine Geldrolle transportieren.
- Die Rollen sollen möglichst schnell aus dem gegnerischen Feld geholt und im eigenen abgelegt werden.
- Spiel mit Zeitbegrenzung, ca. 1 min
- den Safe im hintersten Teil des Spielfeldes anlegen

Baumeister

In ihrem jeweiligen Spielfeld verteilen sich 2 Gruppen. In allen Feldern befindet sich die gleiche Anzahl von Papprollen. Im hintersten Spielfeldteil wird die Baustelle mit einem Reifen gekennzeichnet und 2 Bauleiter werden pro Gruppe bestimmt. Die Gruppenmitglieder holen schnell aus dem gegnerischen Feld „Baumaterial", was durch die Bauleiter zu einem fantasievollen Bauwerk verarbeitet wird.

Hinweise und Einschränkungen:

- Jeder Spieler darf immer nur einen Baustein transportieren.
- Die Bausteine vorsichtig bei den eigenen Baumeistern ablegen, damit das Bauwerk nicht eingerissen wird.
- Gespielt wird mit Zeitbegrenzung ca. 1 min oder so lange, bis alle Baumaterialien aufgebraucht ist.

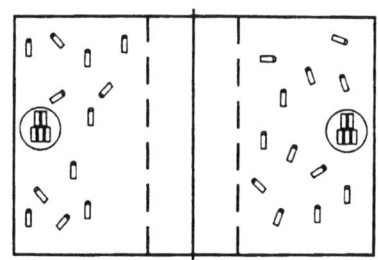

Rollen und Deckel einsammeln

Ähnlich dem Spiel „Bälle einsammeln" (s. S. 70) besteht das Ziel darin, möglichst schnell alle Kleinmaterialien wieder aufzuräumen. Eine Gruppe sammelt alle Bierdeckel in eine Kiste, die zweite Gruppe sammelt alle Papprollen ein. Wer ist zuerst fertig?

Wo wachsen die meisten Pilze?

Es bilden sich 2 Gruppen, jede hat ein begrenztes Spielfeld. Dort befindet sich die gleiche Anzahl von „Pilzstielen", also Papprollen. Auf der Spielfeldmittellinie sind viele Bierdeckel, die „Pilzhüte", deponiert. Jeder Spieler holt sich immer einen Pilzhut und lässt damit einen Pilz wachsen. Die Spieler passen auf, dass nicht wieder eigene Pilze umgerissen werden.

Hinweise:

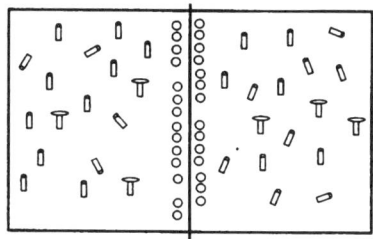

- große und kleine Papprollen verwenden, dann ist das Aufstellen erschwert
- so lange spielen, bis alle Pilzhüte ihren Platz haben

Körperumriss

Ein Schüler aus jeder Spielgruppe liegt lang ausgestreckt auf dem Boden. Er wird von den anderen Kindern eng mit aufrecht stehenden Papprollen umstellt und muss dann so vorsichtig aufstehen, dass keine Rolle umfällt.

Nach Verabredung darf die Gruppe helfen, indem sie ihren Mitspieler hochhebt.

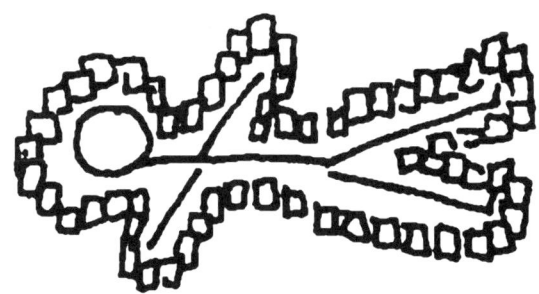

Spielformen mit Teppichfliesen

Vorausgesetzt wird der sichere Umgang mit den Fliesen als Gleit- und Rutschgerät (s. Abschnitt 2.2 Bewegungsformen mit Teppichfliesen erkunden) und eine Spielidee, die bekannt ist oder sofort umgesetzt werden kann. Die nachfolgenden Spiele mit Teppichfliesen enthalten den Gedanken des Miteinanderspielens und des Wetteiferns.

Abschleppdienst

Die Schüler sitzen in der Hallenmitte (oder bei kleinen Hallen an einer Hallenseite) auf ihren Fliesen. Sie stellen defekte Autos dar. In den Hallenecken (andere Hallenseite) befinden sich die Werkstätten mit je einem oder zwei Schülern. Diese Werkstatt-Schüler versuchen möglichst viele defekte Autos in ihre Werkstatt zu ziehen.

Biathlon

Lauf auf 2 Fliesen mit Zielwerfen und „Strafrunden". Ein Treffer ist z. B. bei maximal 3 Versuchen zu erreichen, sonst erfolgt eine Strafrunde. Nach jeder Laufrunde kann eine andere Wurfstellung eingenommen (stehend, kniend) oder ein anderes Ziel angestrebt werden. Günstig sind Wurfgeräte, die liegen bleiben, z. B. Säckchen, Indiaca-Bälle, Schweifbälle.

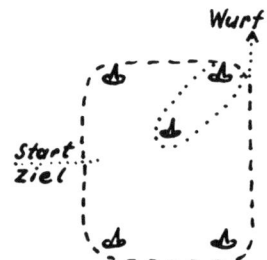

Fangspiel

Alle Schüler bewegen sich auf einer Fliese, der Fänger ist z. B. durch ein Tuch erkennbar. Das Spielfeld sollte relativ klein sein, damit Chancen zum Abschlagen bestehen. Es können sich auch alle Schüler auf 2 Fliesen und nur der Fänger auf einer Fliese bewegen.

Staffeln

Auf 2 Fliesen zum Umkehrmal gleiten, eine Fliese ablegen und auf einer Fliese zum Ausgangspunkt zurück, der nächste Mitspieler gleitet auf einer Fliese zum Mal und auf 2 Fliesen zurück usw.

Variante:

Eine Fliese am Boden mit einem Gymnastikstab gleitend führen, beim Wechsel Übergabe von Stab und Fliese. Es sind kurze Laufstrecken zu wählen, damit motorische Schwächen nicht so deutlich werden.

Bob fahren

Im Hockstand oder im Sitz erfasst der Schüler
das Seil und wird durch 2 Mitspieler gezogen.
Beim Zweierbob umfasst der zweite Schüler die
Taille des Vordermannes.

Raupe

Je 4 bis 6 Schüler stehen hintereinander auf
ihren Fliesen, die Hände sind auf den Schultern
des Vordermannes aufgelegt Als Gruppe bewegen sie sich nun im Kreis. Gelingt das auch
mit allen Schülern?

Mit der gummierten Seite am Boden sind Sprung- und Hüpfformen möglich, wobei unterschiedliche Farben und Größen der Fliesen zusätzliche Gestaltungsmöglichkeiten eröffnen.

Haus suchen

Im Spielfeld sind 1 bis 2 Fliesen weniger als Schüler verteilt (flauschige, farbige Seite oben). Alle Spieler bewegen sich im Raum, auf ein Zeichen (z. B.
Musikunterbrechung) versucht jeder Schüler, eine Fliese/Haus zu betreten.
Nach Möglichkeit kleine und große Fliesen auslegen. Auf den großen Fliesen dürfen sich 2 Schüler aufhalten (Doppelhaus).

Varianten:
- Bestimmte Farben (kaputte Häuser) dürfen nicht betreten werden.
- Bis auf 2 oder 3 Schüler, die keine Fliese haben, stehen die Schüler auf
  ihren Fliesen. Auf ein Zeichen müssen alle ihre Fliese verlassen und sich
  ein neues Haus suchen. Werden Farben genannt, sind dies die unbe-
  wohnbaren, nicht zu betretenden Häuser. Vor dem Ortswechsel können
  auch Übungen am Ort auf oder um die Fliese ausgeführt werden, z. B.
  Einbeinstand, Überspringen, Umlaufen.

Flussüberquerung

In ungeordneter Form und in erreichbaren Abständen ausgelegte Fliesen
stellen kleine Inseln dar. Nur unter Nutzung der Inseln soll die andere Hallenseite oder Spielfeldseite erreicht werden.

Varianten:
- Es sollen möglichst wenige Inseln betreten werden.
- 2 Schüler beginnen jeweils an ihrem Ufer und sollen sich treffen.
- Vorher bestimmte Farben oder Formen von Fliesen/Inseln können vom
  Schüler aufgenommen und als neue, zusätzliche Inseln genutzt werden.

Spielformen mit Schaumstoffwürfeln

Würfel aus Schaumstoff von 16 × 16 × 16 cm, in den Farben Rot, Blau und Grün mit ausgefrästen Punkten, sind in vielen Sportkatalogen kostengünstig zu bestellen.

Durch das stets offene Würfelergebnis vermitteln Spiele mit Würfeln den Schülern Chancengleichheit. Der oft wechselnde und unvorhersehbare Spielverlauf wird mit Leichtigkeit und dem Glück des Augenblicks wahrgenommen. Ein kindgemäß oft überzogenes Wetteifern kann entspannt werden, weil für alle erlebbar ist, dass Zufall und Glück den Spielverlauf mit bestimmen. Außerdem werden Zahlen und Mengen spielerisch vermittelt.

Bekannte Spiele und Wettbewerbsformen erfahren durch Würfeln eine Erweiterung. Wenn der Lehrer würfelt, spielt er mit und kann das Spielgeschehen bei Bedarf beruhigen. Dabei achtet er auf ein deutlich sichtbares Würfeln. Es können zum Würfeln aber auch (sportbefreite) Schüler eingesetzt werden.

Läufertreff

Die Schüler laufen im großen Kreis, der mit einem Zahlenstern versehen ist (Springseile). Alle Kinder belegen so schnell wie möglich den Sektor mit der gewürfelten Zahl. Nach kurzem Treff laufen die Spieler wieder im Kreis.

Fußball

Die Schüler spielen Fußball in möglichst mehreren kleinen Gruppen mit oder ohne Torwart. Als Tore können auch die Sitzflächen gekippter Bänke oder an die Wand gelehnte Turnmatten dienen. In der Unberechenbarkeit des Fußball-Würfels liegt der besondere Reiz, ergeben sich für „Nichtkönner" oftmals mehr Ballkontakte und „Könner" dominieren nicht so deutlich.

Befreiungszahl

Bei Hasche-/Fang- und Abwurfspielen wird in einer Würfelecke eine bestimmte Zahl gewürfelt, damit „ausgeschiedene" Spieler oder Spielergruppen schnell und unkompliziert wieder am Spiel teilnehmen können.

Bewegungsaufgaben

Den Zahlen sind bekannte und gekonnte Bewegungsaufgaben zugeordnet (Tafel nutzen) oder die Würfelseiten sind mit entsprechenden Abbildungen versehen. Der Lehrer würfelt und die Zahl bzw. das oben sichtbare Bild bestimmt die Aufgabe (wird vom Lehrer zusätzlich laut angesagt).

Varianten:
- Die Schüler bewegen sich frei im Raum oder als Seitenwechsel.
  Beispiele:

1 = Laufen	2 = Lauf zu zweit
3 = Hopserlauf	4 = Vierfüßlerlauf
5 = Seitwärtslauf/Nachstellhüpfen	6 = alle laufen mit Handfassung

- Abbildungen aus der Tierwelt oder Verkehrsmittel lassen sich ebenso nutzen. Die Kinder sollten vorrangig ihre Ideen einbringen. Anregungen ergeben sich durch das gegenseitige Beobachten und durch den Lehrer.
  Beispiel Tierwelt: Storch = Storchengang, Tiger = Vierfüßlergang (schleichen), Frosch = Froschhüpfen, Vogel = mit Armen in Seithalte laufen/hüpfen, Krebs = Krebsgang (vor-, rück-, seitwärts), Elefant = Rüsselhaltung und schwerer Gang
  Beispiel Verkehrsmittel: Auto = mit Lenkrad laufen/kurven, Flugzeug = mit Armen in Seithalte laufen/kurven, Fahrrad = in Rückenlage Fahrrad fahren, Rakete = Strecksprünge, Zug/Bus = in Gruppen hintereinander gehen, Schiff = Bauchlage, Arme und Beine wenig anheben und schaukeln

Bodenkontaktspiel

Die Schüler stehen in Kreisaufstellung oder im Haufen. Die gewürfelte Zahl gibt die Anzahl der Kontakte des Körpers mit dem Boden vor. Der Lehrer demonstriert zu Beginn Beispiele. Das gegenseitige Beobachten und der Ideentausch ist anzuregen. Die Aufgabe lässt sich einzeln und auch paarweise lösen.

Beispiele:

Spielformen mit Zeitungen
Vorturner
Die Schüler setzen die Bewegung der Zeitung, des „Vorturners", in Bewegungen mit ihren Körper um. Der Lehrer sollte seinen „Vorturner" so platzieren (z. B. auf einen Sprunghocker), dass alle Schüler die Bewegungen der Zeitung und damit die Bewegungsaufgabe sehen können.

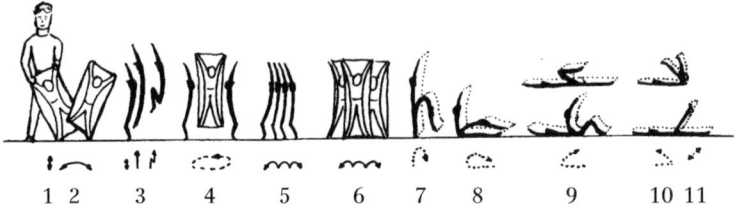

- Hüpfen einbeinig links oder rechts (1) und im Wechsel links/rechts (2)
- Hüpfen beidbeinig mit wiederholt deutlichem Anhocken der Beine (3), mit Drehung (4), mit Raumgewinn vorwärts (5), seitwärts (6), rückwärts
- Rumpfbeugen vorwärts im Stand (7) und im Winkelsitz (8)
- Rückenlage, Knie vorher anwinkeln, Aufrichten und Senken des Oberkörpers bzw. Anheben der gebeugten Beine und dann strecken (9)
- Zeitung in der Mitte einreißen, Beinheben rechts und links (10), Seitgrätschen (11)

Fahne
- Lauf mit der Zeitung vor der Brust ohne sie festzuhalten, Arme in Seit- oder Hochhalte
- Lauf mit der Zeitung als Fahne mit gestreckten Armen in Hochhalte oder seitlich neben dem Körper
- im Kreis laufen, dann frei im Raum

Fische oder Schmetterlinge treiben
Aus Zeitungspapier ausgeschnittene Fische oder Schmetterlinge sind mit Hilfe des Luftzuges von Wedelbewegungen mit einer Zeitung oder mit Pusten an ein Ufer (Linie) oder in ein Netz (Gasse/Reifen) zu treiben. Im Sach- oder Kunstunterricht können die Fische und Schmetterlinge angefertigt und farbig ausgestaltet werden.

Stabiler Stab
Falten oder Rollen einer Zeitungsseite zum „stabilen Stab"

● Der Stab wird waagerecht oder senkrecht mit Kopf, Stirn, Schulter, Ellenbogen, Hand, Finger, Oberschenkel oder Fuß balanciert. Dabei kann man sich auch drehen, eine leichte Kniebeuge einnehmen oder im Raum bewegen.

● Als „Rakete" ist der Stab auf maximale Höhe zu werfen und wieder aufzufangen oder die Schüler versuchen, die Rakete beim Partner landen zu lassen.
● Im Sitz oder Stand wird über den schulterbreit gehaltenen Stab mit den Beinen nacheinander durchgehockt.

Zeitungsball
Der Stab wird zu einem festen Knäuel gefaltet.

● Durch wiederholtes Anschlagen mit der flachen Hand ist der Zeitungsball möglichst lange in der Luft zu halten. Wem gelingt dies rechts/links und mit einem Partner. Wie viele Anschläge bzw. Wechsel gelingen?
● Zielwerfen mit dem Zeitungsball: durch waagerecht oder senkrecht gehaltene oder langsam rollende Reifen oder in die mit den Armen gebildeten Körbe von Mitschülern

● „Schneeball-Zielwerfen" auf ein stehendes Ziel. Stimulierend wirkt, wenn der Lehrer sich in ca. 3 m Entfernung als Ziel anbietet. Seine Füße bleiben am Boden, er darf den „Schneebällen" mit dem Oberkörper ausweichen oder die „Schneebälle" mit den Händen abwehren.
● Beim „beweglichen" Ziel geht der Lehrer oder ein Schüler im Abstand von ca. 1,5 m an den in Linie stehenden Schülern mit einem „Papierkorb" in Hüfthöhe langsam vorbei. Durch Würfe in den Papierkorb werden die Zeitungsbälle entsorgt. Beim Fehlwurf wird der Zeitungsball von der Linie neu geworfen, bis alle Bälle im Papierkorb sind.

Spielformen mit Trinkbecher und Ball

Der Einsatz von Trink- oder Jogurtbechern und einem Ball setzt bei bekannten Spielen neue Reize und kann Anregungen zum Spielen in der Freizeit geben (s. Abschnitt 2.2) Die „Unruhe", die beim Spielen mit Becher und Ball aufkommt, lässt sich entschärfen, indem der Lehrer ab und zu Ruhepunkte durch den gemeinsamen Übungsbeginn schafft. Allerdings gehört zu einem bewegungsintensiven Spielen in diesem Altersbereich auch ein überschaubares Durcheinander.

Übungen mit einem Partner

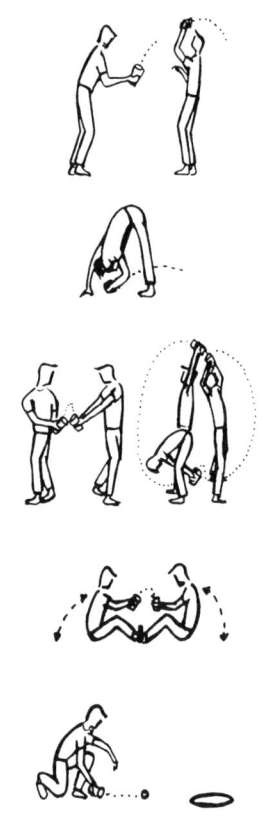

● Zuspiel und Fangen des Balles mit dem Becher, auch mit Aufspringen des Balles auf dem Boden und als Abpraller von der Wand
● Zuspiel rückwärts über Kopf und durch die gegrätschten Beine
● Zurollen und Aufnahme des Balles mit dem Becher, auch durch die gegrätschten Beine
● Zurollen des Balles und Fangen durch Überstülpen
● Zuspiel des „gleitenden" Bechers, auch mit Fangen durch Überstülpen
● Übergabe des Balles im Stand Rücken an Rücken, seitlich oder über eine Schulter, über Kopf und durch die gegrätschten Beine, auch mit beiden Händen am Becher
● Übergabe des Balles im Grätschsitz gegenüber durch gleichzeitiges Vorbeugen des Oberkörpers
● Übergabe des Balles beim Aufrichten aus der Rückenlage mit aufgestellten Beinen

Golfen und Boccia

● Der Ball ist aus dem Becher so zu rollen, dass er in einem ca. 3 m entfernten Reifen liegen bleibt. Alle anderen Bälle werden vom Reifenwächter zurückgerollt.
● Der „gleitende Becher" ist so anzustoßen, dass er ein bestimmtes Ziel (Linie, Gasse, durch Tore) oder eine maximale Weite erreicht.

Ball über die Leine

Über die das Spielfeld teilende Leine (günstig ist ein Badmintonnetz) wird der Ball mit der Hand oder aus dem Becher heraus in das andere Feld geworfen. Dort muss er mindestens nach dem zweiten oder dritten Bodenkontakt mit dem Becher aufgefangen werden.

Bälle einsammeln

Die aus einem Kastenteil geworfenen Tennis- und Tischtennisbälle (Lehrer spielt mit) sind nur mit Hilfe der Becher schnellstmöglich einzusammeln und wieder in das Kastenteil zu bringen.

Haltet das Feld frei

Das Spielfeld wird durch Bänke geteilt. Jeder Schüler hat einen Becher und einen Ball. Beide Mannschaften versuchen, ihre Spielhälfte möglichst frei von Bällen zu halten. Aufnahme und Spiel der Bälle erfolgt nur mit den Bechern.

Staffeln

Bereits mit nur einem Becher sind Staffelspiele möglich. Wird zusätzlich noch ein Ball eingesetzt und hat jedes Kind seinen Becher, ergeben sich weitere Varianten. Beim Transport soll der Ball stets im frei zu tragenden Becher bleiben. Der Zwang zum schnellen und gleichzeitig kontrollierten Bewegungshandeln fördert u. a. die räumliche Orientierungsfähigkeit und die Differenzierungsfähigkeit sowie das Miteinander.

- Der erste Läufer stellt den Becher ohne oder mit Ball im ca. 6 m entfernten Ziel ab (auf einer Linie, in einem Tennisring), der zweite Läufer holt den Becher und übergibt ihn dem nächsten Läufer usw.
- Der Lauf und die Übergabe beim Wechsel erfolgt mit dem Ball im Becher.
- Zum Umkehrpunkt ist mit Ball im Becher zu laufen, zurück wird der Ball mit überstülptem Becher am Boden gerollt (gleitender Becher).
- Gelaufen wird mit dem Ball im Becher. Beim Wechsel wird dem Ersten der Ball übergeben, dem Zweiten der Becher (zwei Becher mit Ball je Gruppe).
- Mit dem Ball im Becher ist zum etwa 6 m entfernten Wendemal zu laufen. Von hier erfolgt das Zurollen des Balles zur Gruppe. Dann kehrt der Läufer zurück und übergibt den Becher an den Nächsten. Die Aufnahme des Balles erfolgt stets mit dem Becher. Das Zurollen kann auch mit der Hand erfolgen.
- Beim Laufen werden die Becher als „Puffer" gehalten. Es kann ohne Ball, mit Ball im „Puffer" oder mit Ball zwischen den „Puffern" gelaufen werden.

Spielformen mit Wäscheklammern

Klammerhasche 1

Jeder Schüler bekommt 2 Klammern, die zunächst am Rücken und nach außen stehend an der Sportkleidung befestigt werden. Nach dem Prinzip „Jeder fängt jeden" versucht jedes Kind in einer festgelegten Zeit so viele fremde Klammern wie möglich zu erhaschen, die eigenen aber durch schnelles Laufen und geschickte Ausweichbewegungen zu sichern.

Klammerhasche 2

Eine kleine Anzahl von 4 bis 5 Fängern erhält jeweils 4 Klammern. Sie versuchen nun, die restlichen Spieler in einem begrenzten Spielfeld abzuschlagen. Gefangene Schüler bekommen eine Klammer angeheftet, bleiben aber im Spiel. Welcher Fänger ist seine 4 Klammern zuerst los? Welcher Läufer hat gar keine Klammer?

Klammerkönigin

Es bilden sich 2 Mannschaften. Beide Parteien stellen je eine Klammerkönigin in ihren hintersten Teil des Spielfeldes. Auf der Mittellinie sind Klammern deponiert. Diese stellen „Edelsteine" dar und müssen von den Spielern einzeln geholt werden, um sie an der eigenen Königin zu befestigen. Wessen Königin hat nach vereinbarter Zeit die meisten Edelsteine?

Varianten:

● Gespielt wird, bis die Klammern aufgebraucht sind.
● Statt auf der Mittellinie sind Klammerhäufchen in der ganzen Halle verteilt.
● Schüler erfinden Spielregeln für „Misswahl", „Mannequin" o. Ä.

Modenschau

Mit Klammern und Zeitungen kleidet ein Spieler seinen Partner möglichst attraktiv ein. Nach dem Einkleiden stellen die Models die geschaffenen Kunstwerke vor. Diese Modenschau selbst erfolgt im Rahmen eines Rundenlaufes, bei dem die Kleidung möglichst lange haften bleiben soll. Dann erfolgt ein Aufgabenwechsel zwischen den Partnern.

Wäsche aufhängen

Nach kurzen Laufwegen zu den im Spielfeld verteilten Wäschehaufen werden die Kleidungsstücke von den Spielern an einer Wäscheleine festgeklammert. Wenn die einzelnen Bekleidungsteile mit den Klammern miteinander verbunden werden, entstehen lustige Figuren.

Spielformen in der Natur

Zapfenspringen

In den Waldboden wird ein Kreis mit 20 cm Durchmesser gezeichnet. Jedes Kind setzt 2 bis 4 Tannenzapfen, die dicht in die Mitte des Kreises gelegt werden. Reihum darf jeder einen großen Tannenzapfen aus 1 m Höhe senkrecht auf den Zapfenhaufen fallen lassen und alle Zapfen einkassieren, die über den Rand des Kreises geschleudert wurden.

Tannenzapfenwerfen

Alle Kinder sitzen im Kreis um einen Zapfenhaufen. Ein Tannenzapfen wird zum Wurfzapfen bestimmt. Ein Spieler wirft ihn in die Luft, nimmt sich blitzschnell einen zweiten Zapfen aus dem Haufen und versucht, während er ihn noch in der Hand hält, den Wurfzapfen mit derselben Hand aufzufangen. Gelingt ihm das, darf er den zweiten Zapfen behalten, gelingt es ihm nicht, muss er den zweiten Zapfen zurücklegen und der nächste Spieler ist an der Reihe. Zapfenmeister ist, wer die meisten Zapfen bekommt.

Zapfenhüpfen

Ein Tannenzapfen wird an eine Schnur gebunden, die 50 cm länger ist als der Durchmesser des Kreises, den die Kinder bilden. Von der Kreismitte aus schwingt ein Kind die Zapfenschnur. Die anderen weichen dem heranschwirrenden Seil hüpfend aus.

Hoppspiel

Man spannt einen Bindfaden niedrig zwischen zwei Bäumen, stellt sich davor und klemmt einen Zapfen zwischen die Füße. Es kommt darauf an, mit einem Sprung den Zapfen über die Schur zu schleudern. Selbst hinüberspringen darf man dabei nicht. Die Schnur kann allmählich immer höher gespannt werden. Der Schwierigkeitsgrad lässt sich individuell abstimmen, indem die Schnur schräg gespannt wird und sich die Spieler selbst den Ort des Absprunges wählen.

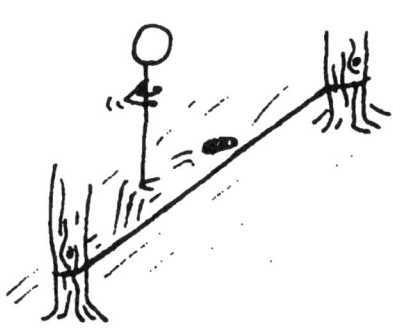

Blinder Speer

Ein Spieler versucht mit verbundenen Augen möglichst nah an einem festgelegten Zielort heranzulaufen. Als Ziele eignen sich ein mit Grashalmen
markierter Kreis, ein großes Laubblatt, ein im Sandboden aufgemaltes
Kreuz o. Ä. Glaubt der Suchende das Ziel ereicht zu haben, steckt er einen
angespitzten Stock in den Boden.
Welcher Spieler hat die geringste Abweichung vom Ziel?

Steinchen-Mikado

Zunächst benötigen die 3 bis 5 Mitspieler jede Menge kleiner Steinchen, die
sie zu einem kegelförmigen Haufen aufschichten. Der erste Schüler darf
dann einen einzelnen Stein von oben auf den Steinhaufen fallen lassen. Alle dadurch frei gewordenen Kiesel darf er einsammeln. Dann versucht er,
weitere Steinchen aus dem Haufen herauszunehmen, ohne dass ein anderes dadurch in Bewegung gerät. Misslingt ihm dies, so ist der nächste Spieler an der Reihe.
Sieger ist, wer am Ende die meisten Steine hat.

Geschickte Füße

Es werden gleich starke Gruppen gebildet und Schuhe und Strümpfe aus-
gezogen. An der Startlinie liegen viele kleine Steine, welche die Kinder mit
den Füßen fassen und eine vereinbarte Strecke zum Ziel transportieren.
Dort werden die Steine in einem Karton abgelegt, der für die jeweilige Spielgruppe bereitsteht. Die Strecke wird ganz schnell zurückgelaufen, der nächste Spieler angetippt, der sich dann seinerseits so viele Steinchen wie möglich unter die Zehen klemmt und ebenfalls zum Gruppenkarton „watschelt".
Gewonnen hat die Gruppe, die die meisten Steine im Karton hat.

5 Wetteifern

Ebenso wie das Spielen bezieht sich die sportliche Tätigkeit *Wetteifern* in unserem Verständnis auf das Anwenden von motorischem Können. Wir verstehen unter Wetteifern das *Vergleichen* von Gekonntem, gebunden an einen Maßstab. Dieser kann auf sich selbst bezogen sein oder auf den fairen Vergleich mit anderen. Es liegt im Wesen des Menschen, seine eigenen Leistungen verbessern zu wollen, dies im Vergleich mit früheren Leistungen oder mit Leistungen anderer festzustellen und es durch Leistung zu bestätigen (vgl. GRUPE/KRÜGER 1997, 276). Auch Grundschulkinder nehmen viele sich bietende Situationen zum Anlass des Wetteiferns (vgl. GRÖSSING 1993, 177). Spiel und Sport bieten ihnen hierzu vielfältige Gelegenheiten. Deshalb sollte man dieser Handlungsform auch im Sportunterricht der Klassen 1 bis 4 angemessenen Raum geben.

Für das Verständnis der nachfolgenden inhaltlichen Vorschläge ist zu beachten, dass die Mehrzahl der bisher vorgestellten Bewegungsaufgaben, Spiele und Spielformen auch als Wettbewerb gestaltet werden können. Auf diese Möglichkeit der Verschiebung von Akzenten vom Spielen oder Üben hin zum Wetteifern sei an dieser Stelle jedoch nur verwiesen. Die anschließenden beiden Abschnitte legen den Schwerpunkt auch auf typische Konkurrenzsituationen, beispielsweise in Form von Staffelspielen. Vorrangig soll jedoch bewusst das pädagogische Potenzial des Leistungsvergleichs hervorgehoben werden.

5.1 Mit sich selbst wetteifern

Innerhalb einer Grundschulklasse sind oftmals gravierende Leistungsunterschiede anzutreffen. Hieraus entwickelt sich mitunter eine Gruppenhierarchie, die leistungsschwächere Schüler demotiviert. Insbesondere im Wettstreit erfahren sie allzu oft, was sie alles (noch) nicht können. Als Verursacher für Niederlagen verantwortlich gemacht zu werden oder bei der Mannschaftswahl als Letzter übrig zu bleiben, sind Situationen von hoher pädagogischer Brisanz.

Beim Wetteifern mit sich selbst rückt jedoch der Vergleich von erbrachter und vorangegangener eigener Leistung und damit eine individuelle Bezugsnormorientierung in das Blickfeld. Deren Vorteil besteht darin, dass jeder – unabhängig vom Leistungsniveau – infolge aufgewendeter Anstrengung einen Fortschritt erreichen kann. Im Zusammenhang mit der Erlangung von Handlungsfähigkeit im Sport sollte dies eine wichtige Erfahrung für alle Schüler sein. Als wesentliche pädagogische Akzente lassen sich benennen:

- Die Sicherung einer Vielfalt an Körperübungen ergibt sich bereits daraus, dass sich prinzipiell wohl nahezu alle wettbewerbsrelevanten Situationen, hinter denen sich eine individuelle Leistung verbirgt, auch mit der individuellen Bezugsnorm versehen lassen.
- Im Sinne des pädagogischen Umgangs mit der sportlichen Leistung ist auf die Entwicklung eines realistischen Anspruchsniveaus hinzuwirken. Dies unterstützt das Setzen erreichbarer Ziele durch die Schüler. Eine gedankliche Auseinandersetzung vor dem Wetteifern mit sich selbst wird auch durch das Bieten von Wahlmöglichkeiten im Schwierigkeitsgrad erreicht.
- Hinsichtlich der Offenheit der leistungsrelevanten Situation ist zu beachten, dass der Ausgang nicht vorher schon feststehen darf. Im Wettbewerb mit sich selbst muss sozusagen ein Verlieren gegen die eigenen Ansprüche möglich sein.
- Die Reflexion unterschiedlich großer Zuwachsraten und das gegenseitige Helfen und Unterstützen im Prozess des Strebens nach Leistungsfortschritten lassen sich als günstige soziale Lerngelegenheiten nutzen.

Rechts gegen links

Jeder Schüler zieht sich einen Strich als Ausgangslinie. Dann springt er aus dem Stand zunächst mit dem rechten Bein möglichst weit weg von der Linie und landet beidbeinig. Der Landeort ist gleichzeitig die Stelle des Absprunges für das andere Bein. Mit links wird nun zum Ausgangspunkt zurück gesprungen. Daraufhin wieder mit rechts hin und mit links zurück. Nach je 5 Versuchen mit rechts und links ergibt sich meist eine Differenz. Das „siegreiche" Bein liefert dem Schüler einen Hinweis auf das bessere Sprungbein.

Varianten:

- Wettbewerb „rechts gegen links" als Schlagwürfe mit dem Schweifball, Federball, Indiacaball o. Ä.
- Einbeinsprünge aus dem kurzen Anlauf mit links und rechts nach einem Höhenorientierer (schräg gespannte Wimpelkette, Gummileine, Jump-Trainer): Schafft das linke Bein die gleiche Höhe wie das rechte?
- Medizinballstoßen (1 kg) „rechts gegen links"

Wahlversuchsanordnungen

Stehen den Schülern hinsichtlich einer Bewegungsaufgabe unterschiedliche Schwierigkeitsstufen zur Wahl, so können sie ihr persönliches Leistungsvermögen besser kennen lernen. Je nach Ausgang der Bewegungsausführung korrigieren sie die Anforderung, wobei bereits im Grundschulalter das Anspruchsniveau zunehmend realistischer werden sollte. Aber auch Leistungsfortschritte infolge eines vorangegangenen Übungsprozesses sind über Wahlversuchsanordnungen leicht feststellbar. Für die folgenden Beispiele sollte deshalb zunächst die Ausgangsleistung ermittelt werden, die sich nach dem Üben über längere Zeiträume mit der Endleistung vergleichen lässt.

Hochweitsprünge über eine schräg gespannte Gummileine:
Die Schüler wählen aus den markierten Absprungzonen jene aus, bei der sie annehmen, aus dem Anlauf heraus ohne Berührung das Hindernis zu überspringen.

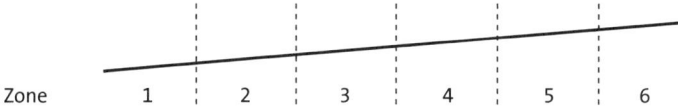

Schräger Graben

Mittels Linienmarkierungen auf dem Sportplatz oder Seilen in der Halle wird ein schräger Graben gekennzeichnet. Nun wählen die Schüler jene markierte Absprungzone aus, bei der sie denken, den Graben noch überspringen zu können.

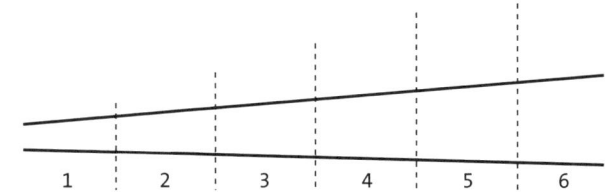

10-Runden-Lauf

Unterschiedlich große, ineinander liegende Laufstrecken sind durch Kegel markiert. Die größte Runde misst ca. 100 m, die kleinste nur 60 m. Nun wählen sich die Schüler jene Rundengröße, bei der sie abschätzen, in 10 min 10 Runden laufen zu können.

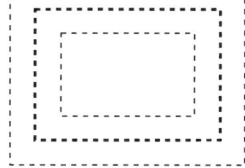

WETTEN, DASS ...?

In Anlehnung an die Fernsehsendung „Wetten, dass ...?" entscheidet sich jeder Schüler für eine von drei Schwierigkeitsstufen an jeder der ca. 8 Stationen. Entsprechend der Schwierigkeitsstufe a, b oder c werden bei Erfüllung 1, 2 oder 3 Punkte vergeben. Der Reiz des Spiels liegt in der mit einem Risiko verbundenen Selbsteinschätzung. Wird die selbstgestellte Zielstellung nicht erreicht, gibt es keine Punkte und Übererfüllungen werden nicht zusätzlich honoriert. Ein Wechsel der Schwierigkeitsstufe nach Beginn der Aufgabe ist nicht möglich.

Die Aufgaben sollten bekannt oder so unkompliziert sein, dass sie auf Anhieb umgesetzt werden können. Ein Aufbau der Stationen vor „Wettbewerbsbeginn" ist anzustreben. Der Gesamtablauf kann anhand eines Tafelbildes vermittelt werden. Die Aufgaben mit den drei Schwierigkeiten werden erklärt und demonstriert. An jeder Station sind zur Entscheidungsfindung Probeversuche möglich.

Die Aufgaben sollten mit einem Partner oder in Kleingruppen gelöst werden. Einer geht die Wette ein, die Partner sind Helfer und Wertungsrichter, anschließend werden die Rollen getauscht. Die Stationen können nach einer festen Folge absolviert werden oder die Schüler suchen sich selbstständig „freie" Stationen (2 bis 3 Stationen mehr aufbauen, als es Paare/Gruppen gibt). Eine weitgehend einheitliche Wertung mit 6 erfolgreichen von 10 Versuchen wurde bei den nachfolgenden Beispielen angestrebt. Kreide bzw. Klebeband und Bandmaß sind generell notwendig und deshalb unter Geräte nicht angeführt. Linien und Hallenmarkierungen sind für die Stationen zu nutzen. Die folgenden Bewegungsaufgaben stellen Anregungen für Schüler ab der 3. Klasse dar.

Indirekte Treffer

Aufgabe: Ein an der Wand in Brusthöhe markiertes Zielfeld von 60 cm Höhe und ca. 100 cm Breite ist mit einem gut springenden Ball (Gymnastikball oder Tennisball) durch indirekte Würfe zu treffen. Der Abstand von der Wand beträgt a = 1,5 m; b = 2,0 m; c = 2,5 m. *Wertung:* Von 10 Versuchen müssen 6 erfolgreich sein. *Geräte:* Gymnastik- oder Tennisball

Werfen und Fangen gegen eine Schräge

Aufgabe: Ein Gymnastikball ist gegen ein schräg gestelltes Sprungbrett zu werfen und wieder zu fangen, ohne dass der Schüler seine Abwurflinie verlässt. Der Abstand zum Brett beträgt:
a = 2,0 m; b = 3,0 m; c = 4,0 m.
Wertung: Von 10 Versuchen müssen 6 erfolgreich sein.
Geräte: Gymnastikball, Sprungbrett

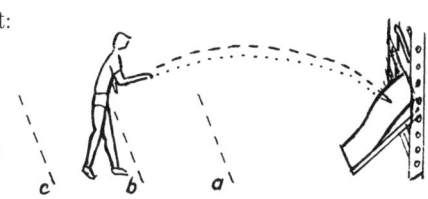

Abpraller von der Wand

Aufgabe: Ein Gymnastikball ist aus einer Entfernung von 2,5 m so an die Wand zu werfen, dass der abprallende Ball in einem Ziel landet. Ziel a = im Kastenteil; b = im Kastenteil; c = auf dem Sprunghocker oder im Reifen hinter Kastenteil b; Randtreffer zählen.
Wertung: Von 10 Versuchen müssen 6 erfolgreich sein.
Geräte: Gymnastikball, 2 Kastenteile, Sprunghocker oder Reifen

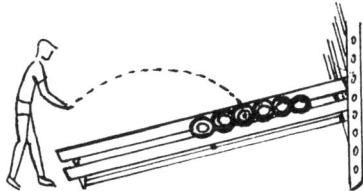

Zielwerfen in Markierungskegel

Aufgabe: 2 Turnbänke werden nebeneinander gestellt und ab Mitte der Turnbänke 6 Markierungskegel eingehängt. In die Kegel sind von der Stirnseite der Bänke Tennisbälle zu werfen. Die Bänke können auch in eine Sprossenwand eingehängt werden, so dass sich eine Schräge ergibt.
Wertung: Von 10 Versuchen müssen a = 2 Bälle in den Kegeln liegen, b = 4 Bälle; c = 4 Bälle in 3 unterschiedlichen Kegeln.
Geräte: 2 Turnbänke, 10 Tennisbälle, 6 Markierungskegel

Frisbee-Zielwurf

Aufgabe: Frisbeescheiben sind durch Ziele in 2,5 m Entfernung zu werfen. Ziel a = Kastenteil auf der Längsseite stehend; b = Kastenteil auf der Schmalseite stehend; c = Reifen am Kastenteil b eingehängt.
Wertung: Von 10 Versuchen müssen 6 erfolgreich sein.
Geräte: 2 Kastenteile, Reifen, 5 Frisbeescheiben

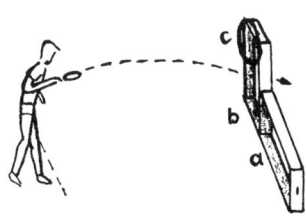

Ballprobe mit Handklatsch
Aufgabe: Ein an eine Wand geworfener Gymnastikball ist wieder zu fangen, nachdem a = 1-mal; b = 2-mal oder c = 3-mal in die Hände geklatscht wurde.
Wertung: Von 10 Versuchen müssen 6 erfolgreich sein.
Geräte: Gymnastikball

Tischtennis-Geschicklichkeit
Aufgabe: Ein Tischtennisball soll ohne Unterbrechung mit einem Schläger ca. 10 cm hoch gespielt werden.
Wertung: Drei Versuche stehen zur Verfügung. Dabei sind a = 4; b = 7 und c = 10 Ballkontakte ohne Unterbrechung gefordert.
Geräte: Tischtennisschläger und Bälle

Gleitender Becher
Aufgabe: Ein Tennisball soll mit überstülpten Trink- oder Jogurtbecher in eine Gasse von je 50 cm Breite gleiten. Gasse a = 0,5 bis 1,0 m; b = 1,0 bis 1,5 m; c = 1,5 bis 2,0 m von der Abstoßlinie entfernt.
Wertung: Von 10 Versuchen müssen 6 erfolgreich sein. Der gleitende Becher muss sich in der gewählten Gasse befinden.
Geräte: 3 Becher mit Tennisbällen

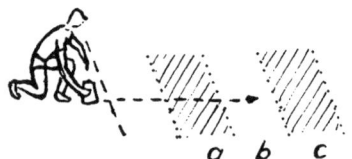

Boccia mit Säckchen
Aufgabe: Die Säckchen sind aus 3,0 m Entfernung in Ziele zu werfen, z. B. in Reifen mit Durchmessern a = 90 cm; b = 80 cm und c = 60 cm oder in Vierecke mit den Seitenlängen von 100, 80, oder 60 cm. Entscheidend ist das Aufkommen der Säckchen.
Wertung: Von 10 Versuchen müssen 6 erfolgreich sein.
Geräte: 5 oder 10 Säckchen

Tennisringe an die Wand (Wandboccia)
Aufgabe: Tennisringe sollen in bestimmten Zielbereichen landen. Die Wurflinie ist 5,0 m und die Zielbereiche a = 1,5 m; b = 1,0 m und c = 0,6 m von der Wand bzw. Turnbankfläche entfernt.
Wertung: Von 10 Versuchen müssen 6 erfolgreich sein.
Geräte: 5 oder 10 Tennisringe, Turnbank

Golfen mit Tennisbällen

Aufgabe: Tennisbälle sind so an eine ca. 2,0 m entfernte Sitzfläche einer gekippten Turnbank zu rollen, dass sie beim Rückrollen durch ein 1,0 m breites Tor auf der Abwurflinie gelangen.

Tor a = 0 bis 1,0 m; b = 1,0 bis 2,0 m; c = 2,0 bis 3,0 m neben der Abwurfstelle (es kann rechts oder links neben den äußeren Kegeln begonnen werden).

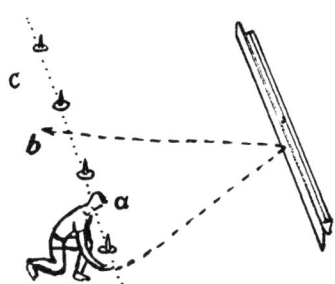

Wertung: Von 10 Versuchen müssen 6 erfolgreich sein.

Geräte: Turnbank, 4 Markierungskegel, 5 Tennisbälle, (Schuhkarton für Bälle)

Unihockey-Zielschießen

Aufgabe: Aus 4,0 m Entfernung ist der Ball durch a = 120 cm; b = 90 cm und c = 60 cm breite Tore zu schießen (Markierungskegel). Ziele nahe der Wand anbringen, damit die Bälle zurückrollen.

Wertung: Von 10 Versuchen müssen 6 erfolgreich sein.

Geräte: Unihockeyschläger, 5 Unihockeybälle, 6 Markierungskegel

Fuß-Zielstoß

Aufgabe: Ein Hohlball ist von einer begrenzten Zone aus gegen eine 4,0 m entfernte Wand oder an die Sitzfläche einer gekippten Turnbank zu spielen. Der zurückspringende Ball muss in der „Stoßzone" wieder angenommen werden. Die „Stoßzone" ist a = 2,0 m; b = 1,5 m und c = 1,0 m breit.

Wertung: Von 10 Versuchen müssen 6 erfolgreich sein.

Geräte: 2 Markierungskegel, Hohlball (Volleyball, Gymnastikball)

Fußballwand

Aufgabe: Ein Hohlball ist aus 4,0 m Entfernung in unterschiedliche Ziele eines Handballtores zu spielen. Ein jeweils in der Mitte des Tores waagerecht und senkrecht angebrachtes Springseil oder eine Gummileine ergeben 4 Zielfelder. Das senkrechte Seil ist durch ein Gewicht zu stabilisieren.

Wertung: Von 10 Versuchen müssen a = ein Ziel 4-mal; b = zwei Ziele je 2-mal; c = drei Ziele je 2-mal getroffen werden.

Geräte: Springseile, Gewicht für das senkrechte Seil, Hohlball (Volleyball, Gymnastikball)

Slalomdribbling mit dem Fuß oder Unihockey
Aufgabe: 5 Markierungskegel sind in einer 1,5 m breiten Gasse fließend im Slalomdribbling hin und zurück zu umspielen, ohne dass der Ball die Gasse verlässt. Der Abstand zum ersten Markierungskegel und zwischen den Kegel beträgt 1,0 m. Von 3 Versuchen wird der beste gewertet.
Wertung: Der Ball verlässt
a = bis 4-mal; b = bis 2-mal;
c = 0-mal die Gasse.
Geräte: 5 Markierungskegel, Hohlball
(Volleyball, Gymnastikball) oder Uni-
hockeyschläger und Ball

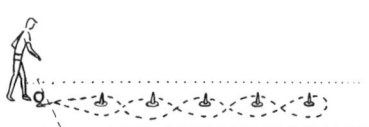

Dribbling im Kreis
Aufgabe: Im Dribbling (Prellen mit einer Hand) ist der „Kreis" des Frei-wurfbereiches eines Basketballfeldes (Durchmesser 3,6 m) einmal zu um-laufen, ohne dass der Ball verloren geht. Der Ball muss stets im Kreis ge-führt werden, ohne dass der Schüler diesen betritt. Von 3 Versuchen wird der beste gewertet.
Wertung:
a = bis 6 Fehler;
b = bis 3 Fehler;
c = 0 Fehler.
Geräte: Hohlball (Volleyball, Gymnastikball), Kreismarkierung

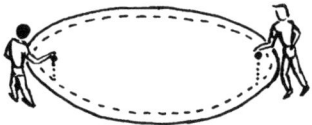

Dribbling im Kreis

Gummiband-Weitschnipsen
Aufgabe: Gummibänder mit einem Durchmesser von ca. 10 cm sind in ei-ner 2,0 m breiten Gasse auf bestimmte Weiten zu schnipsen. Weite a = über 2,0 m; b = über 3,0 m und c = über 4,0 m. Entscheidend ist das Aufkommen der Gummibänder.
Wertung: Von 10 Versuchen müssen 6 erfolgreich sein, d. h., innerhalb der 2,0 m breiten Gasse muss das Gummiband aufkommen.
Geräte: 5 Gummibänder

Flugzeug-Ziellandung
Aufgabe: Vorbereitete Papierflugzeuge (DIN-A3- oder -A4-Blatt) sollen in bestimmten Zonen landen. Die Landezonen sind a = mindestens 2,0 m; b = über 3,0 m und c = über 4,0 m von der Abwurflinie entfernt.
Wertung: Von 10 Versuchen müssen 6 erfolgreich sein.
Geräte: 5 Papierflugzeuge

Arbeitsblatt: Beobachtung des Leistungsfortschrittes

Ziel: Leistungssteigerung durch Üben erkennen

Wie viele Seilsprünge schaffe ich ohne Unterbrechung?

Name: _____

Ich springe: _____ Mal über das Seil.

Mein Ziel: _____ Mal über das Seil springen.

	1. Woche	2. Woche	3.Woche
1. Stunde			
2. Stunde			
3. Stunde			

Kreise deine beste Leistung ein!

Um wie viele Sprünge hast du dich verbessert?

Hast du dein Ziel erreicht?

Arbeitsblatt: Beobachtung des Leistungsfortschrittes

Wie viele Meter laufe ich in 6 Minuten?

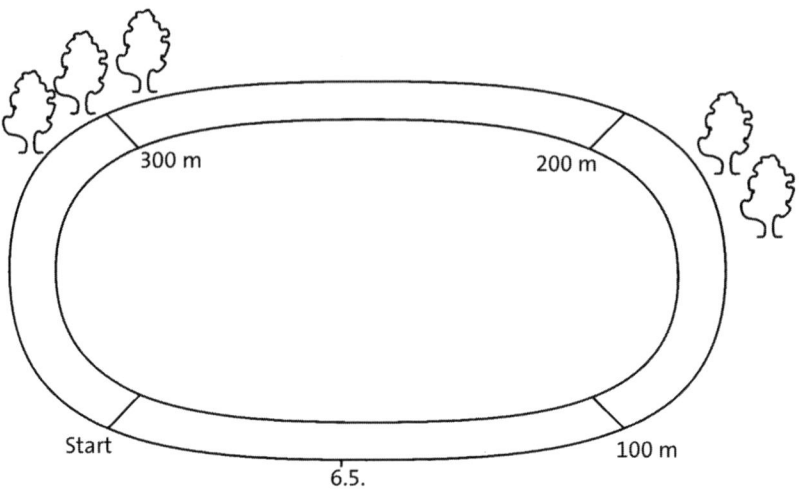

Kennzeichne markante Punkte an eurer Laufbahn (Bäume, Zäune, Schulhaus).

Ich bin heute gelaufen:

Datum	Anzahl der Runden			Gesamtstrecke
__6.5.__	__2__	(_800_ m)	plus _40_ m	_840_ m
_____	_____	(___ m)	plus ___ m	_____ m
_____	_____	(___ m)	plus ___ m	_____ m
_____	_____	(___ m)	plus ___ m	_____ m
_____	_____	(___ m)	plus ___ m	_____ m

Arbeitsblatt: Ich kann die Rolle vorwärts

Kreise ein, was du durch Üben gelernt hast!
Rolle vorwärts:

Rolle vorwärts aus dem:

Rolle vorwärts in den:

Rolle mit einem Schaumstoffteil zwischen den Knien:

Rolle synchron mit einem Partner:

5.2   Gemeinsam wetteifern

Wetteifern kann Kinder aktivieren, motivieren sowie Spannung und Freude über erbrachte Leistungen erzeugen. Gleichzeitig besteht jedoch bei unangemessenem Umgang mit Konkurrenzsituationen die Gefahr, Frustrationen zu schaffen, Gleichgültigkeit über den Ausgang des Wettbewerbs zu produzieren oder Konflikte zu schüren. Motivationsverluste gegenüber sportlichen Handlungen nehmen nicht selten ihren Anfang im übertriebenen Wettstreit. Angemessenheit des Leistungsvergleichs zu berücksichtigen bedeutet vor allem, sich zu vergewissern, ob der Leistungsvergleich von Gruppen oder Mannschaften pädagogisch sinnvoll ist. Ziel sollte es sein, den Wettbewerb möglichst lange ergebnisoffen zu gestalten. Das setzt wiederum Regelabsprachen voraus, die weitestgehend Chancengleichheit sichern (vgl. WOLTERS 2000, 7). Ein hieraus entstehendes Erleben des Wettstreits durch alle Teilnehmer kann dann in seinem Bedeutungsgehalt höher eingestuft werden als das eigentliche Resultat.

Die nachfolgenden Spielanregungen orientieren sich ausschließlich auf diese Merkmale des gemeinsamen Wetteiferns. Allseits bekannte und praktizierte Formen des Wettspiels wie Staffelformen, Platzsuchspiele oder „Völkerball" bleiben an dieser Stelle ausgeblendet.

Soll aus der pädagogischen Perspektive das Wetteifern eine schülerorientierte Ausrichtung erfahren, so erscheint dies durch die Berücksichtigung nachfolgender Aspekte möglich:

- Eine große Vielfalt an Wettbewerbssituationen ergibt sich durch die Einbeziehung der Vielzahl motorischer Fertigkeiten. Ein erlebnisreiches Wetteifern ist jedoch gebunden an die Beschränkung auf wirklich Gekonntes. Pädagogisch wertvoll sind Wettbewerbsformen, bei denen die unterschiedlichen Voraussetzungen der Teilnehmer in die Aufgabenstellung selbst einbezogen sind (Begegnungsstaffeln, mehrstufige Schwierigkeitsgrade je Durchgang, Relations- und Additionswettkämpfe).
- Ein Wettstreit, dessen Ausgang scheinbar vorher bereits feststeht, hat keinen Anreiz. Deshalb sollte man bei der Absprache von Regeln und Mannschaftszusammensetzungen darauf achten, dass der Leistungsvergleich in seinem Ergebnis möglichst lange offen bleibt.
- Das Wetteifern bietet eine Vielzahl sozialer Lerngelegenheiten. Es ist an die Einhaltung vereinbarter Regeln gebunden, erfordert Akzeptanz gegenüber Schiedsrichterentscheidungen und Absprachen innerhalb der Mannschaft. Auch der Umgang mit Sieg und Niederlage will erst gelernt sein.

- Im Sinne der Differenzierung und Individualisierung ist zu überlegen, wie sich die Mannschaften am besten zusammensetzen lassen. Gruppen können aber auch mittels Zufallsprinzip (z. B. Kleidung) oder Wahlverfahren (leistungsschwächere Schüler wählen lassen) gebildet werden.
- Beim Leistungsvergleich ist darauf zu achten, dass möglichst alle Schüler weiter aktiv beteiligt bleiben und niemand ausscheidet.

Wettbewerbe mit Kräfteausgleich

Weiter springen

Der Bereich vor der Weitsprunggrube ist in mehrere nebeneinander liegende Absprungzonen geteilt. Alle Schüler stehen zunächst in Reihe in der ersten Zone und erhalten die Aufgabe, nacheinander einen Standweitsprung auszuführen. Die Landestelle des nächsten Springers soll sich dabei immer nur ein wenig weiter von jener des Vorgängers befinden. Das Ziel besteht darin, allen Kindern möglichst lange den Verbleib im Wettbewerb zu sichern. Hierzu sind Absprachen hinsichtlich der Reihenfolge der Springer notwendig. Vor allem der erste Sprung muss möglichst kurz sein. Schüler, die dann aber irgendwann doch zu kurz springen, wechseln in eine weitere Absprungzone und beginnen erneut.

Varianten:
- Im Wettstreit zweier Gruppen wird verglichen, wie viele Sprünge absolviert wurden, bis der erste Schüler die Sprungzone wechseln muss.
- Für die Mitglieder jeder Gruppe stehen je 2 Sprünge zur Verfügung. Welche Mannschaft erreicht mit dem letzten Standweitsprung die größte Weite? Bedingung ist allerdings, dass nicht vorher bereits ein Kind zu kurz gesprungen ist.

Begegnungssprint

Nach einem Zeitlauf über 30 m werden die Schüler in Paare eingeteilt, wobei dem schnellsten der langsamste Schüler zugeordnet wird, dann dem zweitschnellsten der zweitschwächste usw.

Bei einem weiteren Sprint stehen die Partner am Start 60 m auseinander und laufen auf Kommando aufeinander zu. Gestoppt wird die Zeit vom Startsignal bis zu dem Zeitpunkt, an dem sie aneinander vorbeilaufen.

Welches Paar erreicht die beste Zeit?

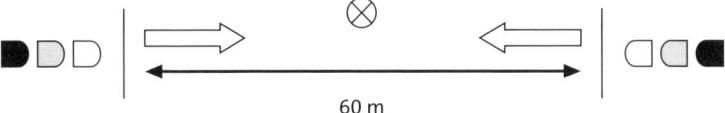

60 m

Begegnungsstaffel

Die Mannschaftsmitglieder laufen paarweise 10 bis 15 m aufeinander zu, wechseln die Richtung, sobald sie sich begegnen, und lösen jeweils den nächsten Läufer ab. Der Richtungswechsel kann auch mit der Übergabe eines Staffelstabes oder eines Balles verbunden werden. Die unterschiedlichen Laufgeschwindigkeiten der Kinder kommen bei dieser Staffelform weniger deutlich zum Vorschein. Schwächere Laufleistungen werden sowohl auf dem Hinweg als auch auf dem Rückweg von laufstärkeren Schülern kompensiert.

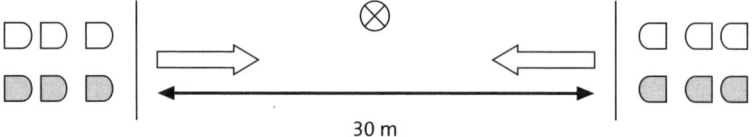

Gerechte Umkehrstaffel

Mit der klassischen Form der Umkehrstaffel lassen sich Aufgaben stellen und verbinden, die die unterschiedlichen Leistungsvoraussetzungen der Schüler berücksichtigen. Die Mannschaften stehen jeweils in Reihe und erhalten die Aufgabe, bis zum Umkehrmal und zurückzulaufen. Alle aufgebauten Umkehrmale, die sich in je unterschiedlicher Entfernung von der Startlinie befinden, sind von der Gruppe mindestens einmal anzulaufen.

Die Gruppe muss sich also vor dem Wettstreit darüber einigen, welcher Schüler welches Wendemal umläuft. Welche Mannschaft ist diesmal die schnellste?

Sektorenwerfen

Jede Mannschaft erhält mehrere unterschiedlich entfernte Wurfsektoren vorgegeben. Alle Mannschaftsmitglieder haben jedoch nur 2 Würfe. Genaue Absprachen sind darüber notwendig, wer welchen Sektor anvisiert und in welcher Reihenfolge geworfen wird. Sollte ein schwächerer Werfer sein zugewiesenes Ziel dennoch verfehlen, kann dies ein wurfstarker Schüler mit seinem zweiten Wurf kompensieren. Welche Mannschaft trifft alle Sektoren?

Additionswettkämpfe

Das Prinzip der Additionswettkämpfe basiert darauf, dass nicht Einzelleistungen miteinander verglichen werden, sondern erst die Summe aller Resultate einer Gruppe. Mögliche Aufgabenstellungen könnten sein:

Gruppenstandweitsprung

Nacheinander absolvieren die Gruppenmitglieder einen Standweitsprung. Die Landestelle ist jeweils der Absprungort für den nächsten Springer. Welche Gruppe kommt am Ende am weitesten?

Variante:

Jeder Springer der Gruppe absolviert zunächst einen Sprung mit links, dann mit rechts und zuletzt beidbeinig.

6-Tage-Rennen

Für mehrere Mannschaften ist eine Laufrunde markiert. Festgelegt wird eine Laufzeit von beispielsweise 10 min. Ähnlich dem 6-Tage-Rennen darf sich aber nur ein Läufer jeder Mannschaft auf der Laufstrecke befinden. Die Gruppen regeln das Ablöseverfahren unter sich, indem leistungsstärkere Schüler eventuell 2 Runden nacheinander laufen oder in dichterer Folge an der Reihe sind. Welche Gruppe liegt nach 10 min vorn?

Varianten:

● Statt der Laufzeit wird die Anzahl der Runden vorgegeben, die die Läufer unter sich aufteilen müssen. Welche Gruppe hat dies zuerst geschafft?

● Bandwurm: Nach jeder Runde nimmt der Läufer nacheinander ein weiteres Gruppenmitglied mit auf die Strecke. Befindet sich die ganze Mannschaft auf der Runde, wird mit jeder Laufrunde wieder ein Läufer am Ziel „abgegeben". Die Reihenfolge des Mitlaufens und Abgebens regeln die Gruppen selbst.

Zufallsprinzip

In Wettbewerbsformen lassen sich auch zufällige Ereignisse einbeziehen, die den Ausgang des Leistungsvergleiches mitbestimmen (s. auch Abschnitt 4.3).

Zufallsstaffeln

● Bei Staffelformen gibt die Anzahl der gewürfelten Augen vor, wie viele Läufe die ganze Mannschaft absolvieren muss oder wie viele Läufer nacheinander die Laufstrecke zu bewältigen haben.

● Bildkarten können mit bestimmten Bewegungsaufgaben verbunden werden. Ein Spieler zieht dann für seine Gruppe eine Karte und alle müssen entsprechend der vorgegebenen Fortbewegungsart eine Runde absolvieren. Der betreffende Spieler kann die Aufgabe aber auch lediglich für sich ziehen.

Beispiele:
Auto   –   schnell laufen
Schnecke   –   rückwärts laufen
Hund   –   Vierfüßlergang
Krebs   –   Krebsgang u. Ä.

Memory mit Nieten

Auf dem Spielfeld sind zahlreiche Markierungskegel, Plastikbecher o. Ä. verteilt. Unter manchen dieser Markierungen ist ein kleiner Gegenstand versteckt, unter vielen aber nicht.

Von jeder Mannschaft läuft auf ein gemeinsames Signal hin der erste Spieler in das Spielfeld. Er steuert ein Ziel an, schaut unter den Kegel und bringt den eventuell gefundenen Gegenstand sofort zu seiner Gruppe. Dann startet der nächste Läufer. Auch wenn sich unter dem anvisierten Ziel kein Objekt befand und somit eine „Niete" gezogen wurde, löst der entsprechende Spieler sofort den nächsten Läufer ab.

Für jeden gefundenen Gegenstand erhalten die Mannschaften Punkte. Wer hat am Ende die meisten?

Variante:

Ist auf dem Spielfeld jeder Gegenstand doppelt vorhanden, kann das Finden solcher Paare mit doppelter Punktzahl belohnt werden.

Relationswettkämpfe

Diese Wettbewerbsform relativiert die absolut erbrachte Leistung der Schüler, indem die Bewertung an einen zusätzlichen Vergleichsaspekt gebunden wird. Damit lassen sich besonders konstitutionell benachteiligte Kinder gut motivieren.

Standsprung und Reichhöhe

Der Schüler markiert mit der Fingerkuppe (Kreide) an der Wand seine maximale Reichhöhe. Danach stellt er sich seitlich zur Wand, holt mit beiden Armen Schwung, springt beidbeinig nach oben und markiert mit der Fingerspitze die erreichte Sprunghöhe. Gewertet wird die Differenz zwischen Reichhöhe und maximaler Sprunghöhe. (Vgl. Comenius-Institut 1998, 20)

Watussisprung

Bei den Watussis, einem afrikanischen Stamm, gilt es als besondere Gabe, die eigene Körperhöhe zu überspringen. Nach dem Messen der Körperhöhe springen die Schüler im Hocksprung mit einer Sprunghilfe (Sprungbrett) über eine Gummileine auf die Hochsprungmatte. Von der höchsten übersprungenen Höhe wird die Körperhöhe abgezogen. Wer kommt seiner Körperhöhe am nächsten? (Vgl. Comenius-Institut 1998, 20)

Variante:

Die größte übersprungene Höhe beim Hochsprung wird addiert mit der erreichten Weite beim Standweitsprung. Die Summe der 2 Sprünge vergleicht man mit der Körperhöhe der einzelnen Schüler.

Rekordjagd

Schülergruppen starten gemeinsam eine Weltrekordjagd, indem sie eine bestimmte Laufstrecke in einzelne Laufabschnitte unter sich aufteilen. Wenn die Schüler z. B. den 800-m-Weltrekord verbessern wollen, müsste sich die ganze Klasse auf Abschnitte zwischen 20 bis 50 m verteilen. Schnellere Kinder würden dann mehr laufen als die schwächeren.

6 Fachübergreifend und fächerverbindend unterrichten

Kinder erleben ihre Umwelt ganzheitlich. Die Zergliederung des Lernens durch die Strukturierung in unterschiedliche Fächer widerspricht dem Bedürfnis nach ganzheitlicher Wahrnehmung und Erkenntnis. Die Vermittlung isolierter Wissensbestände, „ein Übergewicht abstrakt-kognitiver gegenüber handlungsbezogenen-praxisgerechten Zielen" (Bildungskommission NRW 1995, 193) erweist sich als unzweckmäßig bei der Lösung der Aufgaben der Gegenwart und Zukunft. Diese erfordern flexibles Reagieren, das Erkennen und Herstellen von Zusammenhängen sowie selbstständiges Weiterlernen. Deshalb besteht auch in der Grundschule die Notwendigkeit, Lernzusammenhänge herzustellen. Sportunterricht hat die Aufgabe, facheigene Ziele zu realisieren, aber auch einen Beitrag zum fachübergreifenden und fächerverbindenden Lehren und Lernen zu leisten (s. Kapitel 1).

Aufgrund der Bedeutung des fachübergreifenden und fächerverbindenden Unterrichtens widmen wir dieser pädagogischen Handlungssituation ein eigenes Kapitel und gliedern in:

● *Fachübergreifendes Unterrichten*
Darunter ist zu verstehen, dass im Fach Sport als durchgängiges Prinzip Anknüpfungspunkte zu anderen Fächern gesucht und genutzt werden.

● *Fächerverbindendes Unterrichten: das gleiche Thema aus der Sicht unterschiedlicher Fächer behandeln*
Dies erfordert die themen- und problembezogene Zusammenarbeit mehrerer Fächer.

● *Fächerverbindendes Unterrichten in Form von bewegungsorientierten Projekten*
Da nach unseren Beobachtungen die Bewegung bei Projekten eher eine untergeordnete Rolle spielt, werden nachfolgend Beispiele vorgestellt, bei denen die Bewegung einen entscheidenden Platz einnimmt.

Fachübergreifendes Unterrichten

Aus der Sicht des Sportunterrichtes sollte der Blick „über den eigenen Tellerrand" geweitet werden. Als durchgängiges Prinzip lassen sich folgende Verbindungen vom Sport zu anderen Fächern herstellen:

Verbindungen von Sport zum Fach Mathematik

- Spiele zum Sortieren, Zusammenfassen, Unterscheiden, Vergleichen und Ordnen von Mengen (z. B. „Freunde suchen")
- Orientierung im Raum durch das Laufen zu bestimmten Punkten auf dem Schulgelände oder durch die Verbindung von Laufen und Suchen
- Erfassen von Lagebeziehungen (z. B. sich links oder rechts neben Geräte stellen, sich auf oder unter Geräte begeben)
- Arbeit mit Längeneinheiten (z. B. Abmessen mit Bandmaß)
- Üben der Zeitnahme, Entwicklung eines Zeitgefühls
- Spiele mit Festigung der Fertigkeiten im Rechnen (z. B. Nummernwettläufe mit Grundaufgaben, Rechenstaffeln)
- Errechnen des Leistungszuwachses
- Anlegen von Tabellen für die Erfassung von Leistungszuwachs oder für die Durchführung von Spielturnieren
- Schätzübungen (z. B. Höhe der Kletterstange, Breite des Spielfelds)
- Auswertung von Spielturnieren
- Skizzieren, Abmessen und Markieren von Spielfeldern
- Erfassen geometrischer Figuren über Bewegung (z. B. durch Ablaufen, als Gruppe bilden)

Verbindungen von Sport zum Fach Deutsch

- Spielbeschreibungen, Spielesammlungen
- Beschreiben von Bewegungsabläufen und Empfindungen
- Erzählen von Erlebnissen bei Bewegung, Spiel und Sport
- Finden von Gemeinsamkeiten und Unterschieden (z. B. bei Bällen)
- Verdeutlichen von Kontrasten, Differenzen, Nuancen in Bezug auf Raum, Zeit, Kraft
- pantomimisches Darstellen und anschließendes Erkennen von Tätigkeiten, Eigenschaften, Sportarten u. a.
- szenisches Gestalten von Alltagssituationen, Ereignissen bei Sportveranstaltungen u. Ä.
- Versetzen in Figuren aus Märchen, Filmen, Büchern (s. Abschnitt 4.2)
- Verwenden von Arbeitsblättern

Verbindungen von Sport zum Fach Sachunterricht

● Erweiterung der Wahrnehmungsfähigkeit aller Sinne (s. Abschnitt 3.8)
● Sammeln von Sinneserfahrungen, z. B. durch Gleichgewichtsspiele
● Erkunden des Zusammenhangs zwischen Herzschlag und Atemfrequenz in Ruhe und nach körperlicher Belastung
● Kennen und Erleben der gesundheitlichen Wirkungen des Sporttreibens
● Sensibilisierung für eine zweckmäßige Körperhaltung
● Anwenden hygienischer Verhaltensweisen nach dem Sportunterricht
● Grundsätze einer gesunden Ernährung erkennen, sinnvolle Flüssigkeits- und Nahrungsaufnahme vor und nach dem Sporttreiben praktizieren
● Erleben der physikalischen Eigenschaften des Wassers und ihrer Wirkungen (Auftrieb, Sinken, Schwimmen)
● Erkennen der Bedeutung des Schwimmens für die Gesundheit
● Erkennen, welche Bekleidung für unterschiedliche Sportaktivitäten sinnvoll ist
● Rückenfreundliches Anheben, Transportieren und Absetzen von Sportgeräten
● Erleben der Natur in Verbindung mit Bewegungsaktivitäten
● Wandern mit Karte und Kompass, Laufen und Orientieren im Gelände
● Erkunden von Bewegungsräumen in der Schul- und Wohnumgebung, Anfertigen einer „Bewegungskarte"
● Praktizieren eines umweltfreundlichen Verhaltens bei Bewegung, Spiel und Sport
● Verhalten im Straßenverkehr, Radfahrtraining auf dem Schulhof

Verbindungen von Sport zum Fach Ethik

● Kennenlern- und Kontaktspiele, Vertrauensspiele
● Praktizieren eines fairen Verhaltens
● Lösen von Konfliktsituationen bei Bewegung, Spiel und Sport
● Begegnung mit anderen Kulturen bei Spiel und Tanz
● pantomimisches Gestalten von Verhaltensweisen und Gefühlen
● Einbringen von Bewegungsaktivitäten in das gesamte Schulleben (Spiele für die Pause, Spielfeste)
● Entdecken, was jeder schon kann (Leistungsfortschritt)
● Spiel und Sport im Tagesablauf
● Einbeziehen von Naturmaterialien in das Erkunden und Spielen
● Erleben der Natur, von Wind und Wasser u. a.
● umweltgerechtes Verhalten beim Sporttreiben

Verbindungen von Sport zum Fach Kunst
- Erweiterung der optischen Wahrnehmungsfähigkeit (z. B. Farben unterscheiden)
- Sammeln von Materialerfahrungen
- Nachgestalten von Bildern (z. B. Bruegels „Kinderspiele")
- Erfassen von Raum und Raumwegen durch Bewegung
- Formen von Plastiken, Skulpturen mit dem eigenen Körper
- Experimenteller Umgang mit der Körpersprache
- Bauen von Raumgefügen mit den Klein- und Großgeräten in der Sporthalle (z. B. Höhlen bauen)
- Ausgestalten der Nebenräume der Sporthalle mit selbstgemalten Bildern zum Thema Sport
- Anfertigen von Postern zu aktuellen Sportereignissen
- Farbige Gestaltung von Zielwurfwänden u. Ä.

Verbindungen von Sport zum Fach Musik
- Rhythmisierung beim Erlernen von Bewegungsabläufen
- Improvisieren und Gestalten von Rhythmen und Musiken
- Aufbauen auf Kenntnissen zu Taktarten, Notenwerten, Auftakt, Formen musikalischer Gliederung u. a.
- Rhythmisierung mit selbstgebastelten Instrumenten und auf dem Orff'schen Instrumentarium
- Anknüpfen an Liedern und Musikstücken, Tanzschritten, Schrittkombinationen, Aufstellungsformen aus dem Musikunterricht
- Umsetzen der Tanzlieder und Tänze aus dem Musikunterricht in großräumige Bewegungen
- Erweiterung der akustischen Wahrnehmungsfähigkeit
- Atemübungen

Verbindungen von Sport zum Fach Werken
- Konstruktionsspiele (z. B. Schneehütten bauen)
- Anregen zum Bau von Wurfgeräten (Bumerang, Schweifball u. a.) und damit üben
- Absolvieren eines Geschicklichkeitsparcours mit dem Fahrrad
- Ausprobieren selbstgebastelter Instrumente, z. B. Rasseln, Trommeln, Klappern, Kastagnetten u. a. (s. Abschnitt 3.4)
- Pflege von Sportgeräten (Fahrrad, Ski)
- Anregen zur Herstellung von Geräten für Bewegungsaktivitäten in der Pause (z. B. Stelzen, Zielwurfwände)

Fächerverbindendes Unterrichten: das gleiche Thema aus der Sicht unterschiedlicher Fächer behandeln

Ich entspanne mich (Klasse 3 bis 4)

Ziele:	● Entspannungsformen kennen lernen und für sich selbst einschätzen
	● die wohltuende Wirkung von Entspannungsformen spüren
	● für den eigenen Körper sensibilisieren
	● Atmosphäre des Vertrauens schaffen
	● über den Unterricht hinaus zur Entspannung anregen
Dauer:	● etwa ein Monat
Sport:	● An- und Entspannen ähnlich der Progressiven Muskelentspannung (Geschichte dazu s. Abschnitt 3.7)
	● Reise durch den Körper (AOK 1996), (weitere Beispiele in MÜLLER 2003)
Sachunterricht:	● Igelballmassage, Rückenklopfmassage, Selbstmassage (der Kopfhaut u. a.)
Deutsch:	● Massage- und Entspannungsgeschichten hören und selbst schreiben (Beispiele Techniker Krankenkasse 2001)
Ethik:	● Befindlichkeiten beschreiben und für sich selbst einschätzen (s. Arbeitsblatt S. 217)
Kunst:	● bei ruhiger Musik zeichnen
Musik:	● Atemübungen
	● Stilleübungen: auf Geräusche hören, Richtungshören u. a.
	● Musik zur Entspannung auswählen
Werken:	● „Regenmacher" basteln (zugeklebte Rolle mit Reisfüllung), evtl. auch Windspiele zur Beruhigung

Arbeitsblatt: Entspannungsübungen

Was entspannt dich am besten? Kreuze 3 Formen an! ☒

Stilleübungen:	z. B. auf Geräusche hören	☐
Atemübungen:	im Stehen	☐
	im Sitzen	☐
	im Liegen	☐
An- und Entspannen:	nach Geschichten, z. B. „Rotkäppchen"	☐
	„Reise durch den Körper"	☐
Massage:	ohne Partner	☐
	mit Partner	☐
Massage mit Igelbällen:	am ganzen Körper	☐
	an den Armen	☐
	auf dem Rücken	☐
Rückenklopfmassage:	mit der flachen Hand	☐
	mit den Fingern	☐
Selbstmassage:	der Kopfhaut	☐

Entspannungsübungen:	nach Musik	☐
Entspannungsgeschichten		☐

Welchen Vorschlag hättest du, wie man sich gut entspannen kann?

(Idee: KATRIN LAU)

Mein Rücken (Klasse 3 bis 4)

Ziele:	● die eigene Körperhaltung sensibilisieren
	● Gefühl für zweckmäßige Körperhaltung ausbilden
	● funktionelle Übungen zur Haltungsschulung kennen lernen
	● rückenfreundliches Alltagsverhalten erlernen
	● Anwendung unterschiedlicher Arbeitshaltungen sowie Einfluss auf entsprechende Bedingungen anstreben
Dauer:	● mindestens ein Monat
Sport:	● kontinierlich haltungsschulende Übungen durchführen und rückenfreundliches Verhalten im Sportunterricht üben (s. Abschnitt 3.7)
Sachunterricht:	● rückenfreundliche Alltagsbewegungen erlernen beim Aufstehen und Hinsetzen, Bücken, Heben, Tragen, Stehen, Gehen, Laufen (s. Abschnitt 3.7)
	● Einblick in Aufbau und Funktion der Wirbelsäule gewinnen
Deutsch:	● Arbeitsblatt für haltungsschulende Übungen anfertigen (s. Abschnitt 3.7)
Mathematik:	● Bänke und Körperhöhe ausmessen, richtige Stuhl- und Tischhöhe feststellen
	● Schulmöbel entsprechend auswechseln
	● Schulranzen wiegen und Lösungen suchen, wie das Gewicht verringert werden kann
Ethik:	● den eigenen Körper entdecken, Überlegungen zu mehr Bewegungsmöglichkeiten im Schulalltag anstellen und umsetzen (z. B. Pausenspiele)
Kunst:	● rückenfreundliches Alltagsverhalten in Bildern den falschen Formen gegenüberstellen
	● evtl. Ausstellung zum Elternabend
Musik:	● Rückenschulen-Rap als Bewegungslied (s. S. 219)
Werken:	● Wirbelsäulenmodell basteln

Rückenschulen-Rap

Wir treffen uns zur Rückenschule heute,
denn über Schmerzen im Rücken klagen viele Leute.
Wie bewege ich mich richtig?, ist hier die Frage,
auf die ich dir im Folgenden die Antwort sage.

Ich will dir nun einige Hinweise geben,
nach denen sollst du dich richten und leben!
Darum hör jetzt gut zu und spitze die Ohren!
Dann geht dir bestimmt auch kein Wort verloren!

Gehe tief in die Hocke beim Bücken!
Halte dabei stets gerade deinen Rücken!
Trage niemals Schuhe, die dir drücken!
Handelst du so, wirst du alle entzücken!

Schwere Lasten solltest du auf beide Arme gleich verteilen,
und wenn du sehr viel zu tragen hast, kannst du auch mal verweilen!
Treibe jeden Tag ein bisschen Sport,
zum Beispiel Joggen oder Radfahren von Ort zu Ort!

Ich kann es dir verraten: Den Waschbrettbauch
hast du bei täglichem Muskeltraining bald auch!
Und wenn du mal wartest auf Bus oder Bahn,
dann mach etwas Gymnastik – sei doch nicht so lahm!

Manchmal ist das Sitzen in der Schule ganz extrem,
dann versuch doch mal im Sitzen mit den Beinen zu gehen!
Mach dich weiter locker, kreise Arme und Beine,
danach geht die Lernerei fast wie von alleine!

Wenn Schönschreiben beginnt deine Hand zu verkrampfen,
die Lösung ist einfach: nur dreimal stampfen!
Gute Ratschläge von mir sind nicht teuer,
aber deinem Lehrer wird's bei meinen Ideen sicher ungeheuer!

Deshalb nutzt die Chance: Macht 'ne Minipause,
egal ob in Schule, auf Arbeit oder zu Hause!
Alles in allem – die Rückenschule ist der Hit!
Machst du mit? Dann bist du auch als Oma und Opa noch topfit!

(Janet Fischer von Rems)

Herbstlauf

Ziele:
- sich langfristig auf einen Waldlauf vorbereiten und daran teilnehmen
- Ausdauerleistungsfähigkeit verbessern
- einen Waldlauf als schulischen Höhepunkt gemeinsam vorbereiten, durchführen und auswerten

Dauer:
- etwa ein Monat

Sport:
- langfristige und vielfältige Ausdauerschulung (s. Abschnitt 3.7)
- Herbstlauf auswerten

Sachunterricht:
- Gelände auswählen, Geländeskizze entwickeln
- Natur beobachten
- Naturerscheinungen spüren (Wind u. a.)

Deutsch:
- Einladungen schreiben
- abschließend über den Waldlauf berichten

Ethik:
- über faires Auftreten der Schüler vor und nach dem Lauf diskutieren
- nach Sponsoren für kleine Preise suchen

Mathematik:
- Strecke ausmessen
- Zeitdifferenzen errechnen

Kunst:
- Urkunden und zum Abschluss eine Wandzeitung gestalten

Musik:
- ein Herbstlied für die gemeinsame Erwärmung aussuchen

Werken:
- Starnummern herstellen
- Start- und Zielgelände ausgestalten

(Idee: MARIANNE BACKHAUS, WALTRAUD MAY)

Unsere Sinne (Klasse 3)

Ziele:
- Sinnesorgane kennen lernen
- Wahrnehmungsfähigkeit unterschiedlicher Sinnesorgane schulen
- sinnlich erfassbare Erscheinungen in der Umwelt wahrnehmen und empfinden

Dauer:
- 3 Tage

Sport:
- Übungen zur Schulung der Wahrnehmungsfähigkeit (s. Abschnitt 3.8)
- Übungen zur Ausprägung koordinativer Fähigkeiten (s. Abschnitt 3.6)

Sachunterricht:
- Sinnesorgane kennen lernen und deren Funktion erfahren (Beispiele s. MÜLLER 1998)
- Wahrnehmungstests (Hörtest, Sehtest, Geschmackstest, Geruchstest, Test zum Fühlen und Tasten)

Deutsch:
- Sachtexte lesen
- Wörter für Geräusche zuordnen und schreiben

Ethik:
- Naturmaterialien wahrnehmen, evtl. einen Fußpfad bauen
- Kontakte zu Blinden oder Gehörlosen aufnehmen oder mit diesen Einschränkungen kommunizieren (Rollenspiel)

Mathematik:
- Geometrische Figuren fühlen (Fühlkasten) bzw. mit einem Seil legen (Partner fühlt bei geschlossenen Augen mit den Füßen) oder auf dem Sportplatz aufzeichnen und ablaufen
- Rückenschreiben
- Bilder mit optischer Täuschung vergleichen

Kunst:
- sinnlich erfassbare Erscheinungen in der Kunst und Umwelt über Bewegung und über den Körper wahrnehmen und empfinden (Beispiele s. MÜLLER/ENGEMANN 2003).

Musik:
- akustische Wahrnehmungen schulen

Werken:
- Fühlpfad oder -kiste herstellen
- Hörmemory (Filmdosen), Geruchsdosen basteln

Fächerverbindendes Unterrichten in Form von bewegungsorientierten Projekten

Wir finden den Frühling

Hauptziele:
- Natur über Bewegung erleben
- gemeinsam den Frühling begrüßen

Dauer: 2 Tage

Vorbereitung:
- ausgeblasene Ostereier sammeln
- Bohnen und Radieschen aussäen und Entwicklung beobachten
- bekannte Spiele aus dem Sportunterricht zu Spielen in der Natur verändern

Realisierung:
- durch den Frühling wandern
- Blumen und Tiere dabei beobachten
- Natur über Bewegung erleben (s. S. 223)
- Spiele in der Natur erproben
- Holz für das Osterfeuer sammeln
- Schulgarten säubern, Beete vorbereiten, Pflanzen aussäen
- Frühlingsgedicht lernen und mit passenden Bewegungen untermalen
- Frühlingslieder mit szenischer Gestaltung verbinden
- Kopfschmuck für Vogelhochzeit basteln
- Ostereier bemalen (auch große ausgeschnittene Papiereier mit Fuß oder Mund bemalen), Collage „Ein Vogelnest" herstellen
- das Klassenzimmer österlich schmücken

Präsentation:
- eine Vogelhochzeit gemeinsam feiern und mit Liedern, Gedichten, Tänzen ausgestalten
- am Osterfeuer feiern (je nach Bedingungen)

(Idee: SABINE HESSE, HEIDRUN WEITNER)

Natur über Bewegung erleben

● leise durch den Wald oder über die Wiese gehen und auf die Stimmen der Natur hören, Vogelstimmen erkennen
● Tierspuren suchen und bestimmen
● die Natur „von oben" (Berg, Turm) betrachten
● Frühlingsblüher beobachten und durch Bewegungen darstellen, wie aus einem kleinen Samenkorn (Hockstand) langsam eine Pflanze wächst (langsam aufrichten), sich im Wind hin und her bewegt usw.
● Frühlingsblumen suchen, sich zu ihnen beugen und den Duft aufnehmen, beschreiben und vergleichen
● Bäume, Grashalme u. a. im Wind beobachten und diese Bewegungen mit dem eigenen Körper nachahmen
● mit geschlossenen Augen einen Baum fühlen
● über einen Baumstamm balancieren, Gräben oder Bäche überspringen
● zu einem bestimmten Baum laufen (Lehrer sagt an: Nadelbaum oder Laubbaum bzw. nennt eine Baumart)
● auf dem Boden liegendes Naturmaterial (Steine, Äste, Tannenzapfen u. a.) zusammentragen und bei geschlossenen Augen mit den Händen oder den Füßen ertasten
● Naturmaterialien zum bildnerischen Gestalten nutzen (s. MÜLLER/ENGEMANN 2003)
● mit Naturmaterialien auf dem Boden eine Figur legen
● Naturmaterialien erkunden und damit spielen (s. Abschnitte 2.2, 4.3)

(weitere Beispiele s. CORNELL 1991 a, b)

Spiele in der Natur

Die Schüler erhalten vorbereitend den Auftrag, bekannte Spiele aus dem Sportunterricht zu prüfen, ob und wie diese in der Natur gespielt werden können.

Lösungsmöglichkeiten könnten sein: Haschespiele mit markanten Bäumen als „Freimal", Versteckspiele in begrenzter Spielfläche, Staffelspiele um natürliche Hindernisse, Wettwanderball mit Naturmaterialien u. a. (vgl. MÜLLER 2000, 243–244).

Kinderspiele aus vergangenen Zeiten

Hauptziele: ● etwas über Bewegungsgewohnheiten in der Vergangenheit erfahren

                 ● „alte" Kinderspiele erkunden und miteinander spielen

Dauer: 1 Tag

Vorbereitung: ● Eltern, Großeltern, Urgroßeltern nach Kinderspielen fragen und diese von ihnen lernen

                 ● evtl. in einem Seniorenheim nach Spielen fragen

Realisierung: ● Spiele sich in der Klasse gegenseitig vorstellen

                 ● eine Spielekartei anfertigen

Präsentation: ● an andere Gruppen und Klassen die Spiele weitergeben

                 ● Spielekartei zum Elternabend ausstellen

Es eignen sich bekannte Spiele wie „Hahnenkampf", „Stille Post", „Blinzeln", „Blindekuhspiel", „Sackhüpfen", „Der Plumpsack geht um", „Bockspringen" u. a. (vgl. WOLL et al. 1988). Neben Spielen, die im Abschnitt 4.1 nachzulesen sind („Verliebt, verlobt, verheiratet", Murmelspiele), können folgende „alte" Spiele empfohlen werden:

Die Jagd

Es wird im Freien eine Reviergrenze festgelegt oder die Sporthalle so gestaltet, dass Versteckmöglichkeiten vorhanden sind. Ein Oberjäger und zwei Helfer jagen das Wild, das sich im Wald versteckt. Der Oberjäger gibt dabei taktische Anweisungen. Das Wild verhält sich in den Verstecken ganz leise und lauscht. Wird es von den Jägern aufgespürt, ergreift es die Flucht und versucht ein neues Versteck zu erreichen. Alles gefangene und abgeschlagene Wild wird ebenfalls zu Jägern und mit einer Schärpe o. Ä. gekennzeichnet.

Jakob, wo bist du?
Ein Schüler schlüpft in die Rolle des Herrn, der wütend auf seinen Knecht Jakob ist. Der zweite ist als ebendieser Jakob auf der Flucht vor seinem Herrn. Beide bekommen die Augen verbunden. Die Klasse bildet um die zwei einen großen Kreis als Begrenzung. Während nun der Herr unter allerlei Schimpfworten und wütenden Grimassen nach Jakob sucht, um ihn mit einem lose gebundenen Tuch zu schlagen, ist dieser stets darauf bedacht, seinem Herrn und damit der Strafe zu entgehen. Hin und wieder ruft der Herr nach seinem Knecht: „Jakob, wo bist du?". Dann antwortet Jakob mit einem schüchternen „Hier!". Gelingt es dem Herrn schließlich, seinen Knecht zu erwischen, bestimmen beide die Nachfolger für die Rollen.

Variante:
in kleineren Gruppen spielen

Das Scheibenspiel (Le Palet)
In Kleingruppen erhält jeder Spieler 3 Wurfringe (Softscheiben, Pappscheiben, Bierdeckel). Mit einer farbig gekennzeichneten Scheibe, einem Puck o. Ä. wird vorgelegt. Von einer Linie aus versuchen nun die Kinder ihre Ringe oder Scheiben so nah wie möglich an das Ziel heranzuwerfen. Wenn alle Ringe geworfen sind, wird verglichen. Wessen Ring am nächsten am Ziel gelandet ist, erhält 5 Punkte, der Zweite 4 Punkte usw.

Steht alle!
Jeder Spieler malt oder gräbt (bei Sandboden) sich ein etwa faustgroßes Loch (Abstand zwischen den Löchern etwa handbreit). Die Spieler verteilen sich im Halbkreis. Ein Softball wird aus einer neutralen Position in Richtung der Löcher gerollt. Sobald der Ball in eines der Löcher fällt bzw. in einem aufgemalten Kreis liegen bleibt, laufen alle möglichst weit weg. Der Besitzer des getroffenen Loches muss dieses so schnell wie möglich mit der Hand berühren und dann rufen: „Steht alle!". Er nimmt den Ball auf, darf sich mit einem großen Sprung seinen Mitspielern nähern und muss einen abwerfen. Verfehlt er, kommt ein Strafstein in sein Loch.

(Die Spiele entstammen in ihrer ursprünglichen Form dem Buch „Spiele zur Übung und Erholung des Körpers und Geistes" von FRIEDRICH GUTS MUTHS aus dem Jahr 1796 und wurden bearbeitet von CHRISTIANE HOLLSTEIN.)

Wir spielen Indianer

Hauptziele: ● etwas über Bewegungsgewohnheiten in anderen Kulturen erfahren
              ● Einblick in die indianische Lebensweise erhalten
              ● gemeinsam ein Indianerfest vorbereiten und durchführen

Dauer: 3 Tage

Vorbereitung: ● Materialien über die Indianer sammeln

Realisierung: ● Indianertänze („Büffeljagd") lernen
              ● Indianermusik kennen lernen und danach improvisieren
              ● Rasseln basteln und zur Bewegungsbegleitung einsetzen
              ● Masken malen und damit tanzen
              ● Mutproben bestehen (s. S. 227)
              ● Kopfschmuck, Medaillons, Mokassins herstellen, Hemd bedrucken
              ● Zelte aufbauen und schmücken
              ● ein Indianerdorf (in der Sporthalle) aufbauen und darin spielen (s. Abschnitt 4.2)
              ● Pfeil und Bogen herstellen und damit üben
              ● Indianergerichte kochen
              ● Kinderbücher zum Thema lesen
                (S. ERICSON: „Kleiner Wolf und der Schatten", „Indianerjunge Kleiner Wolf", U. WÖLFEL: „Fliegender Stern")
              ● Spiele der Indianer kennen lernen und nachspielen (s. S. 227)

Präsentation: ● zum Abschluss gemeinsam ein Indianerfest feiern

Mutproben
- von einem Felsen in den Fluss springen (von der Sprossenwand auf eine Weichbodenmatte)
- über eine Hängebrücke gehen (Turnbank auf Stäben)
- durch eine „Höhle" kriechen (Schwungtuch über Geräten)
- über einen Abgrund hangeln (Turnbank eingehängt zwischen Sprossenwand und Barren)
- an einem Baum hochklettern (Kletterstange)
- sich über einen Bach schwingen (Ringe, Taue)
- auf einem Baumstamm über den Fluss balancieren (Schwebekante auf Sprunghockern)
- sich auf ein Pferd schwingen (Bock)

Indiaca
Indiacabälle:
- sich gegenseitig zuspielen
- mit der flachen Hand ohne Bodenberührung möglichst oft nach oben spielen
- in oder auf Ziele werfen

Flatterball
Material: Knüllpapierball mit Krepppapierstreifen umwickeln und zubinden – die Enden hängen lassen
Der Flatterball wird mit der flachen Hand zugespielt und soll möglichst lange ohne Bodenkontakt in der Luft gehalten werden.

Varianten:
- über eine Schnur oder ein Netz spielen
- den Flatterball mit einem Schläger spielen
- Zählweise ähnlich dem Volleyball oder Tischtennis
(vgl. HORSCH 2002)

(weitere Spiele s. MÜLLER 2003 b)

Olympische Woche

Hauptziele: ● die Faszination von Bewegung, Spiel und Sport erleben
                ● sportliches Können in Wettbewerben unter Beweis stellen
                ● sich fair verhalten
                ● Wissenswertes zu den Olympischen Spielen erfahren

Dauer: 3 bis 5 Tage

Vorbereitung: ● sich im Sportunterricht langfristig durch kontinuierliches Üben auf die Wettbewerbe vorbereiten
                ● Ideen zur Gestaltung des Olympischen Tages sammeln
                ● Sponsoren suchen, Gäste langfristig einladen

Realisierung: ● Sachtexte (NOK-Broschüre) oder Zeitungsberichte zum Thema lesen
                ● Olympiahymne und olympischen Eid kennen lernen, eigene Schulhymne entwickeln
                ● Folkloretanz aus Griechenland (Sirtaki) und aus dem aktuellen Gastgeberland üben und zur Eröffnung aufführen
                ● Siegerehrung vorbereiten (Fanfare auswählen, Urkunden gestalten, Medaillen basteln)
                ● olympische Ringe und das aktuelle Maskottchen malen, eigenes Maskottchen entwerfen
                ● Fairness im Alltag und im Sport diskutieren
                ● olympischen Mehrkampf durchführen
                ● etwas über die antiken Olympischen Spiele erfahren (s. S. 229)
                ● Paralympics: Bewegungsmöglichkeiten von Menschen mit Behinderung nachempfinden (mit verbundenen Augen auf ein Ziel werfen oder geführt von einem Partner eine Strecke laufen, nur mit einem Bein springen, Ball über die Leine im Sitzen u. a.)

Präsentation: ● als Höhepunkt eine Klassen- oder Schulolympiade durchführen

Wettbewerbe in Anlehnung an die Olympischen Spiele der Antike

Wagenrennen – 4 Schüler ziehen ein Kind auf dem Rollbrett, Teppichfliesen u. a.

Waffenlauf – mit Papierhelm, Stab als Waffe und Reifen als Schild

Stadionlauf – Lauf über ca. 130 m

Diskuswurf – mit Tennisring oder Frisbeescheibe

Weitsprung – mit Gewichten (2 mit Sand gefüllte Plastikflaschen)

Speerwurf – mit Stäben

Allkampf – Mattenringkampf

Vorschläge für olympischen Mehrkampf im Sommer

Wettkämpfe – s. o.

Hindernislauf – um und über Hindernisse

Hürdenlauf – über Pappkartons o. Ä.

Zielwerfen – Pfeil mit Saugnapf o. Ä. auf Zielscheiben

Mini-Marathon – als Geländelauf je nach Alter über 600 bis 1000 m

Vorschläge für olympischen Mehrkampf im Winter

Skispringen – auf Teppichfliesen über schräge Turnbank (zwischen Sprossenwand und Kasten) anrutschen, beim Erreichen des Kastens beidbeiniger Absprung

Slalom – Slalomstrecke durchlaufen

Biathlon – Runden laufen in Verbindung mit Zielwerfen, bei Fehlversuchen Strafrunde

Rennrodeln – mit Rollbrettern auf Strecke mit Kurven

Eisschnelllauf – mit Teppichfliesen um ein Oval

Die Vorschläge sind entnommen aus den Olympiabroschüren des NOK für Deutschland 2004, 2002 u. a. Darin sind viele weitere Ideen und Materialien zur Gestaltung eines solchen Projektes enthalten.
(Zuarbeit: ANNETT MORITZ, SIMONE WINKELMANN)

Im Märchenland

Hauptziele:	● Einblick in Märchen aus verschiedenen Ländern gewinnen
	● Märchen vielseitig gestalten
	● ein Märchenfest gemeinsam vorbereiten und erleben
Dauer:	3 Tage
Vorbereitung:	● Märchenbücher, Videos, Hörbücher mitbringen
	● Theaterbesuch
	● Einladungskarten für das Schulfest anfertigen
Realisierung:	● Märchen vorlesen/lesen und nacherzählen
	● Darstellendes Spiel, evtl. mit Hand- oder Fingerpuppen
	● Märchen raten, „Kuckuckseier" in Märchen auffinden
	● Lieblingsmärchen vorstellen
	● Gut und Böse in den Märchen vergleichen, über Wünsche in Märchen sprechen
	● Märchenlieder hören und singen
	● Bildgeschichten zu Märchen malen und zu einem Buch zusammenfügen
	● kleine Spiele zu Märchenspielen verändern (s. S. 231)
	● die Sporthalle in ein Märchenland verwandeln (s. auch Abschnitt 4.2)
Präsentation:	als Schulfest „Im Märchenland"
	● Ausstellung eröffnen
	● Märchen aufführen
	● im Märchenland (entsprechend gestaltete Sporthalle) spielen und tanzen
	● märchenhafte Fensterbilder basteln
	● in einer „Teufelsgrotte" Gruseliges erleben
	● sich verkleiden und durch den Ort ziehen

Kleine Spiele zu Märchenspielen verändern

„Die goldene Gans"   – „ Kettenhasche"

„Der Wolf und die   – „Glucke und Geier"
sieben Geißlein"

„Familie Meier   – in Anlehnung an „Familie Meier" entsprechende
im Märchenland"   Texte verwenden

„Im Hexenwald"   – Hebt die Hexe den Stab, laufen alle Kinder zu ihr
                     und machen ihr spiegelbildlich alle Bewegungen
                     nach. Lässt die Hexe den Stab fallen, bringen
                     sich alle hinter die Grundlinie schnell in Sicher-
                     heit. Wer getippt wird, muss als Lehrling der
                     Hexe helfen.

„Rapunzels Zopf"   – Ein Schüler hält an den Enden 3 Seile fest in der
                     Hand. Drei Kinder flechten einen Zopf durch
                     Übersteigen oder Durchkriechen.

„Märchenpuzzle-Lauf" – Als Umkehrstaffel wird ein Märchenbild zusam-
                     mengesetzt.

„Der fliegende Teppich"– Ein Schüler sitzt oder steht auf einer Weichbo-
                     denmatte. Vorsichtig heben ihn die anderen an
                     und tragen ihn durch die Halle.

„Die sieben Zwerge"   – als Staffel im Ablöseverfahren den Tisch decken
                     mit 7 Bechern (Jogurtbecher), 7 Tellern (Papp-
                     deckel) usw.

„Rotkäppchen"   – Papierblumen einsammeln (ähnlich „Bälle ein-
                     sammeln")

„Frau Holle"   – s. Abschnitt 4.2

(Idee: INA WOLFF)

Den Pausenhof verändern

Hauptziele:
- Bewegungsräume und Bewegungsmöglichkeiten verändern
- Spiele erkunden und selbstbestimmt in den Pausen anwenden können
- soziale Kompetenzen ausbilden

Dauer: Langzeitprojekt

Vorbereitung:
- die Eltern, den Hausmeister, ehemalige Schüler für die Idee gewinnen

Realisierung:
- Spiele für die Hofpause zusammenstellen und ausprobieren (s. Abschnitt 4.1)
- geeignete Plätze für die unterschiedlichen Spiele auf dem Hof suchen und auswählen
- Spielfeld(er) ausmessen und markieren
- Hüpfkästchen aufzeichnen (s. Abschnitt 4.1)
- Wände für Zielwerfen bemalen
- Zielwurffiguren zum Aufstellen bauen (Clown, Trickfiguren u. a.)
- Spielgeräte (Schweifbälle u. a.) bauen bzw. kleine Säckchen oder Jonglierbälle nähen
- nach Ideen für Spielkisten oder -tonnen suchen
- Spielanleitungen schreiben und gestalten

Präsentation:
- den Schulhof einweihen und mit anderen Kindern darauf spielen

Weitere inhaltliche Empfehlungen:
MÜLLER, Chr. (2003). Bewegte Grundschule.
MÜLLER, Chr. (1998). Bewegtes Lernen in den Klassen I bis IV.
PETZOLD, R. (1994). Schulhofspiele.

Anhang

Literatur

AOK (1996): Gesundheitserziehung in der Schule durch Sport. Leipzig: AOK-Verlag.

BAGUV (Hrsg.) (1996): Alternative Nutzung von Sportgeräten. Lehrbriefe zur Unfallverhütung und Sicherheitserziehung. München: BAGUV.

BECKER, B./MARISS, J. (1995): Menschens Kinder. Grafik Werkstatt Bielefeld.

Bildungskommission NRW (1995): Zukunft der Bildung – Schule der Zukunft. Neuwied, Kriftel, Berlin: Luchterhand.

BREUCKER, A. (1997): Schmusekissen – Kissenschlacht. Spiele zum Toben und Entspannen. 5. Aufl. Münster: Ökotopia-Verlag.

BRODTMANN, D. (Hrsg.) (2002): Sportunterricht in Bewegung. Seelze-Velber: Friedrich.

BRUCKMANN, M. (1990): Wir turnen miteinander. Stuttgart: Schwäbischer Turnerbund.

BUNK, H.-D. (1990): Zehn Projekte zum Sachunterricht. Frankfurt a. M.: AK Grundschule e. V.

Comenius-Institut (1998): Leistungsbewertung und Zensierung im Sportunterricht der Grundschule. Radebeul: CI.

CORNELL, J. (1991a): Mit Kindern die Natur erleben. Mülheim: Verlag an der Ruhr.

CORNELL, J. (1991b): Mit Freuden die Natur erleben. Mülheim: Verlag an der Ruhr.

DÖBLER, H./DÖBLER, E. (1996): Kleine Spiele. Berlin: Volk und Wissen.

DUNCKER, L./POPP, W. (Hrsg.) (1994): Kind und Sache. München, Weinheim: Beltz.

EHNI, H. (1982): Erkunden, Üben und Spielen. Grundschule, 14 (10), 474–477.

EHNI, H. (1985): Spiel und Sport mit Kindern – ein Wissensangebot. In H. EHNI et al.: Spiel und Sport mit Kindern. Reinbek: Rowohlt.

GRÖSSING, St. (1993): Bewegungskultur und Bewegungserziehung. Schorndorf: Hofmann.

GROSS-JÄGER, H. et al. (1992): Tanzen in der Grundschule. 3. Aufl. Boppard/R.: Fidula.

GRUPE, O. (1982): Bewegung, Spiel und Leistung im Sport. Schorndorf: Hofmann.

GRUPE, O./KRÜGER, M. (1997): Einführung in die Sportpädagogik. Schorndorf: Hofmann.

GUTS MUTHS, J. C. F. (1796): Spiele zur Übung und Erholung des Körpers und Geistes. Schnepfenthal.

HECKER, G. (1974): Leistungsentwicklung im Sportunterricht. 2. Aufl. Weinheim, Basel: Beltz.

HERING, W. (2002) Kunterbunte Bewegungshits. Münster: Ökotopia.

HIRTZ, P. (1985): Koordinative Fähigkeiten im Schulsport. Berlin: Volk und Wissen.

HORSCH, R. (2002): Projektorientierter Sportunterricht. Sportunterricht, 51 (6), Lehrhilfen 10–13.

JOST, E. (Hrsg.) (1985): Spielanregungen – Bewegungsspiele. Reinbek: Rowohlt.

KAUKA, R (1993): Die schönsten Ballspiele. Rastatt: Moewig.

KIPHARD, E. J. (1990): Motopädagogik. Dortmund: Verlag Modernes Lernen.

KLEE, A. (2002): Circuit-Training. Schorndorf: Hoffmann.

KLUPSCH-SAHLMANN, R. (1990): „Joggi" – der Hase. Sportpädagogik, 14 (5), 33–34.

KÖCK, R./OTT, H. (1997): Wörterbuch für Erziehung und Unterricht, 6. Aufl. Donauwörth: Auer.

KOINZER, K. (1989): Wachstum, Entwicklung und körperliche Leistungsfähigkeit im Kindes- und Jugendalter. In G. Badtke: Sportmedizinische Grundlagen (241–265). 2. Aufl. Thun, Frankfurt a. M.: Verlag Harry Deutsch.

KOSEL, A. (1992): Schulung der Bewegungskoordination. Schorndorf: Hofmann.

KRESSEL, M. (o. J.): Tanzen macht Spaß! Nahe: CONDOR Musikvertrieb GmbH.

KRETSCHMER, J. (1993): Erkennen und Gelegenheiten dazu schaffen. Manuskript. Hamburg: Universität.

KRÜGER, M. (1995): Vorüberlegungen zu einer sportpädagogischen Theorie des Wettkampfs. Sportunterricht, 44 (9), 364–366.

LANGE, H. (2004): Laufspiele Teil 1. Sachsen Sport – Der Übungsleiter, 14 (5), 1–2.

MÜLLER, Chr. (Hrsg.) (1998): Bewegtes Lernen in den Klassen I bis IV. Sankt Augustin: Academia.

MÜLLER, Chr. (2000): Schulsport in den Klassen 1 bis 4. Sankt Augustin: Academia.

MÜLLER, Chr. (2003 a): Bewegte Grundschule. 2. Aufl. Sankt Augustin: Academia.

MÜLLER, Chr. (2003 b): Bewegtes Lernen in Ethik Klassen 1 bis 4. Sankt Augustin: Academia.

MÜLLER, CHR./ENGEMANN, M. (2003): Bewegtes Lernen im Fach Kunst. Klassen 1 bis 4. Sankt Augustin: Academia.

MÜLLER, Chr./PETZOLD, R. (2002): Längsschnittstudie bewegte Grundschule. Sankt Augustin: Academia.

NOK für Deutschland (2004, 2002, 2000): Mach' mit bei der Schülerolympiade. Frankfurt am Main: NOK.

PETILLON, H. (1993): Soziales Lernen in der Grundschule. Frankfurt/M.: Diesterweg.

PETILLON, H. (1997): Zielkonflikte in der Grundschule. Literaturüberblick. In F. Weinert/A. Helmke (Hrsg.): Entwicklung im Grundschulalter. Weinheim: Beltz.

PETILLON, H. (1999): Spielen in der Grundschule – Versuch einer Gegenstands- und Ortsbestimmung. In H. PETILLON/R. VALENTIN (Hrsg.), Spielen in der Grundschule (14–42). Frankfurt/M.: Arbeitskreis Grundschule e. V.

PETZOLD, R. (1994): Schulhofspiele. Bautzen: Lausitz-Druck.

POLLÄHNE, H. (1998): Mal aus der Reihe tanzen – Tanzen auch im Klassenzimmer. Grundschulunterricht, 45 (4), 24–26.

PRIESEMUTH, H. (1995): Ausdauerlauf im Sportunterricht gestalten und aneignen. Körpererziehung, 45 (7/8), 250–254.

PÜSCHEL, R. (1995): Nehmt die Hände in den Stütz. Lieder zum Bewegen, Bewegungen zu Liedern. Bad Klosterlausnitz: Skarabäus.

REINELT, H./W. (o. J.): Bewege dich mit im Bärenschritt. Folge 12. Herford: Fantasia Kinderlieder.

REINELT, H./W. (o. J.): Hocke, Spitze, Hoch das Bein. Folge 13. Herford: Fantasia Kinderlieder.

ROHARDT, M. (1989): Spiele für drinnen und draußen. Hamburg: Xenos.

ROTH, K. (1993): Wie lehrt man schwierige geschlossene Fertigkeiten? In: Bielefelder Sportpädagogen, Methoden im Sportunterricht (27–48). 2. Aufl. Schorndorf: Hofmann.

SIELAND, P. (2003): Laufen, Springen, Werfen. In: Köppe, G./Schwier (Hrsg.), Handbuch Grundschulsport (349–366). Hohengehren: Schneider.

SCHEID, V. (1994): Motorische Entwicklung in der mittleren Kindheit. In: J. Baur et al. (Hrsg.), Motorische Entwicklung (276–290). Schorndorf: Hofmann.

Techniker Krankenkasse (Hrsg.) (2001): Bleib locker. Entspannung für Kinder. Hamburg: TK.

Trio Kunterbunt (2000): Lieder zum Turnen & Toben. Move to the Music. Bd. 3. Aachen: Meyer & Meyer.

ULLRICH, K./Gollhofer, A. (1994): Physiologische Aspekte und Effektivität unterschiedlicher Dehnmethoden. Deutsche Zeitschrift für Sportmedizin, 45 (9), 336–345.

WARWITZ, S./RUDOLF, A. (2003): Vom Sinn des Spielens. Hohengehren: Schneider.

WEISE, F. (1994): Funktionelle Beurteilung von Gymnastikübungen und Vorschläge zu methodischen Konsequenzen. Körpererziehung, 44 (4), 143–147 und 44 (5), 177–182.

WIEMAN, K. (1957): Wir spielen. Berlin: Volk und Wissen.

WOLL, J., et al. (1988): Alte Kinderspiele. Stuttgart: Ulmer.

WOLTERS, P. (2002): Wettkämpfen. In: Sportpädagogik, 26 (2), 2–10.

ZEUNER, A. (1994): Erziehung zum Sporttreiben. Zwickau: TU Chemnitz.

ZEUNER, A., et al. (1997): Sportiv Leichtathletik. Leipzig, Stuttgart, Düsseldorf: Klett.

ZEUNER, A. (1999): Lothar Klingenbergs dialektische Didaktik – eine Grundlage für schulsportdidaktisches Denken und Handeln. Leipziger Sportwissenschaftliche Beiträge, XL (1), 114–140.

ZIMMER, R./CIRCURS, H. (1993): Psychomotorik. 3. Aufl. Schorndorf: Hofmann.

ZIMMERMANN, K. (1997): Muskeltraining bei Kindern und Jugendlichen. Körpererziehung, 47 (9), 283–293.

Belegarbeiten von Sportstudenten der Universität Leipzig, besonders von: Christiane Hollstein, Simone Rauppach, Marlene Domke, Ina Halfer, Dana Bierbaß, Janet Fischer von Rems

Belegarbeiten von Kollegen, die an Weiterbildungslehrgängen teilgenommen haben, besonders von: Katrin Lau, Waltraud May, Marianne Backhaus, Sabine Hesse, Heidrun Weitner, Ina Wolff, Ines Brauer, Sabine Junghanns, Elke Berger, Annett Moritz, Ilka Stein, Simone Turnier, Simone Winkelmann

Nachweis der Zeichnungen

RENÉ BRAUNE, Leipzig: S. 43, 44, 101, 105, 121, 143; RENÉ BURKHARDT, Leipzig: S. 106, 107, 109, 121, 126, 138, 139, 141, 173, 174; LARS EBERLEIN, Leipzig: S. 25, 176; LUKAS GROTZKE, Leipzig: S. 53, 82; H. HOEHT/E. FREIGANG, Berlin: S. 165; SIEGHART HOFMANN, Leipzig: S. 21, 24, 29, 30, 31, 32, 33, 38, 39, 40, 55, 56, 57, 62, 63, 65, 66, 67, 68, 93, 94, 95, 96, 97, 98, 99, 100, 101, 108, 111, 112, 113, 123, 132, 148, 158, 159, 160, 161, 184, 185, 186, 187, 188, 189, 190, 191, 198, 199, 200, 201, 202, 205, 210; JENNY KRETSCHMER, Dresden: S. 19, 20, 21, 22, 23, 24, 25, 62, 69, 70, 73, 74, 75, 76, 78, 79, 80, 81, 167, 168, 170, 176, 180, 181, 193, 194, 217; TINA PETZOLD, Bautzen: S. 50, 51, 124, 125, 177; W. ZIEGER, Berlin: S. 40, 41, 47, 48, 49, 100

Sachwortregister

Fitmacher
für Ihren Unterricht

Lehrer-Bücherei: Grundschule

Reinhold Christiani (Hrsg.)
Jahrgangsübergreifend unterrichten
Ziele, Erfahrungen, Organisieren,
Informieren, Differenzieren, Beurteilen
240 Seiten mit Abb., Paperback
ISBN 3-589-05098-5

Reinhold Christiani (Hrsg.)
Schuleingangsphase: neu gestalten
Diagnostisches Vorgehen, Differen-
ziertes Fördern und Förderpläne,
Jahrgangsübergreifendes Unterrichten
216 Seiten mit Abb., Paperback
ISBN 3-589-05091-8

Rüdiger Klupsch-Sahlmann (Hrsg.)
Mehr Bewegung in der Grundschule
Grundlagen - Bewegungschancen im
Schulleben - Beispiele für alle Fächer
192 Seiten mit Abb., Paperback
ISBN 3-589-05048-9

Gertrud Beck / Marcus Rauterberg
Sachunterricht - eine Einführung
Geschichte, Probleme, Entwicklungen
240 Seiten mit Abb., Paperback
ISBN 3-589-05088-8

Fragen Sie bitte in Ihrer Buchhandlung!